Pelé

Pelé

Memorias del mejor futbolista de todos los tiempos

Con la colaboración de
Orlando Duarte y
Alex Bellos

temas de hoy | MEMORIAS

Simon & Schuster UK Ltd, Gran Bretaña, ha sido el editor original de la obra en lengua inglesa.

PRIMERA SECCIÓN
1: Nelson Coelho/Editora Abril; 2, 4, 5, 10, 11, 12, 14, 15, 18, 29: Popperfoto; 3: Reproducción Alexandre Battibugli/Editora Abril; 6: AFP/Getty Images; 7: Keystone/Getty Images; 8, 9, 16, 24, 28: Empics; 13: Hulton Deutsch Collection/Corbis; 17: José Pinto/Editora Abril; 19, 20: Archivo O Dia; 21, 25: Allsport/Getty Images; 22: Lamyr Martins/Editora Abril; 23: Colorsport; 26: Sebastiço Marinho/Editora Abril; 27: Fernando Pimentel/Editora Abril

SEGUNDA SECCIÓN
30, 33: Manoel Motta/Editora Abril; 31, 39: Carlos Namba/Editora Abril; 32: Keystone/Getty Images; 34, 41: Bettmann/ Corbis; 35, 36, 37, 38, 48: Empics; 40: Media Press International/ Rex Features; 42: Everett Collection/Rex Features; 43, 46: Antonio Milena/Editora Abril; 44: Sipa Press/Rex Features; 45: Roberto Jayme/Editora Abril; 47: Ira Wyman/Corbis Sygma; 49: Carlos Moraes/O Dia; 50: Reuters/Corbis; 51: Tim de Waele/Corbis; 52: Sergio Moraes/Reuters/ Corbis; 53: Juda Ngwenya/Reuters/Corbis

Título original: Pelé. The Autobiography

Colección: Biografías y Memorias

© Edson Arantes do Nascimento, 2006

© Redactores en Red, 2007, por la traducción

© **Ediciones Temas de Hoy, S.A. (T. H.), 2007**

Paseo de Recoletos, 4. 28001 Madrid

www.temasyehoy.es

Primera edición: junio de 2007

Primera impresión en USA: Agosto de 2007

ISBN: 978-958-42-1719-6

ISBN: 978-84-8460-678-9

Depósito legal: M. 25.428-2007

Preimpresión: J. A. Diseño Editorial, S.L.

Impreso en USA/Printed in USA

Planeta Publishing
2057 NW 87 Ave
Miami FL, 33172

ÍNDICE

Para minha família

Obrigado

Quiero agradecer a:

— la FIFA, especialmente a Sepp Blatter y a Jerome Champagne, por sugerirme que escribiera este libro;

— al dúo compuesto por Henry Gabay y Alain Schibl, y también a Jonathan Harris, por su ayuda para sacar esta biografía a la luz;

— a Simon & Schuster UK y a Andrew Gordon, por su extraordinaria contribución en cuanto a la edición inglesa;

— a Celso Grellet y a José Pepito Rodríguez, por su gran ayuda;

— a Orlando Duarte y Alex Bellos, los escritores;

— a mi familia, por su apoyo durante mi carrera;

— a todos los futbolistas que ya fallecieron y que me abrieron el camino a través de mi padre, Dondinho;

— y a Dios, quien me dio el don de poder jugar al fútbol.

Planeta Fútbol

Puedo decir que soy un hombre feliz porque el apoyo de muchos de vosotros me ha ayudado a llegar a donde estoy hoy en día. Le debo enteramente al fútbol haber logrado todo lo que logré. Cada tanto que anoté, cada gol celebrado despertó en mí sensaciones intensas, ya fuera el primero o el milésimo.

Soy feliz porque he compartido campos de juego, jugadas y gran parte de mi vida con jugadores como Tostão, Garrincha, Clodoaldo, Pepe, Rivelino, Gilmar, Bellini, Jairzinho, Zagallo y muchos otros. Viví los años dorados del fútbol; los equipos de Brasil de 1958, 1962 y 1970 llevaron el fútbol a todo el mundo e hicieron que la gente se enamorara de este juego. Nuestra manera alegre de jugar despertó en el resto del mundo un interés por este maravilloso deporte. En esos tiempos generamos una verdadera pasión por el fútbol, una pasión que parece haberse transmitido genéticamente, ya que los niños nacen con el corazón lleno de amor por este juego.

Un niño que jugaba con pelotas hechas con calcetines y que luego pasó a hacerlo con balones profesionales en campos de juego oficiales, en equipos que hicieron historia. He visto el mundo y conocí a grandes personalidades, a gente maravillosa. Nunca esperé llegar tan alto.

Jamás olvidaré a mis compañeros de equipo de la selección nacional o de mi club local, el Santos. La nuestra fue una época pura, inocente, casi rudimentaria, aunque efectiva, en el sentido de que lo que estaba a nuestro alcance era simple, la tecnología no había invadido aún nuestras vidas. No había nada sofisticado en aquellos días. Nuestras camisetas eran de un algodón basto, nuestros pantalones eran realmente cortos y nuestras botas, pesadas. ¡Qué pantalones! Me causa mucha gracia cuando miro ahora las imágenes de los antiguos encuentros en los que los jugadores exhibían todo el largo de sus piernas y sus muslos con esas prendas; ahora la vestimenta es mucho más elegante. Con el paso del tiempo, el fútbol en sí mismo también ha cambiado y se han introducido muchas mejoras en el reglamento.

Pero las reglas no tendrían sentido sin todos esos ídolos que les dan vida en el campo de juego; sin ellos no tendríamos el espectáculo que el fútbol nos brinda. En nuestra opinión, Brasil ocupó, y aún ocupa, un lugar especial en el mundo del fútbol, dejó una huella particular que se debe al hecho de haber ganado cinco veces el Campeonato del Mundo y a haber tenido a tantos jugadores brillantes en sus filas. Debo reconocer una vez más lo privilegiado que me siento por haber jugado con todos ellos, mis amigos y compañeros de equipo, en tantas de estas grandes ocasiones que terminaron en victorias.

El fútbol es especial. Juegas en grupo, no puedes hacerlo solo. Hay algo mágico en la armonía absoluta que reina entre los compañeros de equipo. Un balón bien pasado al compañero que convierte un gol es tan importante como el gol mismo. Cuando todo está en sintonía, todo sucede con cierta gracia, como si formáramos parte de una danza ingeniosamente coreografiada. El público realmente se emociona cuando esto sucede, ya que puede apreciar el tono del juego, su belleza. Creo que los espectadores son como el duodécimo jugador del equipo, tal es su importancia dentro del espectáculo futbolístico. Por otra parte, el público, los hinchas, deben entender que ellos también tienen reglas que cumplir: debe haber respeto por el club, por el oponente, por los jugadores que están en el campo de juego, por las mujeres en el estadio, por los niños, quienes se ocuparán de que el fútbol no se extinga en el futuro. Los espectadores deben tener derecho a manifestarse de manera eufórica, a irrumpir con su música y sus canciones, a exhibir sus estandartes y demás, en tanto no ofendan a nadie. La agresión es lo único inexcusable.

Como jugadores, tenemos la posibilidad de entablar amistad con los colegas de otros equipos. Somos verdaderos amigos. A menudo nos invitan a sus hogares, conocemos a sus familias y estamos constantemente buscando maneras de mejorar el fútbol con todo lo que éste implica. El objetivo debe ser siempre jugar un fútbol elegante, porque desde ese núcleo surge un ejemplo que llega a todos, tanto en Brasil como en otros lugares. Eso es lo que cuenta. Debemos ser dignos y competentes para demostrarle al mundo que no somos *simplemente* quíntuples campeones, sino también personas con sentimientos y buenos modales que obedecemos la regla principal de todo deporte y de la vida: saber aceptar la derrota.

Tengo la esperanza de que este libro, en el que hablo de mi vida, sirva para mostraros lo que el fútbol ha hecho por mí, lo que significa para mí, y también de que sirva como prueba de que para tener éxito es necesario saber cómo hacer frente a los desafíos. Tanto en el deporte como en la vida, hay victorias y hay derrotas.

EDSON ARANTES DO NASCIMENTO

El niño de Bauru

Sin importar cuántos años vivamos, nunca olvidamos la época de la niñez. La memoria es como una película que podemos observar solamente nosotros y, para mí, la infancia es la mejor parte de esa película: una y otra vez mis pensamientos regresan a esas experiencias, a la inocencia y a las travesuras de esos años, a aquellos sueños y también a las pesadillas.

Nací en Três Corações, en Minas Gerais, un estado del sudeste de Brasil situado justo al norte de Río de Janeiro. Es una zona muy rica en minerales, especialmente en oro. Los primeros exploradores portugueses se entusiasmaron ante la abundancia y el brillo de ese rico mineral amarillo y se afincaron en la zona para explotarlo. Entre ellos había un granjero. Era un hombre responsable, un buen trabajador que estaba dedicado a las tierras que había adquirido en la ribera del río Verde. Le pidió permiso a su superior para construir una capilla en el lugar, lo que le fue concedido. Una vez terminada, la llamó Los Sagrados Corazones de Jesús, María y José. Este nombre constituía un tributo a los tres Sagrados Corazones, de los que el granjero era muy devoto. A su vez, esto le dio su nombre al lugar: Três Corações (Tres Corazones).

De todas maneras, Brasil es una tierra de historias y, como descubrirás a lo largo de este libro, no vale la pena contar una historia sobre Brasil a menos que haya versiones alternativas a las que referirse. Y la historia de Tres Corazones no es una excepción: hay quienes dicen que el nombre se refiere al amor de tres vaqueros a quienes se les impidió casarse con tres jóvenes de la zona; otros dicen que se relaciona con el hecho de que el río Verde, al aproximarse al pueblo, forma pequeñas curvas que parecen tres corazones. Sin embargo, yo me quedo con la historia del granjero: es la que me contaron de pequeño y la que siempre me gustó.

La primera constancia documental de la actual ciudad data de 1760, con la fundación de la capilla de los Sagrados Corazones. Pero por alguna razón hubo un problema con los títulos de propiedad de la tierra y el área donde se había construido la capilla se vendió. La capilla fue destruida y no fue sino hasta finales del siglo XVIII cuando se construyó una nueva, gracias al capitán Antônio Dias de Barros. Posteriormente, el pueblo de Río Verde que se fue desarrollando a su alrededor se elevó a la categoría de parroquia y su nombre cambió por Três Corações do Rio Verde. En 1884, después de la visita de don Pedro II —último emperador de Brasil— y su familia, y con la inauguración de una línea ferroviaria que la unía con la ciudad de Cruzeiro en Minas Gerais, Três Corações se convirtió en ciudad.

Aun cuando solamente viví allí unos pocos años, es una ciudad que siempre permanece en mis recuerdos; y no importa cuál sea la leyenda que la gente cuente acerca de su nombre; hay una cosa de la que estoy seguro: haber nacido en un sitio llamado Tres Corazones me resulta totalmente natural y tiene muchísimo sentido para mí. La preparación de este libro me obligó a mirar hacia atrás en mi vida y se me revelaron muchas situaciones en las que predominaron la incertidumbre y la confusión; aunque también pude ver con claridad una coherencia subyacente en toda mi vida, la que creo que también se hará evidente aquí, ya que el nombre Três Corações siempre fue una referencia importante para mí. Es especialmente importante en cuanto a mi religión, porque en ella laten estos tres Sagrados Corazones que son tan amados y reverenciados por todos los que somos católicos. Pero lo veo también en los otros sitios en los que se desarrolló mi crianza y en todo lo que logré en el mundo: en Bauru, bien en el centro del Estado de São Paulo, lugar al que se trasladó mi familia y donde nació mi amor por el fútbol; y en Santos, en la costa al sur de Río de Janeiro, donde experimenté muchísima felicidad como jugador y gané tantos campeonatos. Los lugares donde nací, donde crecí y donde jugué al fútbol también me han dado tres corazones.

Hace ya más de sesenta y seis años que vine a este mundo, el 23 de octubre de 1940. El mío ha sido un largo viaje, pero prácticamente no hay nada en mi vida que no recuerde. Nací pobre, en una pequeña casa construida con ladrillos de segunda mano; y aunque esto dé la idea de que era sólida, desde el exterior se podía ver cuán desvencijada estaba en realidad. Si bien es un honor que la calle lleve mi nombre y que hasta haya una placa sobre la fachada de la casa que dice que allí nací yo, ésta no ha cambiado mucho y aún se la ve bastante deteriorada: tal vez la placa ayuda a mantenerla en pie. Cuando en un momento de mi vida regresé para ver esta casa, se presentaron en mi mente imágenes vívidas acerca de cómo debió de haber sido la escena de mi nacimiento —escena que me relató mi abuela Ambrosina, quien estuvo allí para ayudar a mi joven madre, Celeste, a sobrellevar los dolores y la angustia del parto—. Finalmente, el pequeño infante *movedizo* que resulté ser fue mostrado al mundo, lo que motivó que mi tío Jorge exclamara: «¡Definitivamente, es bien negrito!». Es probable que esta exclamación haya contestado la primera pregunta de mi padre acerca de si yo era niño o niña. Aparentemente satisfecho por mi sexo, mi padre acarició mis piernas flacuchas y dijo: «¡Éste será un gran futbolista!». De la reacción de mi madre no hay constancia, pero puedo imaginar que no se debió de haber sentido muy satisfecha por esa predicción.

Mi madre, Celeste, era una chica del pueblo, hija de un conductor de carretas. Era pequeña, con una cabellera brillante y una hermosa sonrisa. Mi padre, João Ramos do Nascimento —todo el mundo lo conoce como Dondinho— era de un pueblito situado a unos cien kilómetros de distancia. Estaba haciendo el servicio militar en Três Corações cuando se conocieron. También era el delantero centro del Atlético de Três Corações. No era realmente un club profesional y no le daba mucho dinero. No había premios por triunfos ni nada parecido. En aquellos días ser un futbolista te otorgaba cierta reputación; se podría decir que daba cierta notoriedad. De todas formas, mis padres se casaron cuando ella tenía quince años y a los dieciséis ya estaba embarazada de mí.

Poco antes de que yo naciera hubo un suceso importante en Três Corações: la electricidad llegó al pueblo. Con el fin de conmemorar este gran progreso en sus vidas cotidianas, Dondinho me llamó Edson, en homenaje a Thomas Edison, el inventor de la bombilla eléctrica. De hecho, en mi certificado de nacimiento estoy inscrito como Edison, con la «i», un error que persiste hasta la actualidad. Yo soy Edson, sin la «i», pero para mi eterno disgusto esta letra aparece a menudo en documentos personales u oficiales y de vez en cuando debo explicar por qué. Como si esto no fuera lo suficientemente confuso, también es errónea la fecha de mi nacimiento: en el certificado dice 21 de octubre. No estoy seguro de por qué pasó; probablemente sea debido a que en Brasil no le damos mucha importancia a la precisión. Éste es otro error que se arrastra hasta hoy. Cuando tramité mi primer pasaporte, pusieron mi fecha de nacimiento como 21 de octubre, y cada vez que lo renuevo permanece la misma fecha.

La vida no era fácil en Três Corações, y pronto hubo más bocas que alimentar. Mi hermano Jair, conocido como Zoca, nació en la misma casa que yo. Estoy seguro de que mi madre pensaría: «Espero que ninguno de mis hijos decida ser futbolista. No se gana dinero con eso. ¿Doctor, tal vez? ¡Ése sí que es un trabajo sensato!». De todas formas, todos sabemos lo que sucedió. Yo crecería amando ese deporte igual que mi padre; era lo que él mejor sabía hacer y tenía la esperanza, como decenas de miles de otros futbolistas brasileños, de que algún día se le brindaría la oportunidad de mantener a su familia anotando goles.

Eso casi sucede. En 1942 fue convocado para jugar en el Atlético Mineiro, el club más grande del Estado, con sede en la capital, Belo Horizonte. Parecía ser el golpe de suerte que necesitaba. Éste era un verdadero equipo profesional conocido en todo el país, no como su pobre homónimo Atlético de Três Corações. El Atlético Mineiro jugaba contra rivales poderosos. Su primer encuentro fue un partido amistoso contra el equipo São Cristóvão, de Río de Janeiro. Tenían un defensor, Augusto, que luego sería integrante del equipo nacional y capitán de Brasil en la Copa del Mundo de 1950. Desafortunadamente, Augusto fue conocido en nuestra familia por otra razón: durante el encuentro hubo un choque entre Augusto y Dondinho en el que mi padre se llevó la peor parte. Se lesionó la rodilla —creo que los ligamentos—. No pudo jugar el siguiente encuentro y su coqueteo con la gran oportunidad llegó a su fin.

Debió regresar a Três Corações y a su trabajo cotidiano. También vivimos en los pueblos vecinos de São Lourenço y Lorena, donde jugó para los equipos de Hepacaré y Vasco (no era el famoso club Vasco de Río, sino uno al que se le había puesto ese nombre en honor a aquél). En Lorena, un centro de vacaciones de montaña, nació mi hermana Maria Lúcia.

Dondinho era un buen jugador. Era un goleador, un hombre de gran tamaño —media más de 1,80 m— y era un gran cabeceador. Normalmente, un jugador de estas características sería típicamente, inglés, pero en aquella época Brasil tenía un jugador de este estilo, llamado Baltazar, que convirtió notables tantos de cabeza. Todos decían que mi padre era el «Baltazar del pueblo». Creo que el fútbol ya era cosa de familia. Mi padre tuvo un hermano, Francisco, al que yo no conocí porque murió joven, que también era atacante e, incluso, aparentemente, mejor que Dondinho.

Se decía que en una oportunidad Dondinho había marcado cinco goles de cabeza en el mismo partido. Cuando esto sucedió, yo era demasiado pequeño como para recordarlo. Más tarde, durante mi carrera, cuando llegué al gol número mil, algunos periodistas comenzaron a investigar esa afirmación, para ver si era o no cierta. ¡Y lo era!: informaron de que el único récord de anotaciones en el fútbol que no pertenecía a Pelé, pertenecía a su propio padre. Sólo Dios puede explicar esto...

Cuando vivíamos en São Lourenço, en 1944, sucedió algo que cambiaría nuestras vidas —especialmente la mía—. Mi padre recibió una invitación para jugar en el club de fútbol de Bauru, al noroeste de São Paulo, pero también —y fundamentalmente— para acceder a un puesto como funcionario del Gobierno local. Dondinho viajó a Bauru para conocer más acerca de la ciudad y de la propuesta. Le gustó, y mi madre estuvo encantada con la perspectiva de un trabajo no futbolístico, lo que brindaría a la familia una mayor seguridad y mejoraría nuestras finanzas. Tenía la esperanza de que, finalmente, pudiéramos escapar de la asfixia de la cuasi miseria en la que vivíamos. Para los niños de la familia, sin embargo, no había diferencias: no sabíamos nada de esos pesares y la vida continuaba normalmente. Zoca, Maria Lúcia y yo éramos aún muy pequeños.

Mi padre logró convencer a mi madre. Llevamos el poco equipaje que teníamos; la gente de Bauru nos envió los pasajes y allí fuimos. El viaje en tren fue un regocijo total para mí: es mi primer recuerdo real; la felicidad que me brindó ese viaje, a la edad de cuatro años, aún está grabada en mi memoria. Pasé casi todo el trayecto con mi rostro pegado a la ventanilla, como hipnotizado por el panorama que cambiaba de forma constante. El tren avanzaba lentamente, pero eso no me molestaba: tenía más tiempo para apreciar el paisaje. Fue la primera vez que tuve una idea real de cómo era mi país, o al menos esa parte de él. En esos tiempos, lo más parecido al aire acondicionado era abrir las ventanillas de ambos lados del coche de pasajeros. Durante una curva pronunciada sentí tanta curiosidad por ver la cabecera del tren y los penachos de humo de la locomotora que me asomé demasiado… y me hubiera caído, de no ser por mi padre. De un tirón, me puso en un lugar seguro, bajo la mirada severa de mi madre, que me reñía por mi imprudencia. Mi vida sobre esta tierra podría haber terminado allí. Pero Dios me protegía… El resto del viaje lo hice sentado en medio de ellos, sin correr más riesgos.

El 15 de septiembre de 1944 llegamos a Bauru, llenos de optimismo sobre el futuro. Ahora mi padre podría lucirse como futbolista y, con las preocupaciones económicas dejadas de lado, brillaría aún más. Al principio nos quedamos en el hotel de la estación, en la avenida Rodríguez Alves, esquina con Alfredo Ruiz; más adelante alquilamos una casa en la calle Rubens Arruda, justo al lado de la familia Barone. Uno de los niños de esta familia se convertiría después en Baroninho, quien jugaría para Noroeste (otro club de Bauru), Palmeiras y Flamengo. Los vecinos que vivían al lado tan sólo eran los abuelos de Baroninho; pero, bueno, aquello prometía.

Bauru se veía como el centro del universo; era mucho más grande que cualquier lugar donde yo hubiera vivido hasta ese momento y tenía todos los atractivos de una gran ciudad, o al menos eso creía yo: tiendas, un cine y hoteles. En aquella época ya era una de las ciudades más importantes del interior de Brasil, con una población de alrededor de ochenta mil personas y una especie de estación central de transportes por la que pasaban tres de las principales líneas ferroviarias. Parecía un nuevo comienzo, y un lugar donde se podría amasar fortuna.

Pero de inmediato surgió una complicación: el club que había hecho la propuesta de contratar a mi padre, el Lusitana, se había transformado en el Club Atlético Bauru (BAC) y había nuevos jefes a su cargo, con nuevas ideas y obligaciones. Estaban dispuestos a respetar la parte futbolística del contrato —recuerda que Dondinho era un buen jugador, a pesar de su rodilla lesionada—, pero su trabajo como funcionario, la principal razón por la cual habíamos ido a Bauru, no se mencionaba. De modo que estábamos de vuelta al principio, y con una familia más numerosa que mantener que cuando estábamos en Três Corações. Además de mis padres, mi hermano, mi hermana y mi tío Jorge, también teníamos a mi abuela paterna, doña Ambrosina, viviendo con nosotros.

Afortunadamente, la rodilla de Dondinho se portó bien al principio. En 1946, Bauru ganó el campeonato regional de São Paulo, en el que participaron los equipos más importantes del interior del Estado. Mi padre fue el mejor jugador y anotó una gran cantidad de goles. Llegó a ser un personaje reconocido en la ciudad. Pero el éxito disminuía a medida que su rodilla se agravaba. Lo recuerdo inmovilizado en casa por las tardes, sentado y con la rodilla hinchada. No había mucha atención médica en Bauru en esa época, por lo que yo solía ir a buscar hielo para colocárselo sobre la articulación. Los doctores de aquel entonces probablemente ni siquiera sabrían pronunciar la palabra «menisco» y mucho menos sabrían cómo operarlo. Dondinho cada vez jugaba menos hasta que, finalmente, y después de ocho años en el BAC, dejó el fútbol definitivamente.

Durante los periodos en los que mi padre se hallaba fuera de los terrenos de juego a causa de sus lesiones, la familia lo pasaba realmente mal. Zoca, Maria Lúcia y yo andábamos siempre descalzos y usábamos ropa desechada por otros. La casa era pequeña, estaba superpoblada y tenía goteras en el techo. Sin ingresos regulares, recuerdo que en más de una ocasión la única comida que nuestra madre podía darnos era pan con un trozo de plátano. Nunca nos quedábamos sin nada que comer —como mucha gente en Brasil que lo pasaba aún peor que nosotros—, pero para mi madre esa parte de la vida estuvo dominada por la angustia de no poder poner algo sobre la mesa. Y una cosa que he aprendido en mis sesenta y seis años es que uno de los peores temores que se puede tener es el temor a la vida.

La familia también aportaba lo suyo, por supuesto. Mi tío Jorge era repartidor de la Casa Lusitana. Trabajó allí durante diecinueve años. Su dedicación al trabajo —que era su mayor virtud— lo ayudó a ascender, y su salario nos ayudaba a comer. Y mi tía Maria, hermana de mi padre, acostumbraba a traernos comida, y a veces ropa, cuando nos visitaba en el día libre que tenía en su trabajo en São Paulo.

Yo también debía ayudar. Después de todo, era el mayor de los hijos, por lo que decidí hacer mi parte. Tendría alrededor de siete años cuando, gracias a mi tío Jorge, pude reunir suficiente dinero como para hacerme con los materiales necesarios para armar un cajón de limpiabotas. Pensé establecerme en las esquinas más importantes de Bauru para ganar unas monedas lustrando zapatos ya de por sí brillantes. Pero mi madre era más *democrática* e insistió en que comenzara más cerca de casa y tuviera a nuestros vecinos como clientes. Como la mayoría de ellos andaban siempre descalzos, a mí me pareció que no era una buena idea, pero doña Celeste no era el tipo de persona con la que se podía discutir, así que obedientemente llamé a todas las puertas de la calle Rubens Arruda preguntando a la gente si quería que le limpiara los zapatos. Me trataron amablemente, pero sólo conseguí un cliente; y después de realizar el trabajo no supe cuánto cobrarle. Fue una lección temprana (que no siempre seguí) sobre el mundo de los negocios: averigua dónde están tus clientes y conoce tu precio.

También me di cuenta de que yo no era muy bueno en eso de limpiar zapatos, de manera que necesitaba practicar. Saqué brillo a las botas de fútbol de mi padre y también a unos zapatos míos: un elegante par que mi tía Maria me había traído en una de sus visitas y que habían pertenecido al hijo de su patrón. Yo los usaba sólo en ocasiones especiales y duraron hasta que —en la que tal vez fue la más especial de las ocasiones— decidí averiguar cómo sería golpear un balón con un par de zapatos puestos en lugar de hacerlo con los pies descalzos, como de costumbre, y los estropeé.

Finalmente logré convencer a doña Celeste de que no tenía sentido tratar de conseguir trabajo de limpiabotas en nuestro pobre vecindario, y a regañadientes aceptó que acompañara a mi padre al estadio del Club Atlético Bauru los días en que se jugaban los encuentros, donde al menos habría muchos zapatos y Dondinho podría vigilarme. Él estaba muy ocupado con su trabajo como para ocuparse de mí, pero la presencia de tantos clientes potenciales me decía que no podría fallar: cuando esa tarde regresamos a casa, yo tenía dos cruceiros en mi bolsillo. Después de este éxito inicial, mi madre se volvió un poco más permisiva y también me autorizó a ir a limpiar zapatos en las estaciones de tren de la ciudad. Allí había más competencia, ya que otros niños habían tenido la misma idea que yo, pero al menos ganaba algo de dinero.

Alrededor de un año más tarde, las cosas mejoraron en casa: mi padre, finalmente, había conseguido trabajo en una clínica. Era un trabajo menor: consistía más que nada en limpiar, buscar y acarrear cosas, pero como estaba financiado por el Gobierno local parecía mucho más seguro que cualquiera de los trabajos eventuales que había realizado hasta el momento. Por primera vez en años, la sombra de la pobreza se alejó —aunque no desapareció del todo— de nuestra casa.

Al mismo tiempo, faltaba resolver el pequeño asunto de mi educación. Mi madre era inflexible en cuanto a que yo debía ir a la escuela y obtener de ella lo mejor que pudiera ofrecerme, de manera que me inscribieron en la escuela primaria Ernesto Monte de Bauru. Teóricamente, debía estudiar allí cuatro años y luego acudir a la escuela secundaria por otros cuatro. Después de eso, si eras lo suficientemente aplicado, inteligente o si tenías la suerte necesaria, estaba el colegio o el bachillerato durante otros tres años, antes de ingresar en la universidad. De todas maneras, a la edad de ocho años, todo eso parecía muy lejano.

En aquellos tiempos, el proceso de preparar a un niño pobre para asistir a la escuela no era sencillo. Entre mi madre y mi abuela remendaron mis pantalones cortos y raídos. Usé camisas confeccionadas con la tela que se usaba para los sacos de harina (aunque era una buena tela, de puro algodón). En realidad, al comienzo estaba contento por poder asistir a la escuela. Me dieron una caja con lápices de colores que gasté en muy poco tiempo, ya que pintaba todo lo que estaba a mi alcance. Mi padre me llevó el primer día de clase y mi comportamiento, al principio, era ejemplar. Pero pronto me convertí en el parlanchín de la clase y en un problema.

Recuerdo bien a mi primera maestra. Su nombre era doña Cida. No toleraba ninguna discusión y era partidaria de la disciplina severa. No pasaba por alto ninguna clase de mal comportamiento. A menudo me castigaba haciendo que me arrodillara sobre un montón de judías secas, que eran duras como piedras; tal vez esto ayudó a fortalecer mis rodillas para el trabajo que les esperaría después...

No era un gran estudiante, aunque al principio las cosas no iban tan mal; a veces me comportaba como un malcriado, pero doña Cida no era tan estricta como algunas de mis maestras posteriores, y algunos ayudantes durante ese primer año me tenían simpatía, a pesar de mi mal comportamiento ocasional. Quería aprender y no creo que fuera tonto, pero realmente no me llevaba bien con la escuela. Ahora lo miro desde la perspectiva del tiempo y me parece extraño, no solamente porque sé cuán importante es la educación, sino porque tenía un muy buen motivo para hacer las cosas bien. A esa edad, alrededor de los siete u ocho años, estaba entusiasmado con los aviones y soñaba con llegar a ser piloto. Solía ir al club de aviación para observar las maniobras de los aviones y planeadores. Estaba desesperado por ser piloto y, cada vez que podía, a veces haciendo novillos, corría al aeródromo y me maravillaba viendo a los aviones a punto de despegar o aterrizar, y a los pilotos haciendo lo suyo. Me parecía una forma tremendamente romántica de ganarse la vida —y de vivir—; y yo estaba fascinado por ella.

Recuerdo haber hablado con mi padre sobre este tema y me sorprendió que él pensara que era una muy buena aspiración. Yo esperaba que él intentara hacerme desistir de la idea, pero en cambio —y de manera inteligente— me recordó todas las habilidades que necesitaría adquirir para lograr este objetivo: leer, escribir, aprender navegación y demás. Según recuerdo, ésa fue una de las primeras oportunidades en que me trató como a un hombre, y ello me marcó profundamente. Además de ser un buen futbolista, mi padre tenía la cabeza bien puesta. Él siempre fue quien sujetó las riendas de las fantasías de doña Celeste, y supe de inmediato que debía prestar atención a lo que me estaba diciendo. Esto hizo que la escuela pareciera más importante, más útil. Aun cuando me escapaba de la escuela, yo sabía que debía tener alguna clase de educación para poder volar. Pero un día todo cambió.

Estábamos todos vagando una tarde después de clase, probablemente jugando al balón, cuando alguien nos avisó de que había una persona muerta en la morgue: un piloto que había estrellado su avión. Éramos todos niños, y muchos de mis amigos y yo encontramos la noticia verdaderamente emocionante. ¡Un hombre muerto! ¡Y, además, un piloto de avión! Fui, entre travieso y curioso, a ver de cerca la escena del accidente, ansioso por no perder ningún detalle. Como si esto fuera poco, fuimos todos al hospital donde se estaba llevando a cabo la autopsia y vimos, a través de una ventana sucia, al piloto muerto, que yacía sobre una mesa. Al principio estuve fascinado —era la primera vez que veía un cadáver—, pero cuando el asistente o doctor, o quienquiera que fuera, trató de manipular el cuerpo (que aún estaba vestido), todo cambió. Para mover el brazo, que al parecer ya estaba adquiriendo rigidez, tuvo que tirar de él con fuerza y esto hizo que brotara un chorro de sangre en dirección al suelo. Fue una escena terrorífica, como de película, y la imagen se quedó grabada en mi mente durante varios días y noches. Hasta tuve pesadillas. Nunca más volví al campo de aviación.

A medida que fui creciendo, Bauru se convirtió en mi ciudad. Allí tenía a mi familia, a mi escuela, había fútbol (luego hablaré más sobre eso) y también había juegos. Hice muchos amigos entre los niños del vecindario —había niños negros, blancos, y hasta japoneses—. Todo lo que me interesaba era jugar. El patio de nuestra casa de madera tenía vides, un árbol de mango y algunas cañas de azúcar. Yo era un gran comedor de mangos…, ¡aún hoy los amo! Mis amigos venían al patio e inventábamos juegos, y hasta montábamos pequeños circos. Las ramas de los árboles eran nuestros trapecios, y nos exponíamos a riesgos descomunales. A mi madre y a mi abuela estos juegos no les gustaban en absoluto. Yo necesitaba más espacio y el patio se volvió pequeño, así que pasé a jugar en la calle —¡qué feliz es el niño que puede jugar en la calle!—, pero luego la calle frente a nuestra casa también resultó insuficiente, de manera que empecé a aventurarme más lejos.

Una de las cosas que más nos gustaba era nadar. Podía llegar a hacer mucho calor en Bauru, por lo que nos íbamos hasta un río que corría por las cercanías del Ferrocarril Noroeste (que era la empresa que patrocinaba al club rival del de mi padre). Lo mejor de nadar allí era que había una pequeña cascada. Pasábamos tardes enteras simplemente vagando: faltábamos a la escuela nada más que para disfrutar del río y nadar; esto era normal en aquel tiempo. Pero llegó el día en que me costó caro. Estaba nadando con unos amigos cuando un niño más grande, llamado Zinho, trató de llevarme, a rastras, al otro lado del río. Íbamos asidos el uno al otro: yo daba las patadas mientras él daba las brazadas. Como yo me sostenía de sus piernas, nos enredamos a mitad del río y comenzamos a hundirnos. Estábamos exhaustos y tragamos muchísima agua. Casi nos ahogamos. Los demás niños que estaban en la orilla no podían hacer nada, por lo que gritaron hasta que llegó un hombre, que nos alcanzó una rama a la que nos aferramos para que nos sacara. Nos salvó la vida. Recuerdo que más tarde pensé que Dios seguramente había estado protegiéndome, al igual que la vez en que casi me caigo del tren.

Durante algún tiempo no volvimos al río a nadar, pero era difícil resistirse. De todos modos, aprendimos la lección; y de ahí en adelante fuimos muy prudentes. Nadábamos con la ropa de la escuela y luego la colgábamos de los árboles para que se secara. No queríamos que nadie nos viera desnudos y, por otro lado, mi madre no debía enterarse de que habíamos ido al río. Aun así, en ciertas ocasiones no había tiempo suficiente para jugar, secar la ropa y regresar a casa, y terminaba recibiendo una bofetada de doña Celeste por llegar a casa con la ropa mojada y sucia. Yo le daba mucho trabajo (cuánto significa *mucho trabajo* sólo lo comprendes cuando, a su vez, te conviertes en padre). No quiero confundiros: era una madre maravillosa, una mujer pequeña pero muy fuerte, y aunque alguna vez dijo de mí que era «un hijo ejemplar», sé que esa afirmación estaba lejos de la verdad, al menos durante mi infancia.

Mi madre sabía que para que mi rendimiento en la escuela mejorara tenía que obligarme a permanecer en casa estudiando, en lugar de ir a jugar. Eso era una tortura: no sólo me quedaba sin la diversión de salir a callejear con amigos como Raúl y Raquel Lavico, cuyos abuelos también residían en la calle Rubens Arruda, sino que además debía hacer mi tarea bajo la mirada vigilante de doña Celeste. En una oportunidad, sin embargo, logré escabullirme para jugar en un escondite que habíamos construido en un gran pozo en una calle de Bauru. Había muchos de éstos: las calles no eran muy buenas y después de una fuerte lluvia la erosión formaba nuevos pozos.

Este escondite en particular era realmente bueno, y yo estaba entusiasmado por haberme escapado de mi madre para ir a jugar allí. Había llovido mucho en los días anteriores; y aún seguía lloviendo. Pero ella pronto se dio cuenta de lo sucedido y tuve que volver a casa, con la cabeza gacha. Le rogué que me dejara salir nuevamente, pero fue en vano. Mi madre era absolutamente inflexible. Estudié un poco más hasta que mi mente comenzó a vagar hacia el lugar donde jugaban mis amigos mientras me imaginaba que mis compañeros se lo estaban pasando de miedo… Las odiosas matemáticas me impedían estar con ellos. Y entonces sucedió uno de los hechos más inolvidables de mi infancia. Uno de los niños llegó corriendo, sin aliento, casi sin poder hablar, y me dijo que debía ir hasta nuestro escondite porque se había derrumbado con uno de nuestros amigos adentro. Debí de batir el récord mundial de velocidad de tanto que ansiaba llegar para rescatar a nuestro amigo. Ya había mucha gente cuando llegamos allí. Todo había sucedido a consecuencia de la lluvia: la tierra se había ablandado y derrumbado sobre sí misma. Todos nuestros amigos y vecinos estaban cavando con la intención de rescatar al niño que había quedado atrapado dentro. Era demasiado tarde: el niño tenía barro en las fosas nasales, en la boca, en los ojos… Fue una visión que nunca olvidaré. Ya no estaba entre nosotros; se había ido sin que nos diéramos cuenta. Nuevamente, pude haber muerto, pude haber estado allí en su lugar; pero Dios me protegía.

Mis estudios y mi madre habían evitado una tragedia. Aún recordaba al piloto muerto y la visita a la morgue, y ahora tenía más material para mis pesadillas cuando me acordaba de ese pequeño inocente. Debido a ellas, a menudo despertaba gritando; primero en casa, pero también después de mudarme a Santos. No me gustaba la oscuridad, me inspiraba temor. Lo que sucedió me enseñó a no volver a pensar jamás en cavar pozos como ése. Por un tiempo, tuve un infantil sentimiento de culpa. Es difícil recordar un suceso así sin pensar que podría haber estado en el lugar de ese niño. De haber sido el caso, no hubiera llegado a recorrer el sendero de la vida durante más de sesenta y seis años y, por supuesto, no estaría contando esta historia.

Mi segundo año en la escuela Ernesto Monte fue terrible, y probablemente faltar a muchas clases empeoró las cosas. Hice amistad con niños que tenían muy mala conducta y yo mismo cambié con relación a mi primer año. También tuve nuevas maestras: doña Lourdes y, más tarde, doña Laurinda. Al poco tiempo ya no quería saber nada de la escuela ni de estudiar. Doña Laurinda, especialmente, me castigaba con dureza; yo seguía siendo muy charlatán, de manera que para hacerme callar me llenaba la boca con bolas de papel estrujado. Esto me hacía doler las mandíbulas. Después de un rato comenzaba, discretamente, a masticar las bolitas de papel para que se achicaran y me hicieran menos daño. La maestra también utilizaba el recurso de doña Cida de hacerme arrodillar sobre un montón de judías secas. Doña Laurinda era severa, pero con este castigo —además de ser muy duro y obligarme a estar de frente a toda la clase—, yo podía sacar alguna ventaja de la situación. Dicen que cuando un castigo se repite una y otra vez, o cuando dura demasiado tiempo, las personas castigadas comienzan a mejorar y a saber sacar provecho de él. Así sucedió conmigo. Transformé lo peor en una especie de entretenimiento. Cada vez que doña Laurinda se olvidaba de mí para seguir con su lección, yo quitaba una judía de debajo de mis rodillas, para reducir el dolor.

Otro de sus castigos favoritos era ponerme de pie en un rincón, de cara a la pared, con los brazos extendidos a los costados, como la estatua del Cristo Redentor de Río. Era muy extenuante. A medida que el cansancio me vencía y yo me distraía, mis brazos caían; e inmediatamente recibía una bofetada, para que volviese a la posición original. Pero en el momento en que mi enérgica maestra no miraba, otra vez dejaba caer los brazos. Pasé gran parte de mis recreos sufriendo castigos en esa aula. ¡Era incorregible! Cuando llegaba el momento del recreo, siempre intentaba algo. Recuerdo que un día trepé a un árbol de mango, en un jardín vecino a la escuela, para arrancar frutos para todos los niños. Cuando los hubimos comido inventé un juego con uno de los mangos; no duró mucho tiempo, porque golpeó a un niño y éste comenzó a llorar, lo que atrajo la atención de todos. Un mango es lo suficientemente pesado como para provocar dolor y el niño se vengó acusándonos a todos. Tuvimos que ir ante la dirección de la escuela, y no pude evitar recibir un nuevo castigo.

Pero, viéndolo en perspectiva, había mucha inocencia en los juegos que jugábamos en aquel entonces, a pesar de que a veces nos metíamos en problemas debido a ellos. Hoy en día no hay muchos niños que puedan jugar en la calle, que puedan reconocer un árbol de mango y que tengan la suerte de comer uno recién arrancado y saborearlo sentados en el suelo, sin preocuparse porque el zumo corra por sus brazos. Los niños casi no tienen responsabilidades; sus mentes no funcionan como las de un adulto. Un niño es feliz con su propio pequeño mundo. No tiene una idea dramática de lo que es la pobreza. Aplacar tu hambre, tener un juguete, estar cerca de tu madre: cuando eres pequeño, eso es suficiente. ¡Y la vida es maravillosa!

Aunque soporté muchos castigos en la escuela, ¿significa eso que yo era malo? Se hablaba mucho del pecado, pero yo no sé si un niño puede pecar. ¿Qué es un pecado para un niño? Entré en plantaciones de mango para tener un fruto que comer; ¿es eso un pecado, acaso? No lo creo. Muchos mangos caerían solos del árbol, nadie los recogería y terminarían siendo un desperdicio. Además, los árboles también dejan caer sus frutos en las calles.

Creo que siempre fui una buena persona con la que relacionarse, aunque no haya sido un buen estudiante, como ya he mencionado. Peleaba por defender mis intereses. Era un niño inquieto y las ideas, simplemente, bullían en mi mente. Creo que es por eso por lo que tenía tantas pesadillas; y ser sonámbulo probablemente tenga alguna relación con eso. Cuando era niño hablaba mucho en sueños. También me levantaba, sin romper nada, y luego volvía a la cama. Más tarde, en Santos, en la pensión de doña Georgina y el señor Raimundo, durante mis viajes e incluso cuando formaba parte del equipo nacional, la gente siempre me decía que hablaba en sueños. Mi compañero de equipo Pepe gustaba de contar una historia según la cual una vez me levanté en medio de la noche, grité ¡gol!, y luego me volví a acostar; pero no puedo asegurar que sea cierto...

Mi maestra, doña Laurinda, no era un ángel, pero tampoco era la madrastra perversa que he descrito. Yo daba mucho trabajo: peleaba con mis compañeros, era indisciplinado. Merecía algún castigo, aunque creo que los que recibí fueron excesivos. Ahora sé que ésa no es la manera de tratar a un niño, pero en aquellos días los maestros eran muy respetados y ni ellos entendían las cosas como las vemos ahora. En aquel tiempo, la disciplina era lo más importante. No había discusión. Todo funcionaba sobre la base del respeto, los adultos eran personas muy distantes y los niños no disponían del espacio del que disfrutan ahora. Gracias a Dios las cosas han mejorado para los niños en este sentido: ahora vemos qué interesantes son y cuánto nos enseñan con su curiosidad y sus preguntas; ahora sabemos cuán importante es cada uno de sus descubrimientos. Conocemos todo acerca de su energía, cómo operan sus hormonas, qué inteligentes pueden ser. Por ello, hoy en día, los niños son las personas más importantes de la familia. Los observamos constantemente para ver qué necesitan, qué les gusta, qué desean. Sabemos que un niño es sinónimo de alegría.

Y para mí, la alegría —tanto en esa época como a lo largo de toda mi vida— fue el fútbol. Es tiempo de hablar del *jogo bonito* y de cómo caí bajo su hechizo.

CAPÍTULO II

El *juego bonito*

Él es quien os dije que será el mejor del mundo.

WALDEMAR DE BRITO

Le debo al fútbol todo lo que tengo. Hacia el final de mi carrera en el Santos incluso experimenté un hechizo cuando firmé como «Edson Arantes do Nascimento *Bola*» (balón): me pareció la mejor forma de demostrar mi gratitud por todo lo que este juego había hecho por mí.

Supongo que tener un padre futbolista fue el comienzo de todo. La mayoría de los niños quieren ser como sus padres y yo no era la excepción. Dondinho anotó numerosos goles y todos decían que era un buen jugador. Nunca soñé con jugar para Brasil o con ganar la Copa del Mundo, ni nada parecido. Simplemente le decía a mis amigos: «Algún día seré tan buen futbolista como mi padre». Dondinho también era una buena persona, un padre maravilloso. A pesar de que como futbolista nunca trajo mucho dinero a casa, creo que me sentía tan atraído por el fútbol porque ése era el deporte que él practicaba. Estaba en los genes.

Y recuerda que estoy hablando de Brasil. Yo crecí en medio del fútbol, que estaba en todas partes. Mientras mis amigos y yo jugábamos en el patio de mi casa o en la calle, siempre se estaban disputando partidos a nuestro alrededor, generalmente organizados por muchachos más grandes. Nosotros nos desesperábamos por participar, pero no era sencillo obtener un lugar en esos equipos; de mí decían que era muy esmirriado. Es verdad. De niño era pequeño y flacucho. Aquéllas fueron las primeras veces que me dejaron fuera de un partido, y si sirvió de algo fue para hacérmelo desear con mayor intensidad. Los niños con los que tanto queríamos jugar tendrían alrededor de diez años, unos pocos más que nosotros, y se creían los dueños de la calle. Eso no nos impidió a los más pequeños organizar nuestra venganza. Nos quedábamos fuera del campo de juego y cuando el balón salía de los límites no lo devolvíamos, sino que comenzábamos a jugar con él, lo que nos valió muchas zurras y patadas en el trasero. De todas formas, mi hermano Zoca y yo no nos quedábamos mucho tiempo. Temíamos que doña Celeste, nuestra madre, nos viera allí.

A medida que se disipaba nuestro interés por nuestros pequeños circos, pasábamos más y más tiempo soñando con el fútbol y con ir a jugar. No teníamos la vestimenta adecuada, por supuesto, ni siquiera un balón, y nos arreglábamos rellenando un calcetín con papeles y trapos. Intentábamos darle una forma lo más esférica posible; y una vez logrado eso lo atábamos con cordeles. De vez en cuando encontrábamos un nuevo calcetín o una prenda cualquiera —debo admitir que a veces provenía de algún tendedero que nadie estaba mirando—, con lo que agrandábamos el balón para luego volver a atarlo, hasta que finalmente llegaba a parecerse a un balón de fútbol de verdad.

Y del campo de juego más vale no hablar. Mis primeros partidos se disputaron en el *prestigioso estadio* de la calle Rubens Arruda. La portería estaba demarcada por zapatos viejos en cada extremo: uno, donde la calle terminaba en un callejón sin salida; el otro, en la intersección con la calle Sete de Setembro (Siete de Septiembre, llamada así por el Día de la Independencia de Brasil). Las bandas estaban más o menos donde comenzaban las viviendas a ambos lados. Pero para mí, en aquella época, eso era como el Maracaná, y fue el lugar donde comencé a desarrollar mis habilidades. Mientras disfrutaba de la compañía de mis amigos y de ponerme a prueba ante ellos, conocí la alegría de poder controlar el balón, de impulsarlo hacia donde yo quería, con la fuerza que yo quería —lo cual no era sencillo con una pelota de trapo—. Jugar al fútbol pronto se convirtió en algo más que un pasatiempo: se volvió una obsesión.

Naturalmente, doña Celeste se dio cuenta enseguida; y con su actitud siempre vigilante se aseguraba de que yo le dedicara algo de tiempo a mis estudios. Probablemente por sus experiencias con mi padre, el fútbol hasta ese momento representaba para ella una pérdida de tiempo, algo que lo había alejado de nuestra casa y que no ponía comida sobre la mesa. Debió de ser duro para ella ver a su hijo seguir el mismo camino, pero debió de haber llegado a la conclusión de que al menos yo jugaba en el vecindario, donde podía vigilarme, y que no me dedicaba a algo menos deseable. La condición para dejarme ir a jugar era que llevara conmigo a Zoca, mi hermano menor. Al principio era una molestia, ya que era demasiado pequeño como para ser de utilidad y a menudo volvía llorando a casa cuando un niño más grande le gritaba o le quitaba el balón, pero no me importaba. Era mi hermano y llevarlo me permitía ir a jugar.

Después de cada salida regresábamos cubiertos de barro. Recuerdo con felicidad cómo volvía a casa muy sucio por haber jugado a la pelota y cómo mi madre me ordenaba darme un baño. Yo esperaba a que ella viniera a frotarme y a vigilar que me lavara como correspondía. Me gustaba ver cómo el agua sucia se desprendía de mi cuerpo.

Como dije anteriormente, era un niño inquieto y creativo y pronto decidí que lo que realmente quería era formar un equipo propio, para los chicos de las calles Rubens Arruda y Sete de Setembro. Jugar frente a casa era fantástico, pero anhelaba hacerlo como se debía, para emular a mi padre y a los otros jugadores que veíamos en el campo de entrenamiento del Noroeste, que lindaba con el final de la calle. Esto significaba que debíamos comprar la vestimenta adecuada: camisetas, pantalones cortos, botas, medias, un balón… Pero ¿y el dinero? Tendríamos que conseguirlo de alguna manera.

Tuvimos las primeras reuniones frente a mi casa. La prioridad era tener nuestra propia vestimenta. Todo el que quisiera formar parte del equipo debía comprometerse (me refiero a comprometerse en forma verbal; por supuesto, no había nada por escrito). El club se reuniría en el patio de mi casa o en la de algún otro miembro. Se me ocurrió la idea de juntar cromos de fútbol —que estaban de moda en aquellos tiempos—, completar uno o dos álbumes y luego canjearlos por un balón. Nos concentraríamos en los equipos grandes de Río y São Paulo, lo que incrementaría el valor de la colección. Todos dijeron que era una gran idea y acordamos aportar nuestros cromos a un fondo común.

—¿Y la indumentaria? —pregunté—. ¿Dónde conseguiremos el dinero para comprarla?

—¿Qué os parece recoger hierro viejo, latas, botellas y cosas de la calle y luego venderlas? —sugirió uno de los niños.

—O leña —dijo otro—. Podríamos separar a escondidas un poco de cada una de nuestras casas y luego venderla.

Sabía que doña Celeste vería esto con desagrado, así que asentí vagamente. Finalmente, ninguno de estos planes resultó muy exitoso. Recogimos todo lo que pudimos; no quedó calle ni patio que no hubiéramos recorrido en la búsqueda de elementos que se pudieran vender. ¿Y cuánto dinero conseguimos? Casi nada. No alcanzó ni para las medias. Nos dimos cuenta de que ya había mucha gente en el vecindario que se dedicaba a esta clase de recogida y comercio de desechos, por lo que ninguna cosa que tuviera algún valor quedaba tirada en la calle durante mucho rato. Era un signo de los tiempos. Entonces, se convocó una nueva reunión del equipo.

Un niño llamado Zé Porto tuvo la idea brillante. Sugirió que vendiéramos cacahuetes a la entrada del circo y del cine. El primer problema era: ¿dónde obtendríamos los cacahuetes? Zé Porto sonrió y nos contó su delictiva idea: «Los hurtaremos de los almacenes Sorocabana». Era una especie de depósito que se encontraba cerca del ferrocarril. Siempre había trabajadores por allí y el plan era arriesgado. Pensé en las frecuentes admoniciones de doña Celeste acerca de que robar era uno de los peores pecados, y también sabía que algunos de los otros niños estaban nerviosos por el plan. Pero Zé Porto estaba seguro y era persuasivo. El plan era arriesgado, pero también audaz. Dijo que había grandes cantidades de cacahuetes en los vagones del tren; sería más fácil entrar en los vagones que en el almacén mismo, y no le haría daño a nadie que se *perdieran* algunos kilos.

«Además —continuó—, ¡el que no esté de acuerdo *es una mierda*!». Este argumento fue suficiente para cerrar la discusión.

El primer asalto a los vagones fue realmente dramático. Sólo dos de nosotros podíamos entrar al primer vagón. Por buena o mala suerte, fui uno de los elegidos. Tenía la esperanza de que mi idea de la colección de cromos me eximiera de la obligación de robar cacahuetes, pero tuvimos dificultades para conseguir los últimos de cada colección. Siempre había algunos que resultaban difíciles y, en consecuencia, eran sumamente valiosos, por lo que tuve que admitir mi fracaso ante el grupo. Me había puesto en contacto con otros niños —que no pertenecían a nuestro equipo de principiantes— que tenían los preciados cromos faltantes, pero no estaban dispuestos a canjearlos. Se decidió entonces (probablemente fuese Zé Porto quien lo hizo) que mi castigo sería participar en la *misión Sorocabana*.

Casi me muero de miedo cuando entré al vagón. Llevábamos barreños, coladores y viejos cubos para recoger los cacahuetes. Rasgamos algunas de las bolsas, que eran enormes, y los cacahuetes se derramaron como una cascada mientras los recogíamos tan rápido como era posible, con el corazón en la boca. También nos llenamos los bolsillos y pusimos más dentro de nuestras camisas, y los íbamos pasando a los otros niños que nos esperaban fuera del vagón. Cuando terminamos, nos alejamos rápidamente, riendo con una mezcla de nervios y de alivio por el triunfo.

Después de nuestro gran éxito —que me había provocado un sudor frío durante todo el proceso—, nuestro sueño del Sete de Setembro se estaba convirtiendo en realidad. Tostamos los cacahuetes y fuimos a venderlos. Pronto tuvimos dinero para las camisetas —que en realidad eran sin mangas, tampoco era tanto dinero— y también compramos pantalones cortos. No alcanzó para las medias ni para las botas. Nuestro segundo intento por hacernos con más cacahuetes terminó en un desastre. Tuvimos que correr como gamos para que no nos atraparan y el asunto se dio por terminado. A pesar de todo, el Sete de Setembro tendría su primer encuentro, con camiseta sin mangas, pantalones cortos y sin botas. (Por un tiempo fuimos conocidos como Los Sin Zapatos, hasta que nos dimos cuenta de que había otros equipos en Bauru que compartían este apodo por la misma razón que lo habíamos elegido nosotros.)

Obtener los últimos cromos fue una pesadilla y requirió una gran dedicación por parte de todo el equipo. Los más difíciles eran los de las grandes estrellas de la época: jugadores como Baltazar, Claudio, Mauro, Carbone y algunos otros. Teníamos que canjear dos por uno para conseguirlos. Pero no dejamos de asediar a los niños que los poseían hasta que pudimos completar nuestro álbum. Y apenas lo terminamos lo canjeamos por un balón. No era un balón oficial, ni siquiera tenía válvula (aunque a veces obteníamos una de un automóvil estacionado, dejando al pobre propietario con un neumático desinflado), pero no nos importaba. Era un balón y no estaba hecho de calcetines. Como la idea de los cromos había sido mía, yo guardaba el balón en mi casa, lo que me convertía en el jefe, en el dueño del balón y, en cierta forma, en el capitán no oficial del equipo de la calle Sete de Setembro.

El club estaba tomando forma y era el fruto de nuestros esfuerzos: un grupo de niños de un vecindario pobre que sólo quería jugar al fútbol. Nuestro equipo comenzó rápidamente a hacerse conocido en la zona: teníamos cierto talento, nunca perdíamos y no había muchos que quisieran enfrentarse a nosotros. Éramos mi hermano Zoca y yo, Zé

Roberto, conocido como Toquinho, Vadinho, Ari, Cidão, Dino, un par de niños japoneses y muchos otros: un verdadero pelotón más que un simple equipo. Curiosamente, a Zé Porto le gustaba callejear con nosotros, pero no le interesaba demasiado participar en el juego.

En una oportunidad contactamos con los empleados del ayuntamiento, quienes realizaban un duro trabajo en las calles quitando las malezas que crecían al borde del pavimento. Hablamos con ellos y como era un grupo numeroso y les gustaba el fútbol, estuvieron de acuerdo en celebrar el partido. Jugábamos en las calles, principalmente en mi calle. Nuestro equipo se ponía las camisetas y los pantalones cortos en el patio de mi casa y salíamos en fila, como un verdadero conjunto en un estadio de verdad. Los niños soñadores siempre imitan la conducta de sus ídolos.

Jugamos hasta el anochecer. Jugué en la portería la primera mitad del encuentro; y en la segunda parte, en el centro del campo o como centro delantero. Yo era quien decidía los puestos. Después de todo, era el *guardián del balón*, el jefe —una especie de dictador, para ser sincero—. Tuvimos un problema cuando el balón golpeó contra los cables del alumbrado, provocando un cortocircuito que dejó a toda la calle sin energía eléctrica. Todos los vecinos nos insultaron y tuvimos que terminar nuestro encuentro bastante antes de lo pensado. Mi madre solía perder la paciencia; cuando lograba atraparme, generalmente recibía un castigo —al igual que Zoca, que estaba siempre conmigo—. Y cuando mi padre se enteraba de nuestras travesuras también me castigaba, aunque creo que en secreto estaba contento de que yo disfrutara tanto del fútbol. Mi tío Jorge, en cambio, se mantenía al margen. Fue un buen amigo, siempre calmo y comprensivo.

El Sete de Setembro fue un rito de iniciación en mi vida. En retrospectiva, puedo ver cuán importante fue que tuviéramos que esforzarnos para fundar el club y creo que mi padre admiraba el empeño que pusimos para hacerlo. Mi padre y yo comenzamos a pasar más tiempo juntos en esa época, y él tomó un papel más activo en mi crianza. Adoraba verlo en acción cuando jugaba el BAC. Ahora yo también quería ser futbolista. Todos mis sueños de aviones y de volar habían quedado en el olvido. La idea espantaba a mi madre, como ya mencioné, pero Dondinho tenía tacto: me ayudaba con mi técnica al mismo tiempo que la mantenía contenta. Me enseñó a golpear el balón con la pierna izquierda, a cómo dar un buen cabezazo; y me ayudó a mejorar mi toque con la pierna derecha. Cuando doña Celeste nos pescaba y reconvenía a mi padre, él simplemente reía: «¡El niño no puede golpear con la pierna izquierda y sólo le estoy enseñando a hacerlo; eso es todo!».

Es posible que el hecho de que Dondinho fuera mi primer entrenador me diera cierta ventaja sobre mis pares. Había muchos buenos jugadores entre los niños, pero cuando nos elegíamos entre nosotros para integrar un equipo, generalmente me elegían a mí en primer lugar. Para ser tan pequeño, era muy fuerte. Podía saltar alto y no tenía miedo, lo que significaba que, al igual que mi padre, convertía muchos goles de cabeza.

Dondinho me enseñó muchas cosas, no solamente técnica, sino también cómo desenvolverme en el campo de juego. Bajo su mirada atenta aprendí muchos de los trucos y habilidades que luego me ayudarían a convertir tantos goles y ganar trofeos. Me habló de la magia del empeine, de cómo realizar un pase con precisión y de la importancia de llevar la pelota junto al pie. Esto se convirtió en una especie de firma de mi forma de juego: pasos cortos en posesión del balón; la cabeza justo encima del balón o lo más cerca posible de él, para asegurarme el control al driblar a un defensa. Aprendí rápidamente cómo hacer un cambio de velocidad inmediato —aumentándola o disminuyéndola—, para desubicar al contrario. Esto funcionaba especialmente bien cuando me enfrentaba con la pelota a un defensa: tener el balón cerca del pie en lugar de adelantarlo (con lo que lo mantenía bajo control) significaba que el contrario tenía que retroceder de espaldas y lo cogía desprevenido cuando la pelota lo sobrepasaba. Otro de los trucos que aprendí a desplegar fue el de amagar con los hombros; podía

ser devastador si lo usaba al mismo tiempo que el balón corría veloz-
mente. Al mover los hombros hacia la izquierda o la derecha podía dejar
al defensor desparramado en el suelo sin siquiera alterar el curso del
balón.

Dondinho era un clásico delantero centro atacante, un número nueve. Jugaba en la misma posición que, digamos, Ronaldo o Romário. A
medida que fui desarrollándome como jugador, me di cuenta de que
prefería jugar en una posición más profunda, de número diez. Ni siquiera en aquellos tiempos era el jugador que se queda delante en el ataque. Siempre me gustó llegar desde atrás. Debido a que anoté tantos
goles, la gente supone que yo era un goleador nato; pero nunca lo fui.
En realidad, era un centrocampista atacante, un delantero centro con
profundidad.

Aquélla fue una gran educación, complementada por las horas de
práctica y la experiencia adquirida en el Sete de Setembro. Y yo amaba
pasar el tiempo con mi padre aprendiendo a jugar al fútbol y a ser un
hombre. De hecho, mi primera gran pelea fue durante un clásico local
—Noroeste frente a BAC—, a causa de Dondinho. Perdió una ocasión
de gol justo frente al portero y uno de los asistentes cerca de mí le gritó: «¡Eh, Dondinho, *tuercebotas*! ¡Vete a tu casa!». No pude oírlo sin reaccionar. Aunque yo era muy pequeño le repliqué inmediatamente insul-
tando a su madre. Cuando él se dio la vuelta para ver quién lo estaba
desafiando, yo ya estaba blandiendo un ladrillo, listo para la batalla… Pero
no se amilanó —después de todo yo era sólo un niño— y refunfuñó:

—¡Lárgate, negrito, antes de que te dé una zurra!

—¡Hazlo, si es que tienes huevos! —le respondí.

En ese momento, un negro enorme —tal vez amigo de mi padre—
apareció cerca de mí y le echó una mirada fulminante, al tiempo que
le decía:

—Si le pones un dedo encima a este niño te rompo la cara.

Y así comenzó la pelea. Todo lo que se veía eran patadas de un lado,
puñetazos y bofetadas, del otro. ¡Una verdadera guerra! Intervino la

policía con la esperanza de calmar los ánimos, pero terminaron recibiendo ellos también algunos golpes perdidos. Yo me escabullí con mi ladrillo. El hombre que comenzó todo recibió una buena paliza y me sentí vengado.

Mi padre siempre me daba consejos sabios. Nunca mencionó esa pelea, a pesar de que sabía muy bien lo que había sucedido. Me dijo que en el fútbol siempre habría gente que te insultaría y otra que te aplaudiría, y que eso era algo con lo que había que convivir. Me dijo que la mejor respuesta a aquellos que te abuchean es anotar un gol en contra de su equipo. Mi padre tendría que haber tenido mejor suerte en el fútbol. Era realmente bueno. Su explicación era simple y la repetía con frecuencia: «No basta solamente con saber jugar, también debes seguir el camino correcto… Y necesitas tener suerte».

A los brasileños nos gusta poner apodos. Lo sé porque tuve varios. El primero fue Dico. Mi tío Jorge fue quien lo inventó y es el único que perduró en mi familia. Aún hoy en día, mi madre me llama Dico.

En el Santos, fui Gasolina por un tiempo. Este apodo prendió entre mis compañeros de equipo. Me preguntaba si perduraría, pero afortunadamente no lo hizo. La idea fue de Zito. Si lo pensó por el color de mi piel, fue una tontería: la gasolina proviene del petróleo y es blanca, o azul o verde… Es el petróleo lo que es negro. De cualquier manera, a mí me daba lo mismo. En realidad, a Zito se le había ocurrido pensando en un cantante brasileño al que llamaban Gasolina.

De hecho, todo el mundo me conoce por Pelé. Recuerdo que, al principio, el nombre Pelé realmente me molestaba. Yo estaba orgulloso de que me hubieran puesto un nombre en honor a Thomas Edison y quería que me llamaran Edson. Pensaba que el nombre Pelé sonaba horrible. Era un nombre tonto. Edson sonaba mucho más serio e importante. De manera que cuando alguien me llamaba «¡eh, Pelé!», me enojaba y le replicaba. En una oportunidad le di un puñetazo a un compañero de clase por ese motivo y me gané un par de días de suspensión. Como era de esperar, esto no tuvo el efecto deseado, sino todo lo contrario. Otros niños notaron que me molestaba y comenzaron a llamarme Pelé con mayor frecuencia. Finalmente llegué a la conclusión de que no estaba en mis manos decidir cómo me llamarían los demás. Ahora me encanta este nombre, pero en aquellos tiempos lo tomaba como una gran ofensa.

Hay muchas historias que pretenden explicar cómo surgió el nombre. Es un poco como la leyenda de Três Corações: puedes elegir cualquiera de las versiones. ¿Proviene de la palabra *fútbol* en gaélico? Una historia bonita, pero poco probable. ¿Tiene que ver con un inmigrante turco en Bauru, quien al verme tomar el balón con la mano durante un encuentro trató de decir en su portugués deformado algo como «¡O pé, lelo!» («¡El pie, estúpido!»). Me parece igualmente exagerado.

No estoy totalmente seguro del origen de Pelé, pero la siguiente es la versión más probable: todo comenzó con un compañero de equipo de mi padre cuando jugaba para el Vasco de São Lourenço. Este hombre era el portero y su apodo, por razones muy complicadas y muy brasileñas, era Bilé.

Su verdadero nombre era José Lino y provenía de un pueblo muy pequeño del sur del Estado de Minas Gerais, llamado don Viçoso. A la edad de dos años, el pequeño José aún no hablaba, lo cual preocupaba mucho a su madre, una viuda de nombre Maria Rosalina. Los brasileños somos gente muy espiritual y creemos mucho en lo inexplicable, en lo sobrenatural; y Maria Rosalina no era una excepción. Decidió convocar una reunión de *benzedeiras*, mujeres que practican una suerte de ritual de brujería en las noches de luna llena. Aun las personas que no creen no se atreven a cuestionar los efectos del ritual, y Maria Rosalina tenía la esperanza de que curara la lengua muda del pequeño José. Las *benzedeiras* iniciaron su tarea al grito de «¡bili-bilu-tetéia!», algo así como «¡abracadabra!». Esto sucedió más de una vez; la historia dice que el ritual se repitió a lo largo de varias semanas. Y un día, ¡se produjo el milagro! El niño gritó «¡bilé!». Hubo un gran regocijo: el niño se había curado. Y Bilé se convirtió en su apodo y fue el nombre que lo acompañó mientras crecía para convertirse en el portero del equipo de mi padre.

Alrededor de veinte años después, Dondinho me llevaba con él a los entrenamientos del Vasco. Esto fue antes de que nos mudáramos a Bauru; yo tendría tres o cuatro años. Cada vez que podía me escabullía en la portería para jugar, y cuando lograba atrapar un balón, gritaba: «¡Muy bueno, Bilé!», o «¡muy buena parada, Bilé!». Como yo aún era muy pequeño, distorsionaba el apodo y decía que cuando fuera grande iba a ser un portero como Pilé. Cuando nos trasladamos a Bauru, Pilé devino en Pelé. O lo cambié yo a propósito; o, según mi tío Jorge, se debió a mi fuerte acento de Minas Gerais. En Bauru yo decía una cosa y me entendían otra. Y un día otro niño, no recuerdo quién, comenzó a burlarse de mí llamándome Pelé. Así que, gracias al portero Bilé y a la pequeña burla de mi compañero de escuela, me convertí en Pelé. Ahora este nombre se conoce en todo el mundo y ya no me molesta.

Antes de que el apodo Pelé se hiciera popular, yo era conocido de otra manera: como el hijo de Dondinho. Me sentía orgulloso: yo era el hijo del futbolista estrella del equipo local. Esto significaba que, al mismo tiempo, yo también iba adquiriendo una reputación como buen futbolista. Dondequiera que fuera, escuchaba: «Mira, es el hijo de Dondinho». A menudo, los equipos juveniles querían que yo jugara con ellos en los torneos, y en ocasiones hasta le pedían permiso a mi padre para ello. Algunos equipos te ofrecían un bocadillo por participar; había otros que no podían siquiera afrontar ese gasto. Generalmente elegía el equipo de acuerdo con las razones que me dictaba mi estómago.

Pero adquirir una reputación también tiene un lado negativo. Acostumbrábamos a jugar mucho en la calle; y a veces el cristal de una ventana terminaba roto. Cuando se rompía una, todo el mundo desaparecía, por supuesto. El episodio generalmente terminaba con un adulto enojado golpeando a la puerta de mi casa y diciendo a mis padres: «Su hijo acaba de romper mi ventana».

Aun cuando mi madre o mi padre pusieran en duda esa acusación, siempre escuchaban: «Es vuestro hijo quien juega al fútbol, es a él a quien vemos por aquí».

A menudo mi madre debía pagar los daños con el dinero que había ganado lavando y planchando ropa, aunque no fuera mi culpa. Durante un tiempo, cada vez que había un problema en el vecindario se culpaba al hijo de Dondinho.

Yo tenía nueve años de edad cuando, en 1950, Brasil fue sede de la Copa del Mundo. El día de la final, el 16 de julio, mi padre decidió hacer una fiesta en casa. Invitó a unos quince amigos, incluyendo a compañeros del BAC y a sus familias. Todos trajeron algo para comer o beber, y recuerdo una mesa cubierta de pasteles, dulces, bocadillos y cerveza. Brasil se enfrentaba a Uruguay y la fiesta se organizó para celebrar nuestra victoria. Éramos los anfitriones, los favoritos. Para llegar a la final habíamos vapuleado a Suecia y a España —7 a 1 y 6 a 1, respectivamente—, y sólo nos hacía falta un empate para quedarnos con el trofeo.

Como en aquellos días no había televisión, mi conocimiento del fútbol profesional provenía de la radio y de los álbumes de cromos. Conocía a todos los integrantes del equipo nacional. Admiraba particularmente a Ademir, quien era el máximo goleador de la Copa del Mundo, a Zizinho y a Barbosa, el portero. Tenía cromos de todos ellos.

Poseíamos una de esas radios grandes y cuadradas, con dos botones. Aparentemente las radios de Río tenían mejor recepción que las de São Paulo. En consecuencia, yo estaba más al tanto de los clubes de Río y desarrollé un cariño especial por el Vasco da Gama. Esto no significaba que lo prefiriera a los partidos internacionales, por supuesto.

Había algo de mágico en escuchar los partidos por la radio; realmente atrapaban la imaginación de un niño.

En realidad, no escuché la totalidad del partido final que se estaba desarrollando en el estadio Maracaná, recientemente construido en Río. Para comenzar, mi casa estaba atestada de adultos, todos sentados alrededor de la radio. Yo era sólo un niño, de manera que me parecía igualmente importante jugar al fútbol en la calle con mis amigos. En definitiva, acabamos entrando y saliendo, escuchando el partido a ratos y luego jugando al balón entre nosotros.

Era la primera Copa del Mundo que se hacía desde la guerra y fue una competición rara en diversos aspectos: sólo participaron en ella trece equipos. Los encuentros de la fase final tuvieron un extraño formato y se dieron algunos resultados inesperados, como el famoso triunfo de los Estados Unidos sobre Inglaterra por 1 a 0. Brasil nunca antes había ganado una Copa del Mundo, por lo que una victoria hubiera incrementado notablemente nuestra confianza. Con la excepción de un empate a 2 en un fluctuante encuentro ante Suiza, Brasil había ganado todos los partidos y se encaminaba a un gran triunfo.

El partido comenzó bien. Brasil anotó primero por medio de Friaça, y todo el mundo se volvió loco. La casa se llenó de gritos y todos saltaban de alegría. Estallaron fuegos artificiales en todo Bauru. Al poco tiempo, Uruguay empató, pero permanecimos igualmente confiados. Y luego, cuando faltaban diez minutos para el final, Uruguay anotó nuevamente. Recuerdo que entré en la casa cuando el encuentro hubo terminado y que vi a mi padre y sus amigos totalmente en silencio. Me acerqué a él y le pregunté qué había sucedido. «Perdió Brasil —me contestó, como un autómata—. Perdió Brasil».

Todavía se me pone la piel de gallina cuando pienso en aquella tarde y recuerdo la tristeza general. Le dije a Dondinho que no se sintiera triste, pero mi madre me apartó diciendo: «Deja a tu padre tranquilo, déjalo en paz». Había silencio por todas partes. El ruido de los festejos, el estallido de los cohetes y las radios a todo volumen dejaron paso al silencio. Las

Copas del Mundo son muy importantes para Brasil y en esa ocasión nadie pensó que pudiéramos perder; y menos aún en circunstancias tan humillantes: ante Uruguay, que, junto con Argentina, es nuestro máximo rival. La gente no soportaba la decepción. Bauru parecía un pueblo fantasma.

También fue la primera vez que vi llorar a mi padre. Muchos de los padres de mis amigos tampoco podían contenerse. Me impresionó sobremanera, ya que me crié pensando que los hombres no demostraban sus emociones de esa forma. «Un día, ganaré para ti la Copa del Mundo», le prometí a mi padre para hacerlo sentir mejor. (Unos días más tarde, ya repuesto, me contaría que algunas de las personas que estaban en el Maracaná habían fallecido a causa de la impresión.)

Más tarde, el mismo día de la final, fui a la habitación de mi padre, donde había una imagen de Jesús en la pared, y comencé a lamentarme entre sollozos: «¿Por qué sucedió esto?, ¿por qué nos sucedió a nosotros? Teníamos el mejor equipo. ¿Cómo es que perdimos?, ¿por qué, Cristo, por qué se nos castiga?». Continué llorando mientras seguía mi conversación con la imagen de Jesús: «Tú sabes que si yo hubiera estado allí no habría permitido que Brasil perdiera la Copa. Si yo hubiera estado allí Brasil habría vencido; o si mi padre hubiera jugado, Brasil habría anotado ese gol que necesitaba…».

No hubo respuesta. Yo no era más que un niño que amaba el fútbol, y la derrota me afectó profundamente.

Mientras tanto, el Sete de Setembro se desarrollaba y crecía, y algunos de nosotros comenzamos a buscar otros horizontes. En esta época —a comienzos de los cincuenta— yo jugaba también para otros pequeños clubes de pueblo en Bauru y sus alrededores, entre los que estaba el São Paulino, en el poblado vecino de Curuçá. En aquel entonces, solía jugar los sábados y domingos en dos o tres equipos diferentes, algo de lo que disfrutaba muchísimo. Cuando mis compañeros de equipo pasaban por mi casa a buscarme, mi padre se asomaba a la ventana para preguntar dónde era el partido y siempre decía: «Pero antes deberá asistir a misa en la iglesia de Santa Terezinha». Eso nunca me molestó; aprendí rápidamente que la fe era importante en mi vida. Me agradaba ir a la iglesia.

Estaba loco por el fútbol y nunca me cansaba de él. Jugábamos durante horas, partidos informales o simples peloteos. No era necesario tener el número correcto de jugadores. El campo donde solíamos jugar era un sitio que quedaba cerca del antiguo estadio de madera del Noroeste. Recuerdo que un día, después de nuestro regreso a casa tras haber ganado la Copa del Mundo de 1958 en Suecia, pasé por ese campito y vi a unos niños peloteando. Les pregunté si me permitirían participar, y me dijeron que sí. Estaban felices de verme y de notar que la Copa y todos esos trofeos que había ganado no me habían cambiado. De manera que fui hasta mi casa, me puse los pantalones cortos, me quité los zapatos y jugué descalzo. Así había comenzado a jugar, y creo que las personas no deben olvidar sus raíces. Aun con todas las cosas que experimentaría más adelante, aquél fue un aprendizaje intenso y hermoso que me preparó para todo lo que vendría.

Un gran cambio en mi actitud hacia el juego sobrevino cuando el alcalde de Bauru decidió organizar un torneo para todos los pequeños clubes de barrio como el nuestro. Los chicos de Sete de Setembro estábamos desesperados por participar y destacarnos, pero no encontrábamos la manera de eludir la regla que establecía que todos los equipos debían tener un calzado adecuado: todavía no teníamos botas. Nuestra salvación llegó en la persona de Zé Leite, un vendedor al que muchos de nosotros conocíamos bien por ser del pueblo y también por ser el padre de tres de los niños del equipo. Prometió conseguir calzado para todos con dos condiciones: la primera, que asumiéramos nuestra responsabilidad hacia el club más seriamente y que entrenásemos como correspondía; la segunda, que dejásemos de lado nuestro nombre de Los Sin Zapatos, por la razón de que ya no jugaríamos descalzos. De esta manera nos convertimos en Amériquinha.

A partir de entonces nos entrenamos de verdad. Trabajamos duro, mientras Zé Leite nos exigía y nos hacía practicar todos los aspectos del juego, jugadas de tiro directo y demás. Pero valió la pena. Lo hicimos realmente bien durante el torneo y jugamos un buen fútbol, a pesar de tener que acostumbrarnos a llevar nuestros pies calzados y de ser tan jóvenes —la mayoría de nosotros aún no había llegado a la adolescencia y a menudo debíamos enfrentarnos a jugadores varios años mayores—. De hecho, llegamos a la final, que se jugó en el estadio del BAC, el mismísimo lugar donde jugaba mi padre. El estadio se llenó con miles de espectadores y recuerdo que fue la primera vez en mi vida que estuve nervioso antes de un partido. Pero nuestro estilo se impuso y ganamos el trofeo, y yo terminé siendo el goleador. Fue un día notable, que siempre llevaré en mi memoria, no sólo por la victoria y por los elogios de mi padre después del partido, sino también por el recuerdo de la multitud que coreaba, por primera vez, «¡Pelé! ¡Pelé!».

Tal vez, al fin y al cabo, debía acostumbrarme a ese apodo.

En 1954, hubo otro suceso importante en mi vida como jugador de fútbol. Se estaban formando divisiones inferiores en el BAC (Club Atlético Bauru), en las que habría un equipo de niños que se llamaría Baquinho (pequeño BAC). La persona a cargo del proyecto era João Fernandes, de Sanbra, una especie de sindicato de fabricantes de algodón. Varios de los integrantes del equipo de Amériquinha —ganador de todos los desafíos que se le habían presentado, aunque en decadencia desde que Zé Leite y sus hijos se mudaron a São Paulo— recibieron una invitación para inscribirse, y yo fui uno de ellos. Pasé el proceso de selección, pero no estaba muy seguro de querer participar, hasta que llegó la noticia de que habían convocado al ex jugador Waldemar de Brito para dirigir el equipo Baquinho, y que él había aceptado la propuesta.

En esa época, yo no sabía mucho sobre Waldemar de Brito, pero mi padre lo conocía y hablaba elogiosamente de él. El Bailarín, tal era su apodo, se había retirado tras una muy exitosa carrera de futbolista. Llegó a jugar para el equipo nacional y participó en la Copa del Mundo de 1934, en Italia, donde Brasil fue inmediatamente eliminada por España 3 a 1. Waldemar había sufrido un penalti en ese encuentro, pero al ejecutarlo no acertó con la portería. Había sido uno de los mejores jugadores de Brasil en los años treinta y cuarenta; Dondinho me decía que Waldemar era un delantero centro importante y talentoso. Era creativo y con muy buena técnica. En 1933, mientras jugaba para el São Paulo, fue el máximo anotador del campeonato paulista. También había jugado en Argentina, junto a su hermano Petronilho, en el equipo de San Lorenzo. Petronilho también era un gran jugador: muchos lo consideran el creador de la *chilena*, una jugada que a veces se me atribuye por error.

No la habré inventado, pero desde niño me resultó fácil anotar goles con esa jugada. Concreté muchos goles con la chilena. A los otros niños no les resultaba tan sencillo, de manera que ya en aquel entonces comenzaba a distinguirme entre los demás por cosas como ésa. El impulso, que era fundamental en mis cabezazos, también me ayudaba a permanecer en el aire mientras golpeaba con el pie el balón por encima de mi cabeza. Una de las mejores fotografías que se tomaron de mí fue haciendo una chilena —es la imagen que está en mi tarjeta de crédito—. Creo que ésa es la razón por la que se me asocia tanto a esa jugada. Además, también es una jugada muy brasileña, y estoy orgulloso de eso.

Animado por la aprobación de mi padre decidí firmar por el Baquinho; así tuve mi primer contrato formal. ¡Era increíble, me estaban pagando por jugar al fútbol! Recibía como salario 4.500 reales (de esa época); no tengo idea de cuánto dinero sería eso hoy, seguramente no mucho. Pero fue un gran cambio en mi suerte y llegó en un momento muy favorable para mí, ya que acababa de repetir mi tercer año en la escuela primaria Ernesto Monte (por mis bajas calificaciones y, en gran medida, por faltar a clase), y parecía que las perspectivas para mi cuarto año eran muy similares.

Debo añadir aquí que, técnicamente, ya había recibido dinero por jugar al fútbol en una oportunidad anterior. Un gran aficionado al fútbol, de nombre Landão Mandioca, un hombre que no tenía nada de dinero pero que amaba el fútbol, quería que jugara para el Vila Falcão. En ese momento no quería aceptar, de manera que le pregunté cuánto dinero estaba dispuesto a pagarme, pensando que eso lo desanimaría, y sería para mí una forma diplomática de escurrir el bulto. Dijo que lo pensaría. Recaudó una pequeña suma entre los jugadores de su equipo —realmente no eran más que unas pocas monedas— y me dio el dinero diciendo: «Esto es todo lo que pude conseguir...». Me sentí tan apenado por él que accedí a jugar algunos partidos. Supongo que ése fue mi verdadero primer contrato. Ésta es otra de mis escenas favoritas en la película de los recuerdos de mi infancia.

Yo creo que Dios me estaba observando cuando envió a Waldemar de Brito a desempeñar un papel tan importante en esa etapa de mi carrera. Parecía bastante increíble que un jugador de su calibre viniera a enseñarles a unos chiquillos, especialmente en un sitio perdido en medio de la nada. Aun así, era sincero y dedicado a su trabajo. Simplemente deseaba enseñar a los niños. (Cuando me retiré, comprendí perfectamente sus razones.) A pesar de que mis compañeros y yo éramos pequeños, Waldemar nos hablaba como si fuéramos adultos y esperaba que nosotros le dispensáramos el mismo respeto. Nosotros cumplimos; nos exigía disciplina y le respondíamos. Nos enseñó mucho. Entrenábamos duro. Introdujo muchas técnicas novedosas, como la de realizar movimientos sin balón, y también nos enseñó a comprender las tácticas del juego. Algunos de nosotros asimilamos sus enseñanzas y otros no. Yo siempre le presté mucha atención. Baquinho ya era un equipo fuerte, y bajo la conducción de Waldemar nos hicimos más fuertes aún. Éramos invencibles.

Había algunos grandes jugadores: Maninho, Paçoca, Edir, Leleco, Osmar Guedes... Recuerdo también a Antoninho, quien fue muy importante para el Baquinho. Waldemar solía decir que la regla más importante para llegar a ser un gran futbolista era saber controlar el balón con ambos pies, con la cabeza y con el pecho. También era necesario saber cómo recibir un pase, cómo enviar el balón con precisión a donde uno quisiera que fuese, y saber que el balón es la herramienta del jugador. Nadie que no pudiera controlarlo llegaría a ser jamás un verdadero jugador; mucho menos uno excelente. Muchos de mis compañeros de equipo eran muy habilidosos. Podían correr bien con el balón, encarar bien y regatear, pero no todos ellos sabían cómo recibirlo. No tenían esa visión especial que yo parecía tener. Tal vez sea algo que no se puede enseñar. O posees esa habilidad o no. Y si yo tenía algo era justamente la habilidad para anticiparme a lo que sucedería un instante antes de que los demás se dieran cuenta. Aun después de convertirme en profesional, la gente me preguntaba: «¿Cómo supiste lo que iba a suceder?»; a lo que yo contestaba: «No lo sé, simplemente me di cuenta». Muchos niños pueden ser muy buenos, pero tienen una cierta lentitud cuando van en busca del balón. Yo, simplemente, era más rápido.

Hubo quienes sugirieron que yo podía ver más que los otros jugadores porque mis ojos están más separados de lo normal. Eso no es cierto, aunque terminé haciéndome exámenes médicos y verdaderamente tengo una muy buena visión periférica. No recuerdo que en tres décadas jugando al fútbol alguien me haya quitado jamás el balón viniendo desde detrás de mí como les sucede a menudo a otros jugadores. Nadie lo pudo hacer jamás porque siempre me daba cuenta de que venían. No puedo explicar cómo ni por qué —no sé si es que los oía, los veía, o si tenía un sexto sentido—. Esta habilidad la tuve desde que era pequeño. Tal vez la desarrollé porque en esa época éramos muchos jugando en espacios muy reducidos, de manera que era necesario ser muy rápido.

El Baquinho estaba bien organizado. Mientras jugué allí no tuve que preocuparme por nada: ya fueran camisetas, pantalones cortos, medias o botas: todo lo que necesitábamos estaba a nuestra disposición, lo que la convirtió en una experiencia muy placentera. En una ocasión, cuando Waldemar supo que yo estaba jugando para todos esos otros equipos, me suspendió. Hizo lo correcto. Yo no necesitaba complicarme la vida *pateando* un balón descalzo fuera del club, y de ahí en adelante me concentré exclusivamente en el Baquinho. Aun así, tuve una especie de trabajo a tiempo parcial, en el que vendía pasteles a los viajeros hambrientos en la estación del ferrocarril. Esto funcionaba bien, salvo cuando yo mismo tenía hambre, en cuyo caso debía dar luego explicaciones a doña Filomena, la señora que los horneaba y a quien yo tenía que devolver el producto de la venta y cualquier pastel sobrante. No le llevaba mucho tiempo darse cuenta de que las dos cosas no siempre cuadraban.

El dinero me llegaba ahora de formas misteriosas. Uno de mis recuerdos más preciados del Baquinho fue mientras jugábamos un torneo en el estadio del BAC. En el último partido yo anoté el tanto del triunfo y nuestros seguidores invadieron el campo. Luego comenzaron a lanzarme monedas. Parecía que había centenares de ellas: mucho dinero. Escarbé el suelo para recogerlas todas y luego se las llevé a mi madre.

Mi carrera deportiva estaba bien encaminada, aunque aún en pañales; pero las cosas no habían mejorado mucho para el equipo nacional. La Copa del Mundo de 1954 fue en Suiza, donde Brasil resultó eliminado en un violento partido ante Hungría. Tres jugadores fueron expulsados y se dijo que Puskas, que estaba lesionado y mirando el encuentro desde fuera del campo, había golpeado a nuestro mediocampista Pinheiro con una botella. Fue un encuentro triste y frustrante y el árbitro fue nuestro *enemigo público número uno* durante un tiempo, aunque la reacción del pueblo no fue nada comparada a la habida tras la derrota de 1950. Probablemente haya sido porque la competición no se desarrolló en Brasil y las transmisiones de radio desde Europa no eran de lo mejor; en realidad, no sabíamos exactamente qué era lo que estaba sucediendo allí.

En 1954, el Baquinho estaba pasando una buena racha… El periódico *Diário de Bauru,* y el *São Paulo Sporting Gazette* organizaron el segundo campeonato juvenil. La organización fue perfecta y el campeonato, un éxito. Yo era el jugador número 997; nunca lo olvidaré. Ganamos el campeonato con 148 goles en 33 encuentros, conmigo como delantero.

Tuve un par de años grandiosos con el Baquinho, y al mismo tiempo logré finalmente terminar la escuela (aunque con dos años de retraso). Un encuentro particularmente memorable marcó nuestra supremacía y mi surgimiento como jugador. Esto sucedió en el partido inicial de un campeonato; jugábamos como visitantes ante el Flamenguinho, campeón juvenil de São Paulo. Cuando nos bajamos del autocar decidí ir a comprar unos cacahuetes antes del inicio del encuentro. El resto del equipo entró; pero, cuando yo quise hacerlo, el hombre que custodiaba la entrada me impidió el paso, me amenazó cuando protesté, y me echó como si fuera un niño tratando de engañarle. Le dije que había venido para jugar en ese encuentro, pero no me creyó: pensaba que yo era demasiado pequeño como para jugar un partido tan importante. Cuando el resto de la plantilla notó mi ausencia vinieron a ver qué me había sucedido, dónde estaba. Finalmente logré entrar. El partido comenzó; cuando el hombre de la entrada vio lo que hice en el campo no lo podía creer, tanto por mi tamaño como por mi manera de jugar. Ganamos por 12 a 1; y yo marqué siete goles.

Pero la era del Baquinho no duraría para siempre y el comienzo del fin llegó cuando Waldemar de Brito decidió regresar a São Paulo, para dirigir nuevamente a jugadores mayores. Tal vez pensó que nos había llevado hasta el límite de nuestras posibilidades; de todas formas, fue realmente triste verlo alejarse. Parecía que todos se iban; ya no existía en el lugar nada de la felicidad a la que estábamos acostumbrados; entonces comencé a buscar nuevas oportunidades. El Noroeste, el gran rival del BAC, armó un equipo juvenil para jugar encuentros previos a los de los mayores. Jugué un par de partidos amistosos contra éste, que demostraron que si bien mi lealtad era hacia el BAC, debido a mi padre, no tenía nada contra el Noroeste, como alguna vez se dijo. Me entrenaba con profesionales y me encantaba ver a los grandes jugadores desplegar sus habilidades. En una oportunidad anoté cuatro de los ocho goles que nos dieron el triunfo sobre nuestros oponentes en Ibitinga. De hecho, el Noroeste había intentado contratarme antes de que Waldemar se fuera, pero éste lo había impedido. Él pensó que yo estaba destinado a cosas mejores —yo creo que su oposición se debió también a que tenía una lealtad oculta hacia el BAC.

Mediando mi adolescencia, también jugué al fútbol sala, que comenzaba a ponerse de moda en Bauru, para un equipo llamado Radium. Participé en el primer campeonato de *futebol de salão* que se realizó en Bauru. Lo ganamos. El fútbol sala era algo nuevo y yo me sentía como pez en el agua. Es mucho más rápido que el fútbol sobre césped. Debes pensar realmente rápido porque todos están mucho más cerca. Aprender este juego probablemente me ayudó a ganar agilidad. Gracias al fútbol sala tuve mi primera oportunidad de jugar con adultos. Yo tenía alrededor de catorce años y recuerdo que había un torneo en el cual me dijeron que no podría participar por ser aún muy joven. Finalmente me permitieron jugar. Terminé siendo el goleador, con catorce o quince tantos anotados. Esto me dio mucha confianza. En ese momento aprendí a no tener miedo de lo que pudiera sobrevenir.

Y pronto las oportunidades comenzaron a llamar a mi puerta. Primero fue un ex jugador llamado Elba de Pádua Lima, más conocido como Tim, quien era el técnico del famoso club de Río, Bangú. Estaba en un viaje por el interior de Brasil en búsqueda de nuevos talentos y vino a ver al Baquinho. Terminó llevándose a tres jugadores, y quiso llevarme a mí también. Tim tuvo largas charlas con mi padre, que pensó que sería una buena oportunidad, pero cuando tocó el tema con mi madre, ella se enfureció:

—¡De ninguna manera! —exclamó—. Bangú está en Río de Janeiro.

Claro que ella nunca había estado allí, pero la idea de que su pequeño hijo estuviera solo en la capital cosmopolita de Brasil era demasiado abrumadora como para que ella la considerara.

—No irá a ninguna parte —agregó—. No se irá de aquí porque…
¡mira lo que le sucedió a su padre! Resultó lesionado. Y luego, ¿qué?
¡No! Mi hijo estudiará y luego trabajará. Será maestro.

En secreto me sentí aliviado. Ir a Río hubiera sido una gran aventura, pero al mismo tiempo era muy intimidante: no sólo porque debería jugar ante profesionales que eran mucho mayores y físicamente más grandes que yo, sino también porque tendría que valerme por mí mismo en una gran ciudad que no conocía. La idea fue descartada.

A medida que pasaba el tiempo me desarrollé y me volví más fuerte, a la par que crecía. Mis ambiciones también estaban cambiando. Quería ser jugador de fútbol para ser famoso. Nunca pensé en ganar dinero, de manera que sabía que también debía tener otro trabajo. Eso es lo que mi madre había grabado en mi mente, y yo la creía.

La posibilidad de ir a un club más grande era cada vez más factible; y fue nuevamente Waldemar de Brito quien abrió la puerta de la oportunidad. Un día vino a Bauru a hablar con mis padres acerca de mi carrera. Él creía que yo debía ir a Santos, una ciudad menos intimidante que Río. Era un poco más grande que Bauru y tenía un buen equipo de fútbol: eran los campeones estatales del momento. Waldemar pensaba que yo podía iniciarme en los juveniles y ascender rápidamente al equipo sénior. Una vez más, Dondinho estaba completamente a favor, pero mi madre seguía siendo cautelosa por las mismas razones de antes. Sin embargo, Waldemar era un hombre insistente y dijo que tenía todo arreglado con el presidente del Santos y que se ocuparían personalmente de mí. Finalmente, mi madre cedió, con la condición de que Waldemar me vigilara personalmente.

—¿Quiere decir que puedo ir? —pregunté, incrédulo.

—Puedes ir —me dijo mi madre—. Pero es solamente para una prueba.

No me importó. Mi último partido en Bauru fue para el Radium, ante Vila Cárdia. Mis años en el Santos estaban a punto de comenzar.

CAPÍTULO III

De Santos a Suecia

*El número 10 en el Santos era indiscutiblemente mío. Hasta que llegó un peque-
ño negrito con piernas como varillas que pasó a la historia como Pelé.*

VASCONCELOS, ex jugador del Santos

Dejar Bauru fue un remolino de emociones; había muchas cosas por
hacer. Mi madre pensó que me vería ridículo sentado en el tren con
mis pantalones cortos y resolvió hacerme dos pares de pantalones largos de algodón azul. Hasta ese momento, sólo los había usado cortos.
Durante los primeros quince años de mi vida, mi ropa sólo necesitó
adecuarse a la forma en que yo pasaba el tiempo: jugando al fútbol en
la calle. Nunca me preocupé por la ropa elegante; mi único amor verdadero era el balón. Ahora las cosas comenzaban a cambiar. Había llegado el momento de salir y enfrentarme al mundo, y para eso se necesitaban pantalones largos.

El día de mi partida fue un domingo. El plan era que Dondinho y
yo viajáramos temprano hacia São Paulo, donde Waldemar de Brito nos
estaría esperando en la Estação da Luz, la estación ferroviaria principal.
Waldemar nos acompañaría hasta Santos para presentarnos a las autoridades del club. La noche de la víspera del viaje estuvo dedicada a los
consejos y a preparar mi maleta y la de mi padre. Yo no pude dormir.

¿Qué me esperaría en Santos? ¿Sería un jugador lo suficientemente
bueno? ¿Estaría bien allí, solo y sin el cuidado de mis queridos padres?
Como dijo mi madre, era demasiada excitación para un niño. Tenía

mucho en qué pensar: mis miedos, mi inseguridad, aunque todo a una escala infantil. Además del fútbol, había otro pensamiento que ocupaba mi mente. Iba a concretar otro sueño: ¡vería por primera vez el mar! Conocía a los jugadores por las fotografías y por los cromos, pero la idea de ver el mar era como una fantasía. No puedes imaginar cuán fascinante puede ser el mar para un niño que vivía tan alejado de él, qué grandioso era esto para mí. Al mismo tiempo, todo era como una gran fiesta, era mi oportunidad de descubrir la vida. Comencé a pensar en mis responsabilidades, y mi familia también me recordó algunas. Todos estaban allí ese sábado por la noche para darme sabios consejos: mi tío Jorge, mi abuela Ambrosina, mi hermano, mi hermana y, por supuesto, mis padres.

Mi padre vino a despertarme el domingo tan temprano que aún estaba oscuro. Me levanté lo más silenciosamente posible y me puse mi ropa nueva. Ambrosina comenzó a llorar y eso despertó a mi hermana. En la estación, mientras saludaba desde el tren a mi madre y a Zoca, tuve que contener mis lágrimas. Le hice una promesa a mi padre: «En cuanto gane algo de dinero, compraré una casa para mamá». Mi padre, siempre realista, me dijo amablemente: «No sueñes todavía, Dico». Traté de dormir durante el viaje, pero no pude. Estaba demasiado abrumado.

Waldemar de Brito nos esperaba en la Estação da Luz, tal como habíamos acordado. Después de almorzar en un restaurante próximo a la estación, seguimos hacia mi destino. Viajamos con él hasta Santos en el Brazilian Express, una línea de autocares que hacía el trayecto entre Santos y São Paulo y que aún continúa en funcionamiento. Estaba fascinado por los rascacielos de la ciudad, por la hermosa carretera que une São Paulo con Santos. São Paulo está sobre una planicie, a unos mil metros sobre el nivel del mar. Cuando llegas al borde, antes de descender hacia la costa, hay una asombrosa vista de la jungla y los acantilados... Todo era maravilloso. Waldemar hablaba mientras yo tenía la mirada fija en el paisaje. Para un niño pueblerino como yo, todo esto era demasiado novedoso.

Las primeras lecciones que me enseñó Waldemar de Brito en el camino a Santos fueron excelentes. Me dijo que jugase como si aún estuviera en Bauru en un peloteo con mis amigos. Me dijo también que no me sintiera intimidado por las estrellas que jugaban en el Santos. «Es natural sentirse un poco cohibido al comienzo —me aseguró—, pero la gente allí es maravillosa y te ayudará». También me dio consejos acerca de la prensa: «Escucha bien esto —me dijo enfáticamente—; algo muy importante que deberás tener en cuenta: no leas los periódicos ni escuches la radio». Me sentí agradecido y pensé que era afortunado por tener como guía a alguien que ya había experimentado las presiones del juego al más alto nivel: «Nunca leas los periódicos deportivos ni escuches la radio, especialmente antes de un encuentro». A lo largo de mi carrera, e incluso después, casi nunca le presté atención a la prensa. Por supuesto que si me decían que había un buen artículo acerca de mí lo leía; pero como regla general, traté de no preocuparme por lo que la gente dijera sobre mi persona.

Con sus palabras, Waldemar me dio la impresión de que tenía una fe absoluta en mí, que no expondría su buen nombre por un niño como yo si no fuera así. Nuestra conversación realmente me dio confianza. Sus últimas palabras fueron: «Nada de fumar, nada de beber, nada de mujeres ni malas compañías». Evidentemente, se estaba tomando muy en serio la promesa que le había hecho a doña Celeste.

Fumar no iba a ser un problema. Uno o dos años antes, mientras estaba sentado con unos amigos a unos cincuenta metros de mi casa, acepté un cigarrillo de uno de ellos. Muchos niños de mi clase eran adictos y yo iba en la misma dirección. Vigilaba que nadie estuviese saliendo de mi casa, pero en un momento de distracción, repentinamente vi venir a mi padre, quien pasó junto a nosotros y nos saludó sonriendo como era su costumbre (siempre estaba contento). Después siguió su camino como si nada hubiese sucedido. Tiré el cigarrillo, sorprendido. Sentí que me había metido en un gran problema. Mis amigos dijeron que no me preocupara, que él no había notado que yo estaba fumando o a punto de hacerlo. Me fui a casa. Pensaba que él no había visto nada, pero estaba equivocado. Nuestra conversación fue simple: «Tú estabas fumando», me dijo, y yo le contesté que sí, pero que sólo llevaba intentando fumar desde hacía un par de días. Su siguiente pregunta fue sorprendente: «¿A qué sabe el humo que estás inhalando?». Le dije que no sabía decirle qué sabor tenía. No recibí las bofetadas y golpes que merecía. Mi padre, que fue mi amigo a lo largo de toda mi vida, se acercó a mí, me miró a los ojos y me dijo: «Tienes talento para el fútbol. Tal vez llegues a ser una estrella, pero no tendrás éxito en tu profesión si fumas y bebes; tu cuerpo no podrá soportarlo». Sacó la cartera de su bolsillo, me dio un poco de dinero y me dijo unas palabras que me darían otra lección, una que nunca olvidaré: «Si quieres fumar, fuma tus propios cigarrillos, no le estés pidiendo a otras personas». En ese momento, me di cuenta una vez más de cuánto me amaba, y supe que tenía razón. Desde ese día, no volví a fumar. Estoy absolutamente convencido de que el gesto y las palabras de mi padre fueron lo que me salvó. Si me hubiera dado una tunda, tal vez no habría dejado de fumar… El castigo corporal no es siempre la mejor respuesta. Esto me hizo admirar a mi padre aún más; era un hombre simple, pero un hombre con visión y dignidad. De manera que Waldemar no debía preocuparse por eso.

Pero ¿las mujeres? ¿Cómo podría mantenerlas lejos de mi mente? ¡Pedir eso a un muchacho de casi dieciséis años es poco menos que una herejía! Era joven, fuerte, saludable y fantaseaba con ser un conquistador. Y mis hormonas… Desde que comencé a jugar en Bauru, dividía mi tiempo entre correr tras el balón y correr detrás de las chicas. Hasta había tenido algunos pequeños romances, esos amores juveniles por los que todos pasamos. Hubo una chica, una de las primeras, de la que yo estaba prendado, pero su padre le puso un pronto fin a la relación: un día fue a la escuela y la reprendió por juntarse conmigo. «¿Qué estás haciendo con este *negrinho*?», gritó. Creo que fue la primera vez que experimenté directamente el racismo y quedé totalmente estupefacto.

Mi amiga era blanca, pero nunca se me había ocurrido que alguien pudiera tener un problema con ello, o conmigo a causa de ello. Cuando su padre la tomó del brazo y la puso sobre sus rodillas, yo estaba tan atónito que no podía moverme. Todo el mundo observaba y yo no hice nada. Luego corrí a casa y me deshice en lágrimas. Ella nunca volvió a hablarme.

Pero hubo otras: Ivone, Neuzinha, Samira. Todas tuvieron un lugar especial en mi corazón juvenil, particularmente Neuzinha, la hermana de un niño japonés amigo mío, a quien admiré en silencio durante lo que me pareció una eternidad, hasta que finalmente salimos juntos. Yo solía ir mucho al cine y observaba cuidadosamente cuáles eran las niñas que no estaban acompañadas por un muchacho. Mis intentos no siempre tenían éxito, pero era divertido.

Fue Zinho, uno de mis amigos, quien me convenció de que fuera con él al Barrio Rojo para tener mi primera experiencia sexual. Yo tenía catorce años. Él me decía que sería maravilloso, pero yo sólo pensaba en el temor a contagiarme una enfermedad venérea. Por suerte, eso no sucedió. Fue una experiencia que me causó más preocupación que placer, pero al menos fue breve.

Tal vez sea el momento de hacer una pausa para ayudaros a entender cómo se comportaban las personas en los días de mi infancia. Las relaciones eran mucho más jerárquicas que ahora, y nuestros padres no hubiesen siquiera soñado darnos a nosotros la información que los padres transmiten en la actualidad a sus hijos como algo normal. Cuando digo que mi primera experiencia sexual fue más una preocupación que un placer es debido a que en aquellos días absolutamente todo era considerado un pecado. No teníamos permitido decir palabras soeces dentro de la casa; nos dirigíamos a nuestros padres llamándolos «señor» y «señora»; nunca veíamos a nuestro padre desnudo; había ciertas preguntas que definitivamente no podíamos hacer; y cualquier cosa que nos dijeran los mayores era terminante. No había discusión posible; debíamos hacer lo que se nos ordenara y sin rechistar.

De manera que las cosas eran particularmente complicadas y misteriosas en lo concerniente al sexo. Ni ellos ni nosotros nos animábamos a tocar el tema, aunque hubiera sido mejor hacerlo. Debido a que todo era pecado, se suponía que debíamos limitarnos a estudiar, ayudar en casa, leer; también podíamos jugar, pero ¿sexo? ¡Ni hablar! Ellos no tenían idea de lo que eran las hormonas, por lo que nosotros desconocíamos sus efectos. ¡Todo lo que sabíamos era que no podíamos ver una mujer sin que nuestros ojitos brillaran! Y las chicas —pobrecillas— se encontraban en la misma situación, pero debían controlarse aún más, porque si una niña no se comportaba como debía, si miraba a los muchachos, podía ganarse fácilmente reputación de golfa. Las chicas soportaban esa carga adicional que los varones no teníamos; aunque de todas maneras a nosotros no se nos permitía hacer nada. Finalmente, la gente se daba cuenta de que estábamos sobreexcitados, y nos convertíamos en permanentes receptores de tundas gracias a nuestra superabundancia de hormonas. De manera que sólo nos quedaba esperar la llegada del gran día en que reuniéramos el coraje necesario para aceptar el ofrecimiento de alguien de llevarnos al Barrio Rojo.

En toda ciudad, sea grande o pequeña, existe una zona como ésta. Todo se planeaba como si fuera una misión militar o un delito. Sólo hablábamos de esto fuera de la casa para evitar que alguien nos escuchara… Estaban las llamadas mujeres *fáciles*, que ejercían su oficio a cambio de una cantidad despreciable de dinero. Éstas eran objeto del odio de las que se consideraban *mujeres de familia*. Cuando pasábamos por el Barrio Rojo no se nos permitía siquiera volver la mirada; manteníamos la vista baja y no decíamos palabra.

Evidentemente, esto no era positivo. Nos sentíamos como si estuviéramos haciendo algo malo, feo, pecaminoso. Por otra parte, no sería nuestro padre el que nos llevara a ese lugar; esta tarea se dejaba en manos de un amigo, un primo, un tío. Y como si con el pecado no fuera suficiente, estaba el peligro de contraer una enfermedad. ¡Qué ridículo! ¿Cómo puede alguien disfrutarlo en esas condiciones?

Todo el misterio que las personas crean alrededor del sexo es una tontería. Y sé que, aunque estamos en los comienzos del siglo XXI, sigue habiendo mucha gente que encuentra difícil afrontar este tema. Los padres deben saber que sus hijos, durante ese momento de sus vidas, tienen que hacer frente a muchas cosas. Las hormonas existen para darnos vida, para generar sentimientos y para muchas cosas más. No hay pecado en ello cuando amas a alguien. De cualquier forma, los padres que aún en la actualidad no son capaces de hablar con sus hijos sobre sexo, deberían enviarlos a hablar con un amigo o un psicólogo —si pueden pagarlo—: básicamente con alguien externo a la familia que pueda manejar la situación mejor que ellos mismos. Todo lo que hace falta es un poco de sentido común y la comprensión de que se trata de una cuestión totalmente natural, de que todos somos fruto del amor demostrado a través del sexo. Claro que no le dije ninguna de estas cosas a Waldemar; solamente asentía y prometía portarme bien. El resto del viaje transcurrió en medio de una confusa excitación mientras me bombardeaban con consejos, la mayoría de los cuales me entraban por un oído y me salían por el otro.

Cuando finalmente llegamos a Santos, lo primero que hicimos fue ir a ver el mar y a caminar por la playa. Bajé allí con mi padre y me agaché para sentir la arena en mis manos, y probé un trago del agua del mar. Mi maestra siempre decía que era salada y tenía razón, aunque yo no la había creído en ese momento. Cosas de niños… Quedé fascinado ante la vastedad del océano Atlántico. Había soñado con verlo desde pequeño. Después de esta increíble primera impresión nos dirigimos a Vila Belmiro, sede del Santos Fútbol Club. Desde ese momento fue como si un ciclón me hubiera arrebatado y depositado en una tierra encantada, tal como le sucede a Judy Garland en *El mago de Oz*.

Waldemar de Brito había ordenado que llevaran nuestro equipaje al campo de entrenamiento del Santos. Como era domingo, se estaba desarrollando un partido por el campeonato paulista, el Santos frente al Comercial, y Waldemar logró conseguir unos asientos para nosotros. No podía quitar mis ojos del campo de juego. Estos hombres eran estrellas del fútbol, en la cabeza de la Liga. En ese instante me hice hincha del Santos, y lo sigo siendo hoy. Hasta ese momento, tenía preferencia por el Corinthians, aun cuando nunca lo había visto jugar. Me gustaba seguir los encuentros en que participaba a través de la radio, el periódico, los cromos... Hasta llegué a tener al Corinthians en un *equipo de botones* —los jugadores estaban representados en pequeños discos que se lanzaban con los dedos—. De pequeño deseaba ser guardameta, y cuando jugaba en la puerta fantaseaba con que era el portero del Corinthians deteniendo un disparo. Cosas de niños...

Después del partido fuimos al vestuario; todos estaban felices, ya que el Santos había vencido y conservado su puesto a la cabeza del campeonato. El entrenador, Luis Alonso, conocido como Lula, me preguntó al tiempo que guiñaba el ojo: «¿Así que tú eres el famoso Pelé?». Yo le respondí, un tanto incómodo, que sí, que era yo. Inmediatamente pensé que él podría interpretar que yo creía ser ya famoso, lo que, por supuesto, estaba lejos de la verdad. Pero Lula debió de notar mi confusión, ya que me sonrió y dijo que me estaba esperando y que me pusiera cómodo.

El primer jugador que conocí en persona fue Vasconcelos; me agradó. Era un buen hombre. Me puso la mano sobre el cuello mientras le decía a mi padre: «¡Nosotros cuidaremos del niño!». Nuevamente me quedé perplejo; aquí estaba yo, viendo en persona y siendo presentado a Jair, Zito, Pepe, todos campeones. Pronto también jugaría con ellos. Waldemar de Brito me dijo: «¡Ahora verás qué bueno es este grupo!».

Y luego llegó el momento de la partida de mi padre y de Waldemar, de regreso a Bauru y a São Paulo, respectivamente. Temía quedarme solo, pero los jugadores parecían amistosos y me sentí más seguro al descubrir que muchos de ellos conocían la trayectoria de Dondinho como jugador y lo respetaban.

—No te preocupes —dijo mi padre—. Estarás bien —y, después de un último abrazo, se alejó.

Pasé mis primeras noches en Santos en Vila Belmiro. Debajo de las gradas de hormigón había varias habitaciones en las que vivían la mayoría de los jugadores solteros. Aunque yo era el más joven de todos, me hicieron sentir bienvenido. Éramos, creo, ocho de nosotros en cada cuarto, distribuidos en cuatro pares de literas. Los aposentos eran muy austeros, aunque se respiraba un buen ambiente. Cuando visité el Santos recientemente vi que estas habitaciones todavía existen y siguen siendo tan sencillas como antes. Ahora albergan a integrantes de los equipos juveniles. «¡Qué vergüenza! —pensé—. El Santos no ha mejorado sus instalaciones en absoluto».

Dos días después tuve mi primera sesión de entrenamiento con el equipo. Pensé que me probarían con jugadores de mi edad, pero no fue así. Me arrojaron en aguas profundas: me pusieron con los profesionales. Y el Santos tenía un equipo excelente… Habían ganado el Campeonato Estatal de São Paulo en 1955 y volverían a ganarlo en 1956. El equipo incluía a Jair da Rosa Pinto, un veterano de la Copa del Mundo de 1950, y a Helio, Formiga y Pepe, todos ellos convocados para integrar la selección nacional.

Antes de entrar en el campo me invadió la timidez. Había comenzado a llover y llevaba una indumentaria que era muy grande para mí. Yo era pequeño y flacucho, pesaba menos de sesenta kilos y mis piernas temblaban. Pepe, quien sería mi amigo para siempre, se dio cuenta de que estaba nervioso. Mientras se cambiaba, me dijo: «No estés nervioso, los muchachos son magníficos, ya lo verás». Una vez en el campo, sin embargo, me convertí en otra persona. Pasó el temor. Ya había jugado con adultos en Bauru y no me sentía intimidado por quiénes fueran estos jugadores. Le pidieron a Formiga que fuese mi marcador y pude driblarlo en un par de oportunidades. Creo que eso fue lo que impresionó tanto a Lula. Si aquello era un examen, definitivamente lo había aprobado. «Me gustó la manera en que jugaste», me dijo luego Lula. Yo no sabía qué decir. Luego, continuó: «Si has de jugar en el equipo principal, deberás desarrollar más tu físico». Tendría que pasar primero un tiempo en las categorías juveniles.

Pepe pensó que yo había entrenado bien y me dijo que Urubatão también estaba impresionado y creía que iba a ser una estrella. Todos, incluyendo al gran delantero Del Vecchio, se acercaron a mí para decirme lo bien que me había desenvuelto. Pero a Lula le pareció que un ratoncillo como yo no podía jugar con semejantes gatos. A pesar de que se me permitió continuar entrenando con los profesionales, debía jugar con los sub-20 y los sub-18. También entrenaba solo durante horas. Sabía que tendría que esforzarme si quería llegar a alguna parte. Para mis adentros, yo no jugaba únicamente para las multitudes, sino también con la intención de lograr mis propias ambiciones. No podía fallar, de ninguna manera.

Me tomé el consejo de Lula al pie de la letra. Comencé a comer como un caballo, aprovechando al máximo la excelente comida que había en el club a todas horas, con la esperanza de engordar rápidamente. Aunque no crecía al ritmo que hubiera deseado.

Lo hice bien con los sub-20 y participé ese año en la conquista del campeonato. En una oportunidad, me escogieron para reforzar el equipo sub-16 en la final de un torneo local. Después de todo, yo sólo tenía quince años. Aun así, me pareció una especie de degradación tener que jugar con los muchachos de mi edad. Nuestro oponente era el Jabaquara, otro club de Santos. El árbitro fue Romualdo Arppi Filho, quien años después dirigiría la final de la Copa del Mundo de 1986. Durante el partido se nos concedió un penalti que definiría el resultado. Me encargué de la ejecución, pero envié el balón por encima del larguero y perdimos el título. Estaba destrozado. Los aficionados me abucheaban. Gemía y lloraba…, estaba tan afligido. Sentía una mezcla agobiante de confusión y vergüenza, y esa tarde decidí que no soportaría seguir en el Santos por más tiempo.

Fue una reacción infantil, pero muy intensa. A la mañana siguiente me desperté a las seis y media, totalmente decidido a huir para regresar a mi casa en Bauru. Hice mi maleta silenciosamente y salí de puntillas de la habitación, en dirección a la puerta. Cuando estaba a punto de alcanzarla, escuché una voz.

—¡Eh, tú! ¿Quién te ha dado permiso para salir? —era Sabuzinho, el encargado de la limpieza del club—. Las normas del club dicen que todo menor de edad debe tener una autorización escrita para abandonar el edificio —agregó.

—Ya lo sé, ya lo sé —dije—. La tengo, sólo déjame ir y te la traeré luego.

—No, no saldrás. O me la traes ahora o no irás a ninguna parte.

No hubo nada que hacer. Mi plan de escapar fracasó ante el primer escollo. Ahora me doy cuenta de que fue una suerte que Sabuzinho me impidiera irme, aunque fuera solamente por una razón burocrática, típicamente brasileña. Cuando se percató de lo que estaba intentando hacer, Sabuzinho me dio una importante lección moral:

—Todos cometemos errores a veces —me dijo—. El truco es aprender de ellos y no rendirse.

Si me hubiese marchado, probablemente el Santos no me hubiese permitido regresar; la disciplina era muy estricta en aquellos días. Verdaderamente siento que Sabuzinho fue mi salvador, que el hecho de que estuviese ahí en ese momento preciso fue una de las mayores suertes de mi vida.

Al poco tiempo de mi llegada, el señor Antonio, director de deportes del Santos, me dijo que quería ofrecerme un contrato. Me sentí emocionado, por supuesto; no había pasado mucho tiempo con ellos y ya querían que me quedara. De todas formas, no era exactamente el contrato al que yo aspiraba; no me garantizaba jugar en la Primera División y, como aún era menor de edad, no era un contrato estrictamente legal. Era más bien una carta de intenciones, con miras a un contrato formal cuando fuera mayor. Aun así, era un paso en la dirección correcta y no podía rehusarlo.

Waldemar de Brito supervisó toda la negociación del contrato, hasta el menor detalle. Recibiría seis mil cruceiros por mes, además de la comida y el alojamiento. Mis padres debían dar su consentimiento al acuerdo, de modo que hicimos un viaje a Bauru. Fue maravilloso estar nuevamente en casa, pero cuando les dije que me iba a quedar en Santos, ¡todos se echaron a llorar! Pensé que estarían felices por mí, pero mi madre y mi abuela no querían perder la compañía de su amado Dico. Mi madre había creído que mi ida a Santos era solamente para una prueba, no para vivir allí. Estaba realmente contrariada. Lo estaba tanto que me entristeció también a mí; y decidí que no podía causarle tanta infelicidad. Le diría al Santos que no aceptaba el acuerdo y me quedaría en Bauru.

Nuevamente entró en escena Waldemar para hacerse cargo del problema —un problema que se estaba convirtiendo rápidamente en un gran drama—. Habló con Dondinho y con doña Celeste acerca del Santos, les contó cómo era, cómo sería mi futuro, les dijo que todo saldría bien. Finalmente logró convencerlos, y también a mí, a pesar de que yo ya había decidido no regresar a Vila Belmiro.

Volví a Santos con Waldemar y firmamos el contrato. Proseguí mi entrenamiento con el primer equipo, aunque jugaba en los equipos juveniles. Había comenzado como un armador, un centrocampista de apoyo, pero ahora estaba siendo utilizado como centrocampista de ataque. Mis rivales para esa posición en el primer equipo eran Del Vecchio y Vasconcelos. Al observarlos jugar, pensaba que mi oportunidad tardaría mucho tiempo en llegar. Eran los principales anotadores y ambos eran excelentes jugadores, muy afianzados en el equipo. Pero Dios nuevamente me observaba… Habría un partido de entrenamiento en la ciudad vecina de Cubatão; en ese encuentro no participarían todos los titulares del primer equipo, de manera que sería mi oportunidad de vestir la camiseta del Santos de la Primera División por vez primera. Ganamos 6 a 1 y marqué cuatro goles. Como se trataba de un encuentro amistoso, el resultado no se tuvo en cuenta para la estadística de mi carrera, de manera que esos cuatro tantos no están incluidos en el total de mis goles registrados. De cualquier forma, fueron de vital importancia para mí. Me di cuenta de que, después de eso, los otros jugadores comenzaron a mirarme de otra manera, como si empezaran a entender por qué se me había permitido ingresar en el club siendo tan joven. Este episodio también fue el fin del afectuoso apodo de Gasolina con el que me habían bautizado cuando llegué; después del partido en Cubatão volví a ser Pelé y nunca más dejé de serlo. La prensa también tomó nota de mi actuación, lo que aumentó la presión sobre el club para que me diera una verdadera posibilidad de probarme en el equipo de Primera División.

São Paulo es un Estado conocido por sus fincas ganaderas, su agricultura y su industria pesada. Santos es atípica: es una ciudad de playa, mucho más parecida a Río de Janeiro que a la propia capital del Estado, la ciudad de São Paulo. Estaba feliz de que así fuera, porque significaba que, mientras no estaba entrenando, podía pasar todo el tiempo que quisiera en la playa.

Sin embargo, al principio sentí un poco de temor de ir a la playa. No por miedo al mar o cosa parecida, sino a causa de las mujeres. En Bauru las personas no usaban bikinis; ¿por qué habrían de hacerlo, si la playa más cercana estaba a casi 500 kilómetros? Mi madre solía decirme que las mujeres que usaban bikinis o pantalones vaqueros —para el caso era lo mismo—, no eran dignas o decentes. Me dijo que me cuidara de las mujeres que mostraban mucha piel. Como yo era muy religioso estaba realmente preocupado por el tema, ya que si iba a la playa lo único que querría hacer sería mirar a las mujeres en sus diminutos trajes de baño. Tenía terror a sufrir el castigo divino, a que Él considerara que había pecado. Luego me acostumbré y llegué a la conclusión de que para una mujer no había otra forma de estar en la playa que no fuera en bikini.

Echaba de menos a mis amigos y a mi familia en Bauru, pero gradualmente comencé a sentirme en casa con mi nueva familia, la del fútbol. Íbamos al cine, peloteábamos en la playa y pasábamos nuestros días libres recorriendo la ciudad en tranvía. También me encantaba pescar. Uno de mis amigos poseía un bote pesquero y acostumbrábamos a ir de pesca al mar. No me agradan las olas —me mareo fácilmente—, pero amo la pesca y soy bastante bueno en ella. Aprendí a pescar en Bauru, en el río, así que ya tenía la destreza necesaria.

Sin embargo, una de las mayores tragedias personales de esa época sucedió durante una excursión de pesca. Había ido a Praia Grande con Claudio, el guardameta, y Sabuzinho, el hombre que había impedido mi fuga del Santos aquella mañana. Justo frente a mí, Sabuzinho cayó sobre unas rocas y se ahogó. No pudimos rescatarlo a tiempo. Aún sigue vivo en mi memoria, con su carácter risueño y amistoso.

Después de aproximadamente un mes de entrenar con el equipo de Primera División, finalmente llegó mi oportunidad de jugar. Nunca olvidaré ese día. Fue el 7 de septiembre de 1956, coincidiendo con el aniversario de la independencia de Brasil y con el nombre de mi primer equipo *sin zapatos*. Todo parecía perfecto.

El encuentro era ante el Corinthians —no el gran Corinthians que tanto me gustaba cuando era niño, sino un equipo más pequeño de Santo André—. Era un partido amistoso y Lula me tuvo en el banquillo durante el primer tiempo. En el segundo, me hizo entrar para sustituir a Del Vecchio. Apenas salté al campo, anoté mi primer gol oficial: el primero de una lista que llegó a sumar más de 1.280. Pepe efectuó un disparo a la meta, el portero lo rechazó con los puños y yo pillé el rebote. Estaba extasiado y corría, dichoso, dando golpes al aire. Estaba más allá de todos mis sueños. Nunca había esperado que me dieran una oportunidad en un equipo profesional sólo con quince años.

Me dirigí a la carrera hacia el entrenador y lo abracé, y luego los demás jugadores se abrazaron a mí. Entonces, súbitamente pensé: «¿Cómo haré para avisar a mi padre?». En esa época no existían los teléfonos móviles, ni siquiera había teléfonos públicos. Incluso una vez reanudado el partido, en mi cabeza seguía resonando la pregunta «¿cómo podré contárselo a mi padre?». Era solamente un encuentro amistoso y yo sabía que no se transmitía por la radio. No fue sino hasta el día siguiente cuando logré contarle la noticia.

Al finalizar el encuentro, los espectadores aplaudieron. Eran todos simpatizantes del Corinthians, porque se jugó en su estadio. Creo que vinieron a verme por curiosidad, para ver si ese niño era realmente bueno. Ya me conocían en Santos, porque había jugado en las divisiones inferiores, pero era una novedad para ellos. Los jugadores también fueron muy amables y vinieron a felicitarme cuando terminó el partido.

Con el paso del tiempo, el portero del Corinthians, Zaluar, se sintió muy orgulloso por lo sucedido ese día. Posteriormente puso en su tarjeta personal una leyenda que decía que era «el guardameta a quien Pelé marcó su primer gol». Parece ser que haber sufrido mi primer tanto fue para él un mayor privilegio que para mí anotarlo.

Aun antes de mi debut en partidos de campeonato, ya generaba mucho entusiasmo en Santos. En aquellos días, venían multitudes —entre cinco y seis mil aficionados— a observar los partidos de entrenamiento. Pero cuando el encuentro era entre los reservas y el primer equipo (yo siempre jugaba con aquéllos en esa época), el número llegaba a sobrepasar los diez mil, la mitad de la capacidad de Vila Belmiro. Y, al parecer, la mayoría de los hinchas nos alentaban a nosotros, los reservas. Los espectadores saltaban y coreaban mi nombre. Parecía un encuentro de campeonato. Todo esto me dio mucha confianza. Me acostumbré a sentir la atención sobre mí, lo que me fue de gran ayuda cuando me convertí en titular del primer equipo.

En el fútbol necesitas tener buena suerte, y yo, sin duda, la tenía —aun cuando fuera a expensas de otra persona; en este caso, el perjudicado fue mi amigo Vasconcelos.

El Santos se enfrentaba al São Paulo en un encuentro por el campeonato en una abarrotada Vila Belmiro. El partido comenzó mal para el equipo local y luego empeoró. Santos estaba perdiendo por 3 a 1 en el segundo tiempo cuando Vasco tuvo un terrible choque con Mauro Ramos de Oliveira (quien posteriormente jugaría para el Santos y también llegaría a dirigirlo). Vasconcelos cayó y comenzó a retorcerse en el suelo. Algunos pudieron haber creído que estaba simulando, pero, desafortunadamente, no era el caso; se trataba de algo serio: tenía la pierna fracturada.

Pensé en los consejos que me habían dado mi padre y Waldemar acerca de qué veleidosa es la suerte en el fútbol y de que uno podía recibir una sorpresa en cualquier momento. Sabía que debía ahorrar parte del dinero que estaba ganando y que debía enviar la mayor parte de mis ingresos a mi padre, quien cuidaría el dinero y tal vez lo utilizaría para adquirir una casa en Bauru, para dejar así la que teníamos alquilada. Fue una lección de humildad: Vasconcelos regresó una vez que su pierna hubo sanado, pero nunca volvió a ser el mismo y pronto se fue a otro club. A pesar de que era mi amigo y de que lo primero en que pensé fue en su recuperación, cuando se supo que él estaría fuera de juego por un tiempo me di cuenta de que eso me daría la oportunidad de entrar en el equipo mayor.

Mi debut oficial fue a comienzos del nuevo año. Era el 12 de enero y el Santos se enfrentaba al equipo sueco AIK, que estaba en nuestro país para participar en un torneo con equipos brasileños. Tomé ese encuentro como mi primera gran prueba, particularmente por ser ante un equipo extranjero. Igualmente me sentía confiado. No anoté ningún tanto —en este caso, quien lo hizo fue el defensa izquierdo Feijó, con un tiro libre directo—, pero creo que lo hice bien, ya que todos se acercaron al final para abrazarme.

De ahí en adelante, con Vasco incapacitado para jugar, se impuso la norma de que Del Vecchio (o Deo, como lo llamábamos) y yo alternáramos en el puesto. Lula lo hizo para mantenernos a los dos en forma, listos para actuar; y con ello logró, al mismo tiempo, no despertar rencores entre Deo y yo, lo cual fue una muestra de su habilidad para dirigir a las personas. No había resentimientos, sólo respeto. Entrenábamos duro y jugábamos juntos con tesón, por el Santos, y cuando el entrenador decidía quién de nosotros jugaría ese día, acatábamos sus indicaciones. El otro alentaba al equipo desde el banquillo.

A principios de 1957, los directores del Santos se dieron cuenta de que el contrato que tenían conmigo, tal como estaba redactado, carecía de vigencia ahora que yo tenía dieciséis años. Entonces, Waldemar y Dondinho vinieron para definir las nuevas condiciones. Yo esperaba un acuerdo mejor, dado que estaba jugando muy bien, pero el club argumentó que aún era muy joven y pequeño físicamente, y, por lo tanto, estaba expuesto a sufrir una lesión en cualquier momento. (¡Razón de más para pagarme mejor!, pensaba yo.) Finalmente ofrecieron otros mil cruceiros por mes y el acuerdo se cerró el 8 de abril de 1957; era un contrato que me ligaría al club por otros dieciocho meses.

También fue en aquella época cuando me mudé de Vila Belmiro. Raimundo, el masajista del Santos, era un jugador de baloncesto retirado, casado con una mujer llamada doña Georgina. Mi madre la había conocido en una de sus visitas porque prestaba servicios de manicura a los jugadores y a sus esposas, y ella se había ofrecido para alojarme en su casa. Había un pequeño grupo de futbolistas jóvenes viviendo allí, incluyendo a Dorsal, a Coutinho y a un guardameta llamado Lalá. La casa de doña Georgina se convirtió en mi hogar durante varios años, y tengo maravillosos recuerdos de las amistades que forjé en ese lugar.

Durante la primera mitad de 1957 yo jugaba regularmente y convertí algunos goles. Ya era conocido, aunque sólo en el ámbito local. No fue sino hasta el mes de junio cuando tuve realmente la oportunidad de hacerme conocer en el resto del país. Hubo un torneo en Río de

Janeiro, en el cual participaron cuatro clubes europeos y cuatro brasileños. Uno de los equipos brasileños se formó con jugadores del Santos y del Vasco da Gama, de Río. Yo fui elegido para la posición de delantero centro del equipo.

Fue en este viaje cuando estuve por primera vez en Río, que se encuentra a poco menos de 500 kilómetros de Santos, subiendo por la costa. Realmente no tenía idea de con qué me encontraría. Sabía que la ciudad era la capital de Brasil y que era más grande que Santos. Sin embargo, yo no era un turista y nuestro autocar nos llevó directamente a São Januário, el estadio del Vasco, donde pasaríamos las noches y entrenaríamos durante el día.

También fue la primera vez que jugué en el Maracaná. Sabía todo acerca del Maracaná desde la Copa del Mundo de 1950. Se había construido para esa competición y era el estadio más grande del mundo. Tuvimos allí una sesión de entrenamiento, y cuando lo vi, realmente me pareció un sueño. Pensé: «¡Estas dimensiones son de otro mundo!». El lugar era absolutamente enorme. La primera vez que salí al campo de juego noté que el campo también era muy grande: hacía que Vila Belmiro pareciera minúsculo. Estaba completamente sorprendido. Mientras entrenábamos, por momentos no podía hacer otra cosa que quedarme mirando las gradas.

Aun cuando toda mi carrera en Brasil se desarrolló en el Santos, el Maracaná ocupa un lugar muy especial en mi corazón. Sé que fue el escenario de la trágica derrota de 1950, pero de todas formas yo jugué allí muchos de mis encuentros más importantes (de lo que hablaré más adelante). El primer partido del equipo de estrellas del Santos/Vasco ante el Belenenses de Portugal posiblemente haya sido un anticipo de la buena fortuna que me acompañaría cuando jugara en el Maracaná. El estadio estaba lleno. Estallaron cohetes cuando entramos en el campo. La atmósfera era fantástica. Y marqué tres goles. En el primero, recibí el balón en el área, rodeado por tres defensas, y lo estrellé contra la red. En el segundo, driblé al defensa y lo envié suavemente por encima del portero, que acababa de tirarse hacia un lado. Y el tercero fue un violento disparo desde fuera del área. Fueron tres goles bien diferentes, con los que creo que demostré a todos los presentes lo que era capaz de hacer.

Jugamos dos encuentros más en ese torneo, contra el Flamengo y el São Paulo, y en ambos anoté. Debí de causar una buena impresión, ya que de inmediato fui convocado para formar parte de la selección nacional. El partido era el primer encuentro de la Copa Roca, un enfrentamiento tradicional con Argentina que se llevaría a cabo al mes siguiente. Aún tenía dieciséis años. El encuentro contra Argentina también fue en el Maracaná. Entré en el segundo tiempo (una vez más, en sustitución de mi colega del Santos, Del Vecchio) con la camiseta número 13. Brasil perdía 1 a 0, y unos momentos más tarde logré marcar. Argentina venció 2 a 1, de manera que había que jugarse el todo por el todo en el segundo encuentro.

Éste se disputó en el estadio Pacaembu de São Paulo y, por primera vez, fui incluido en la formación inicial. Jugué bien desde el comienzo y a los 18 minutos entré a la carrera en el área, abriendo el marcador. Mazzola anotó el segundo tanto; el partido terminó 2 a 0, de manera que Brasil ganó la Copa Roca. Fue mi primer título internacional. En ese momento, no sabía que sería el primero de muchos...

En mi primera temporada completa en el Santos me hice dueño de la camiseta número 10. Fui el goleador en el campeonato estatal de São Paulo, que era la Liga en la que jugábamos, con diecisiete tantos. Mi entrenamiento y mi alimentación también estaban cambiando mi cuerpo. En seis meses había desarrollado una buena musculatura y me sentía más fuerte. De hecho, mis piernas habían crecido tanto que cada uno de mis muslos tenía la misma circunferencia que mi cintura. Estaba sorprendido ante los cambios de mi cuerpo.

Me entrenaba con ahínco. Siempre fui perfeccionista y aún lo soy. Trabajé mucho mi pie izquierdo, ya que no era tan poderoso como el derecho. También practiqué los cabezazos. En aquellos días, existía un artilugio del cual colgaba un balón. Había que saltar hacia él y golpearlo con la cabeza. Ya no se encuentran en ningún sitio, pero fueron muy importantes para el entrenamiento. El Santos también tenía un gimnasio y durante un año practiqué kárate, disciplina que me fue muy útil para aprender a caer y a saltar. Después de eso aprendí judo. Todo esto me ayudaba a aumentar mi agilidad y mi equilibrio. Rara vez caía al suelo al regatear a otros jugadores.

Era el jugador más joven de la Liga y admiraba a los veteranos, especialmente a Zizinho, que jugaba en el São Paulo. Había sido el jugador brasileño más brillante en la Copa del Mundo de 1950. Yo estaba entusiasmado por poder jugar contra él. Recuerdo un encuentro en noviembre de 1957, cuando São Paulo nos apabulló. Nos venció por 6 a 2 y Zizinho dio una clase magistral. Era asombroso. Sus pases, sus disparos, su ubicación, todo su juego era muy hermoso, y contribuyó a que el São Paulo ganara ese año el campeonato estatal.

Zizinho era el jugador que yo más idolatraba. Ciertamente era lo suficientemente bueno como para ser convocado para jugar en la Copa del Mundo de 1958, pero él rehusó hacerlo: sentía que su momento ya había concluido. Fue una pena; se le considera tal vez el mejor jugador brasileño que jamás haya ganado una Copa. No tuvo la suerte de jugar en la era de la televisión y el vídeo; de haber sido así, sería mucho más recordado de lo que es.

A pesar de la paliza —6 a 2— que recibimos en esa ocasión, Zizinho dijo posteriormente que cuando me vio por primera vez quedó impresionado: «¡Luchó como un guerrero durante todo el encuentro! Me gustaron muchísimo sus cualidades técnicas, y también aquellas que van más allá de lo deportivo. Pensé que llegaría lejos, y no me equivoqué». Cuando, muchos años después, le dije cuánto lo admiraba, recibí el siguiente mensaje: «Querido Atleta del Siglo, gran Rey Pelé, si yo fui un espejo útil al inicio de tu carrera, puedes estar seguro de que eso me llena de orgullo».

Cuando llegó 1958, los partidos de clubes vibraron con un entusiasmo adicional. Ese año se celebraría una Copa del Mundo, de manera que todos hacíamos ese esfuerzo de más con el fin de impresionar a los seleccionadores del equipo nacional. Dondinho se enteró antes que yo de que me habían convocado, pero no estaba seguro. Me llamó por teléfono desde Bauru para decirme que había escuchado en la radio que habían mencionado a Telê, quien jugaba en el Fluminense, o a Pelé. «Creo que estás en la selección, hijo», me dijo. De modo que me fui a preguntar al Santos. Fue Modesto Roma, el presidente en aquel entonces, quien me dijo: «Oye, chaval, has llegado a la *seleção*».

El hombre que tenía la tarea de llevarnos a Suecia era Vicente Feola. Primero debió hacer la terrible selección final de los jugadores que irían. De acuerdo con el sistema de aquella época, se convocaba a muchos más jugadores de los que terminarían subiendo al avión hacia la Copa del Mundo, por lo que era una experiencia que destrozaba los nervios. El doctor Paulo Machado de Carvalho, jefe de la delegación brasileña, nos citó a todos a una reunión en la que leería la lista de los *condenados* —le había tocado a él esa tarea—. No podíamos estar más nerviosos; era un momento culminante para nosotros. Cuando el doctor Paulo terminó y mi nombre no se había mencionado, pensé, en un principio, que había leído la lista de quienes viajarían. Había nombrado a Luizinho, por ejemplo, que era una estrella en el Corinthians y un candidato seguro para un asiento en el avión. Pero no, no habían elegido a Luizinho, me habían elegido a mí.

La decisión del director técnico era definitiva, pero las protestas por la omisión de Luizinho fueron tales que se organizó un encuentro de entrenamiento en el Pacaembu, ante el Corinthians, presuntamente como una manera de impresionar al seleccionador y demostrarle su error de no llevar a Luizinho. El estadio se llenó de espectadores, y los hinchas del Corinthians nos abucheaban. Parecía que el Corinthians era el equipo nacional y nosotros un equipo de alguna otra parte del mundo. Orlando debía marcar a Luizinho y parecía estar realmente nervioso. Pero Luizinho no jugó muy bien que digamos. Fuimos nosotros quienes dominamos en la defensa, en el centro del campo y también en cuanto a anotar goles en ataque. Cuando el partido se encontraba 3 a 1 a favor de la selección nacional, recibí el balón en el mediocampo del Corinthians y me dirigí hacia el área de penalti. De pronto, Ari Clemente surgió de la nada y arremetió contra mí. Traté de driblarlo, pero al intentar quitarme el balón me golpeó en la rodilla derecha y caí. Me pregunté si podría continuar. Me dije a mí mismo que sí podría hacerlo; pero la rodilla cedió bajo mi peso en cuanto traté de apoyarme en ella.

Me retiraron del campo y recuerdo mi ansiedad mientras miraba al doctor Hilton Gosling, el médico del equipo, y a Mario Américo, nuestro fisioterapeuta. Sentía que tenían mi futuro en sus manos. Para que conservara el ánimo, el doctor Gosling dijo que no había ningún problema. Pusieron algo de hielo en el sitio donde había recibido el impacto y Mario Américo, quien tartamudeaba un poco, dijo: «Escúchame, Crioulo, me aseguraré de que estés perfecto». La palabra *crioulo* significica «criollo» u «hombre negro», y era otro de los apodos que tenía en esos días. De hecho, es un apodo que comparten muchos jugadores negros. Mario Américo fue un personaje muy querido e inolvidable del fútbol brasileño; él era negro, de modo que cuando me llamó Crioulo lo hizo con afecto. Nos llevábamos muy bien, había un lazo especial entre nosotros. Esa noche comencé a preocuparme por si podría ir a Suecia. Hablé con el doctor Paulo Machado de Carvalho, el Mariscal de la Victoria (apodo que recibió en el Pacaembu), un hombre de mucha fe, y le dije que no quería ser un peso muerto en el equipo. Él creía que me recuperaría, aunque más adelante me enteré de que estuvieron a punto de descartarme. Fue un tema que debieron sopesar profundamente.

Aparentemente, el doctor Gosling le había dicho a un grupo de amigos que creía que no habría forma de que yo pudiera jugar en los encuentros amistosos del equipo nacional, y que mi actuación estaba en duda para la mismísima Copa del Mundo. Me revisó de arriba abajo, sabía que no estaba bien, que cojeaba al correr y no golpeaba el balón con fuerza. Después supe que habían considerado a Almir, un centrocampista del Vasco da Gama, como un posible sustituto. Pero el doctor Gosling tenía más esperanzas que todos nosotros: permanecí en el equipo y, para mi sorpresa, me encontré a bordo del avión que iba hacia Italia, donde jugaríamos algunos partidos amistosos de preparación con vistas al mayor torneo del mundo.

De niño quería ser piloto de aviones. El 24 de mayo de 1958 finalmente subí la escalerilla del primer avión en que viajaría. Se trataba de un DC7-C de Panair do Brasil, y trasladaría al equipo nacional a Europa. Todo era nuevo y sorprendente para mí, y me mantuve atento a todos los detalles. Cuando aterrizamos en Recife para cargar combustible, comencé a comprender qué significaba exactamente el equipo nacional para los brasileños. Había miles de personas en el aeropuerto, y bajamos del avión para asistir a una gran recepción organizada por las autoridades locales.

Tras doce horas de vuelo, aterrizamos en Lisboa. El dentista del equipo, el doctor Mario Trigo, hizo toda clase de cosas para divertirnos y distraernos durante el viaje. (Solamente vi al doctor Mario haciendo de payaso; afortunadamente mi dentadura fue siempre excelente y él decía que era la mejor del equipo.) Hasta inventó un juego de preguntas y respuestas, en el que Mazzola actuaba como su asistente. Llamó a su juego «El límite es el cielo», como un programa de la televisión brasileña. Yo fui el blanco de todas las bromas pero de todas formas me reí todo el tiempo; estábamos todos muy felices de estar juntos, de viajar para representar a nuestro país. Una de sus preguntas fue: «¿Cuál es la capital de Italia?». Respondí que era Aracaju —la capital del Estado de Sergipe—, y él siguió: «¿Cuál es la ciudad más grande del mundo?»; le respondí que era Raiz da Serra, donde nació Garrincha. Todos reíamos y lo pasamos bien, y el vuelo transcurrió con felicidad. Fue particularmente bueno para mí: me sentía como un marinero en su primer viaje, y ello evitó que pensara todo el tiempo en mi rodilla.

Al cabo de tres horas más de vuelo llegamos a Roma, la ciudad del papa, el centro del mundo católico. Nos alojamos en el hotel Universo, donde dormimos y recuperamos fuerzas. Después hicimos una excursión por la Ciudad Eterna. Esa mañana, el 26 de mayo de 1958, pensé qué importante era estar allí, en la cuna de la civilización y el lugar donde se escribió una parte importante de la Historia. Era lunes. Fuimos al Vaticano y aunque no pudimos ver al papa asistimos a misa. El conductor hizo el camino acostumbrado: el Coliseo, la Fontana de Trevi, el Estadio Olímpico, la Via Veneto y otros sitios históricos. Mientras tanto, todo lo que deseábamos era aprovechar al máximo la deliciosa comida italiana. Comenzamos a corear: «¡Almuerzo!, ¡almuerzo!»; y nos fuimos, a comer: un recuerdo más de Roma.

Los dirigentes del equipo nacional habían concertado dos encuentros amistosos ante equipos italianos, como parte de nuestra preparación para la Copa del Mundo. El primero fue contra la Fiorentina, en Florencia. Me revisaron nuevamente y no se me permitió jugar este encuentro; no lo supe en ese momento, pero el doctor Gosling temía que tuviera que estar inactivo un mes o más. Vi al doctor Paulo y nuevamente le comenté mi preocupación por estar ocupando un lugar en el equipo. Él dejó la decisión en manos del doctor Gosling sobre bases puramente médicas —algo que dice mucho en su favor—, pero sabía que José de Almeida, uno de los directivos de la selección nacional, estaba insistiendo en que me enviaran de regreso a casa. No me dijeron nada acerca de esto; en cambio, recibí una severa exigencia por parte del doctor: si quería tener alguna posibilidad de jugar en Suecia, debía someterme a un tratamiento intensivo y muy doloroso para la rodilla. Por supuesto, no había opción, y comencé con el tratamiento. Tenía razón, era duro: mayormente consistía en aplicar toallas hirvientes sobre la zona del golpe.

El segundo encuentro fue en Milán, ante el Internazionale. Yo seguía en el banquillo. Luego sobrevolamos el bello paisaje de los Alpes Suizos y cruzamos Alemania para llegar a Copenhague, en Dinamarca.

Comimos unos bocadillos en el aeropuerto y después subimos a un avión Convair, como los que Varig y otras aerolíneas utilizaban para vuelos domésticos en Brasil. Tras un último tramo de cuarenta y cinco minutos a través de un cielo celeste y despejado aterrizamos sin contratiempos en el aeropuerto de Gotemburgo. Era el 2 de junio y quedaban sólo seis días para el primer partido. En el sorteo, habíamos quedado encuadrados en el grupo 4, junto a Austria, Inglaterra y la URSS, a los que nos enfrentaríamos en ese orden.

Nuestra sede para la Copa del Mundo fue Hindas, a escasa distancia de Gotemburgo. El hotel en el que nos alojamos era muy cómodo, hasta lujoso diría yo, con zumos de frutas, medias lunas, yogures y mucho más, todo a nuestra disposición. El doctor Gosling había dedicado mucho tiempo a la elección del sitio para nuestra sede y su hallazgo superó las expectativas. Suecia, como país, llegó a gustarme rápidamente: tiene hermosos paisajes, muchos lagos y bosques, y un aire limpio y puro. Todo estaba bien organizado y los suecos fueron anfitriones amables, considerados y encantadores.

La mayoría de los platos en el hotel eran a base de pescado, aunque también comimos auténticas sardinas portuguesas y, por supuesto, carne. Echábamos de menos el arroz, pero una vez que los organizadores lograron hacerse con una bolsa de esta preciada mercancía para nosotros, ¡descubrimos que Mario Américo y Castilho eran excelentes cocineros! De ahí en adelante, comíamos arroz con nuestra cena y nadie tuvo quejas acerca de la comida, la cual era variada y de buena calidad… excepto cuando viajábamos. El doctor Gosling tenía una obsesión relacionada con la intoxicación por alimentos e insistía en que sólo comiéramos bocadillos en el camino hacia o tras los encuentros.

Había un buen ambiente dentro del equipo. Nos llevábamos bien y todos teníamos un apodo además de nuestro nombre como jugador. Había algunos muy extraños; nadie estaba a salvo. En Suecia, Gilmar era Jirafa, tal vez debido a su cuello largo; Castilho, un gran personaje, lamentablemente ya fallecido, era Buris —no estoy seguro de si esto se debía a algún parecido con el actor de cine Boris Karloff o a que una vez pidió una *buris* cuando quería comprar una *bule* (una cafetera)—. De Sordi era Cabeça («cabeza»); Djalma Santos tuvo varios apodos, pero Rato («rata») era el más popular. Bellini, a quien se le conocía como Capitán en el Vasco, ahora era Boi («buey»). Dino Sani era Joelho («rodilla») debido a que era calvo y su cabeza lucía como tal. No puedo deciros los apodos que teníamos para Zito y Orlando: aún hoy no me lo perdonarían. Didi era Garza Negra; Mazzola, Cara de Pedra («cara de piedra»); Pepe era Macaroni (no tengo idea del porqué). Zagallo era Llorón; y yo, siendo negro, recibí el apodo de Alemão («alemán»); en verdad, nunca supe la razón.

No eran más que bromas tontas, pequeñas cosas que nos ayudaban a estar más unidos y que forjaron un espíritu que nos acompañaría hasta el final. Sabíamos que Brasil era un equipo fuerte y habíamos tenido una buena preparación: además de Feola y el doctor Gosling, contábamos con la ayuda de Paulo Amaral, que era un pionero en preparación física. Nos hizo trabajar duro, no había excepciones y no toleraba quejas. Mi única crítica en ese momento era que exigía a todos cumplir con la misma rutina de ejercicios, sin tener en cuenta el estado, la edad o el físico de cada uno (¡por supuesto que no se lo dije a él!). Recuerda que, además de estar lesionado, yo sólo tenía diecisiete años, de manera que sufría verdaderamente los efectos de este método. De cualquier forma, en aquellos días la simple presencia de un entrenador que tuviera alguna clase de estrategia era un progreso. Y la intensidad fue realmente positiva, sobre todo en una campaña tan corta como la Copa del Mundo, en la que sólo hay un máximo de seis partidos por jugar.

Otro ejercicio de integración, además de los apodos y la preparación física, era realizar breves excursiones en grupo; por ejemplo, al parque Liseberg, en Gotemburgo, donde me divertí a lo grande tirando dardos a un blanco. También fuimos a un salón de baile, donde podías escuchar a las orquestas tocar en directo o contemplar un espectáculo… y además había muchas chicas. Las jóvenes suecas nos amaban, especialmente a los jugadores negros. Supongo que seríamos una novedad. Recuerdo que todas las chicas de catorce y quince años estaban detrás de mí. Usualmente, los que recibían mayor atención eran los muchachos altos y guapos, como Mauro, Nilton Santos o Gilmar, el portero. Pero no, las chicas suecas sólo querían a los pequeños *crioulos*, como Didi, Moacir y yo. ¡Decían que éramos hermosos! Fueron unos días maravillosos. Hasta tuve un breve romance con una hermosísima chica llamada Ilena, que estaba tan fascinada por mi piel negra como yo lo estaba por sus ojos azules y cabello rubio. En Hindas también podíamos ir a pescar, lo cual me encantaba: todo era calma y tranquilidad, y mis pensamientos podían remontar el vuelo... En ese momento, soñaba con una rodilla sana y con poder jugar.

No había mejorado a tiempo para nuestro primer encuentro en Udevalla, ante Austria. De modo que lo vi desde fuera del campo. Tuvimos un buen comienzo. Mazzola nos puso en ventaja y luego Nilton Santos convirtió fácilmente el 2 a 0. Finalmente, Mazzola anotó el tercer tanto en el último minuto. Todos quedamos encantados con el triunfo.

Tres días más tarde, nos enfrentamos a Inglaterra en Gotemburgo; y el doctor Gosling dijo nuevamente que aún era muy pronto para probar mi rodilla, a pesar del tratamiento. Este encuentro resultó más difícil que el primero y sólo logramos un empate a 0. Los ingleses se habían preparado muy bien y habían diseñado una fuerte defensa de cuatro, que incluía a Billy Wright, del Wolves, y Don Howe, del West Bromwich Albion. Mantuvieron a Didi bajo control, aunque Vavá estrelló el balón en el larguero y Mazzola efectuó dos disparos a puerta que fueron brillantemente detenidos por el portero inglés, Colin McDonald.

Se avecinaba el tercer partido, ante la URSS, el último de la serie. El resultado era fundamental y estábamos preocupados porque no teníamos la sensación de haber jugado todo lo bien que podíamos. Al mismo tiempo, el conjunto de la URSS era un equipo con muchas pretensiones. Inspiraban temor por la atmósfera generada por la guerra fría y además habían obtenido la medalla de oro en los Juegos Olímpicos de Helsinki, en 1952. Al igual que nosotros, habían derrotado a Austria y empatado ante Inglaterra, de manera que el equipo triunfador ganaría la fase. Para ese momento, estaba dándome de cabeza contra las paredes por la frustración que sentía. En los partidos de entrenamiento entre los titulares y los reservas, Garrincha y yo (ambos del equipo reserva) borrábamos del campo a los titulares. Los volvíamos locos. Cuando Paulo Amaral arbitraba estos encuentros, debía tomar decisiones más que dudosas a su favor; no tenían otra forma de vencernos.

Me enteré de que jugaría el día anterior al encuentro. Zito, mi compañero centrocampista en el Santos, me dijo: «Creo que llegó nuestro momento». Le respondí: «¿Qué, justo en este partido, el más difícil?». Dijo que Mazzola no se sentía muy bien, y que creía que ambos tendríamos nuestra oportunidad. Y luego, uno de los directivos de la delegación, Nascimento, me preguntó: «¿Estás preparado? Feola te va a poner en el equipo».

Garrincha y yo jugamos con el equipo titular en el último entrenamiento. Estaba previsto para la tarde, pero Feola se enteró de que había un periodista que pasaba información a los soviéticos, por lo que en el último momento cambió la sesión para la mañana. Apenas acabamos de desayunar, nos desplazamos al campo de entrenamiento. Sabía que todos me observarían escrupulosamente, de manera que fui cuidadoso; pero estaba desesperado por causar una buena impresión. Jugué un rato en la portería y luego como interior izquierdo; fue cuando me pusieron delante cuando comencé a sentir confianza en mi rodilla, y mis carreras y saltos fueron firmes. Me sentía bien.

Posteriormente, el doctor Paulo escribió que en ese momento Feola se había vuelto hacia él para decirle: «Gracias a Dios, doctor, parece que el chico está nuevamente al cien por cien». Paulo preguntó si me incluiría en el equipo, y Feola respondió: «¡Por supuesto! ¡Todo el tiempo he deseado incluirlo!». El doctor Gosling estuvo de acuerdo con el diagnóstico. Al parecer, estaba sano y salvo.

Sin embargo, debí sortear otro obstáculo. Como parte de nuestra preparación, el psicólogo del equipo, el doctor João Carvalhaes, había realizado estudios a todos los jugadores. Tuvimos que dibujar personas y contestar preguntas, lo que permitiría al doctor João evaluar si debían elegirnos para jugar o no. O estaba adelantado a su tiempo para el fútbol o era un excéntrico —o tal vez ambas cosas a la vez—. Su conclusión acerca de mí fue que no debía jugar. «Pelé es obviamente infantil. Carece del espíritu de lucha necesario.» También desaconsejó la elección de Garrincha, a quien no veía lo suficientemente responsable. Afortunadamente para Garrincha y para mí, Feola se dejaba guiar más por sus instintos que por los expertos. Miró seriamente al psicólogo y le dijo: «Tal vez tengas razón. Lo que pasa es que tú no sabes nada de fútbol. Si la rodilla de Pelé está en condiciones, ¡él juega!».

Una vez que mi nombre estuvo en la lista de la alineación, se despertó una gran curiosidad. Tenía diecisiete años, era el jugador más joven del torneo y la prensa comenzó a prestarme atención. Hasta ese momento, todo el interés se había dirigido hacia la plantilla soviética; estaban entre los favoritos del torneo y tenían jugadores de la más alta categoría, como su portero, el gigante Yashin, y el goleador Simonian.

Cuando, el 15 de junio, entré en el estadio Nya Ullevi de Gotemburgo, seguramente unos cuantos de los 50.000 espectadores se sintieron desconcertados al ver a un negrito con los equipos. Y debieron de quedarse atónitos cuando me quité el chándal dejando al descubierto la camiseta de Brasil con un gran número 10 en la espalda. Imagino que muchos creyeron que yo era una especie de mascota del equipo, especialmente al compararme con el tamaño de los jugadores rusos, que eran todos enormes. Recuerdo que, cuando los vi, pensé: «Son grandes… pero los árboles grandes también se pueden derribar». Yo no estaba allí solamente por mi buena suerte. Unos momentos antes, Mario Américo me había dado un último masaje en la rodilla y me había despachado con las palabras: «Ahora es tu turno, chico». Se me quedaron grabadas para siempre.

Formamos para escuchar los himnos nacionales y sentí que la emoción recorría mi cuerpo: en eso consistía todo. Para esto había sido todo el entrenamiento, todos los dolores del tratamiento: para representar a mi país, un país loco por el fútbol, en la mayor competición de todas. Era una ceremonia que inspiraba un temor reverente al mismo tiempo que te distraía. Debía concentrarme en el desafío del encuentro.

Apenas sonó el silbato comenzamos a jugar un fútbol diferente al de los dos primeros encuentros. Garrincha fue efectivo inmediatamente; regateaba amenazante por el ala derecha, dejando al descubierto las carencias de las líneas rusas. Pensé que iniciábamos una goleada cuando eludió a gran velocidad a un defensa y disparó el balón hacia la puerta de Yashin. El gigante calculó mal, pero el balón pegó en el poste y rebotó sin peligro; unos pocos minutos después me hice con el balón y —¡pum!— lo estrellé contra el poste. Por segunda vez, el grito de «¡gol!» se ahogó en mi garganta. Didi me gritó: «¡Tranquilízate, chico, ya llegará el gol, tómatelo con calma!».

En los minutos iniciales del juego, nuestro ritmo fue electrizante. Pronto nos movíamos a nuestro antojo; Didi habilitó a Vavá con un hermoso e inesperado balón y Vavá lo estrelló contra la red. Nos pusimos frenéticos, nos arrojamos sobre Vavá y gritamos de alegría. Habían pasado sólo tres minutos y llevábamos un tanto de ventaja.

Luego el partido se estabilizó y la rodilla comenzó a resentirse cada vez más, a pesar de que hacía esfuerzos para que no se notara. Estaba jugando bien, pero me sentía muy ansioso; quería que mantuviéramos la ventaja y deseaba que el partido terminara ya mismo: un error frecuente, a veces fatal, para el resultado. Fallé dos remates a puerta que seguramente hubiera acertado de haber estado más sereno. Los rusos se nos vinieron encima en la segunda mitad, pero nuestra defensa fue inexpugnable, y la tensión finalmente se aflojó cuando, en un contragolpe, los encontramos mal armados en defensa, debido a sus continuos ataques, y Vavá batió nuevamente a Yashin. En ese momento, el alivio fue intenso y la celebración, excesiva. Vavá fue tan estrujado que terminó lastimado y debió dejar el campo por algunos momentos. Pero el trabajo estaba hecho. Pasamos a los cuartos de final de la Copa, y nos habíamos convertido de pronto en los favoritos para ganarla.

Esa noche, después de la cena de celebración, volví a mi habitación y repasé en mi mente cada movimiento, cada patada. No estaba muy satisfecho con mi rendimiento; podría haber jugado mejor. En un momento había intentado sorprender a Yashin y me di cuenta de que había sido pura insolencia por mi parte: en aquellos días se le consideraba uno de los mejores porteros del mundo. Sería algo sobre lo que tendría que trabajar. La adrenalina seguía corriendo por mi cuerpo y me resultó imposible dormir; me recordaba la noche previa a mi partida de Bauru.

Esa misma noche, nos enteramos de que nuestro próximo rival sería Gales, que había vencido brillantemente a Hungría por 2 a 1, para terminar segundos de su grupo. Hubo quienes se sorprendieron de que llegaran tan lejos, pero tenían algunos buenos jugadores, entre los que se encontraba el genial John Charles, quien, desafortunadamente para ellos, estaba lesionado y no podría participar en nuestro partido. Ese conjunto estaba verdaderamente unido.

El encuentro ante Gales tuvo lugar sólo dos días después de mi primer partido. Jack Kelsey, su portero, estaba en muy buena forma y su equipo era fuerte en defensa. La primera mitad terminó 0 a 0, y Feola nos soltó una vehemente arenga en los vestuarios. En el segundo tiempo, recibí un balón de Didi de espaldas a la portería, lo bajé con el pecho hacia mi pie derecho, me giré, eludiendo al defensa, y marqué. Fue mi primer gol en una Copa del Mundo, y fue, además, el gol del triunfo en ese partido.

El encuentro ante la URSS había sido duro y también importante para Brasil, porque nos hizo quedar en la cabeza del grupo. Pero en lo que a mí concierne, considero que el partido ante Gales fue el más importante del torneo. Sabía que, de perder, quedaríamos fuera de la competición. Y el gol fue, tal vez, el más inolvidable de mi carrera: reforzó completamente mi confianza. El mundo ahora sabía quién era Pelé. Estaba en una buena racha.

Para las semifinales viajamos por primera vez a Estocolmo. Nuestro rival era Francia, que había vapuleado a Irlanda del Norte, 4 a 0, en los cuartos de final. El encuentro fue emocionante, con siete goles en el marcador. Apenas comenzó, estábamos 1 a 0 gracias a Vavá. Just Fontaine (que había anotado trece goles en el torneo, lo cual sigue siendo hoy un récord mundial) igualó el marcador. Fue el primer gol que recibíamos en la Copa. Tomé el balón de la red y caminé con él hasta el centro del campo. Creo que esa actitud demostró cuánto había crecido mi fortaleza y mi confianza desde el partido contra Gales. Cerca del final del primer tiempo, Didi nos puso en ventaja nuevamente con un sorprendente disparo lejano.

En la segunda mitad, en el minuto 52, en el 64 y en el 75, fui el Pelé que quería ser: anoté tres goles y jugué con llamativa osadía para un chico de diecisiete años, pasando el balón sobre la cabeza de mis contrarios y haciendo todo tipo de fantasías...; estaba inspirado; y el partido, asegurado, a pesar de un tardío segundo gol para Francia marcado por Roger Piantoni. Ganamos 5 a 2; y ya estábamos en la final.

Al terminar el partido ante Francia, creo que todo el mundo se convirtió en simpatizante de Brasil. Los equipos europeos defienden bien. Eso se debe a que generalmente tienen más defensas que atacantes: se hace difícil marcarles goles. Pero nosotros jugábamos ese excitante e irreverente fútbol de ataque y las multitudes enloquecían. Si bien la mayoría de los equipos jugaban con una formación 4-4-2, nosotros nos parecíamos más a un 4-2-4: una vez que teníamos el control del balón y pasábamos al ataque, había cuatro de nosotros delante moviéndose sincronizadamente. Garrincha era clave en esto. Sus regates por la banda derecha volvían locos a los defensas y lograban que la multitud estallara en aplausos y risas; nunca habían visto algo igual. Una vez que tenía el balón en su poder, no se lo podían quitar. No atinaban a adivinar hacia qué lado iría, lo que nos daba tiempo a los otros jugadores que habíamos retrocedido para avanzar a posiciones de ataque.

Aunque de vez en cuando también nos volvía locos a nosotros. No sabíamos qué iba a hacer. A veces me exasperaba. Cuando él conseguía el balón, yo sabía que driblaría al menos a un oponente, e imaginaba que luego me daría un pase. Pero a menudo él mismo volvía hacia atrás con el balón y me dejaba a mí en posición fuera de juego, lo que me obligaba a regresar a mí también. Con frecuencia, discutíamos por esto. Pero, a pesar de estas pequeñas frustraciones, teníamos una magnífica sincronización. Ni Garrincha ni yo lo sabíamos en ese momento, pero esa Copa del Mundo fue el comienzo de una histórica asociación en la selección nacional: Brasil jamás perdía un encuentro cuando nosotros dos jugábamos juntos. (Esta verdad estadística es algo que ni Garrincha ni yo supimos durante nuestra carrera. Nunca, por ejemplo, hicimos bromas acerca de esto antes de un encuentro; de hecho, socialmente estábamos muy separados: ya fuera de la *seleção*, él jugaba y vivía en Río de Janeiro y yo lo hacía en São Paulo.)

También debo mencionar a Didi, especialmente porque al final del torneo fue elegido como el mejor jugador. Creo que lo merecía. Garrincha y yo éramos jóvenes y un poco ingenuos. Didi, en cambio, era muy inteligente. Él fue nuestro maestro; solía advertirnos: «¡Prestad atención hacia dónde vais a golpear el balón!». A veces, era demasiado astuto. Simulaba que iba a cruzar el balón hacia un lado del campo, y luego lo cruzaba hacia el otro. En ocasiones, nos confundía a nosotros mismos, y nos gritaba: «¡No, so tontos! ¡Estoy tratando de confundir al otro equipo!».

A estas alturas, yo había observado otra cosa acerca de la Copa del Mundo: todos los demás equipos estaban integrados solamente por jugadores blancos. Me pareció sumamente curioso. Recuerdo haber preguntado a mis compañeros: «¿Solamente hay negros en Brasil?».

El 29 de junio de 1958 amaneció con un cielo gris, mientras una tormenta caía sobre Estocolmo. Todos decían que eso beneficiaría a los suecos. Pero en Brasil también llueve y estamos acostumbrados a jugar en campos embarrados. Debido a que Suecia también viste una camiseta amarilla, en esta oportunidad debimos cambiar la nuestra por una azul. Algunos pensaron que era un mal presagio, pero el doctor Paulo, el jefe de la delegación, dio la vuelta a las cosas hábilmente: nos dijo que el azul nos traería buena suerte, ya que era el color de nuestra santa patrona, Nossa Senhora de Aparecida, y había traído anteriormente buena fortuna a otros equipos —incluyendo a nuestros adversarios, la última vez que Brasil había llegado a una final de la Copa del Mundo, en 1950—. De modo que jugamos con el color azul.

El único cambio en nuestra alineación fue que se incluyó a Djalma Santos en sustitución de De Sordi. Mucha gente especuló que Feola trataba de premiar a Djalma Santos al hacerlo; De Sordi había jugado bien en los cinco encuentros precedentes y nadie hubiera hecho un cambio así sin tener una buena razón. Pero la verdad era mucho más prosaica: De Sordi no estaba bien. No había dormido bien la noche anterior a la final y sentía dolor en una pierna. Se lo dijo al doctor Gosling, quien naturalmente pasó la información a la Comisión Técnica; ellos fueron quienes lo dejaron afuera. De modo que Djalma Santos tuvo su oportunidad.

Había 49.737 personas en el estadio ese día: la mayoría apoyando al equipo local, obviamente, pero fueron justos y aplaudieron las buenas jugadas de ambos lados. Cuando comenzaron los himnos, tuve una súbita visión de Dondinho en casa: mi padre inclinado sobre la radio, nervioso y lleno de orgullo al mismo tiempo. Estaba decidido a justificar su fe en mí, y a cumplir la promesa que le había hecho en 1950.

Los suecos comenzaron bien y nos sorprendieron: a los cuatro minutos su delantero centro Liedholm ya había anotado el primer tanto. Hubo un sonoro rugido en el estadio, y volaron papeles y sombreros y toda clase de cosas por el aire. Fue la primera vez en toda la competición que estábamos perdiendo, y me preocupaba que nos dominara el pánico. Les rogué a mis compañeros que no se preocuparan, al igual que Didi y Vavá. Nos repusimos, como profesionales, concentrados, sabiendo que la mezcla del trabajo en equipo y las cualidades individuales sería suficiente para llevarnos a la victoria. Ante una gran jugada de Garrincha por la derecha, el portero sueco se vio obligado a salir de su posición y Vavá anotó el empate. Algo después, encontré a Garrincha, y éste, en una jugada casi idéntica a la anterior, le pasó el balón a Vavá, quien volvió a anotar. Garrincha también realizó un excelente disparo, que dio en el poste. Al finalizar el primer tiempo, manteníamos la ventaja.

En el segundo tiempo, demostramos nuestra verdadera clase y barrimos a Suecia del campo. Yo anoté el 3 a 1 a los 11 minutos, después de pedirle a Nilton Santos que cruzara un pase largo hacia mí. Cuando me llegó el balón, lo detuve con el pecho y lo dejé caer mientras el defensa Gustavsson venía hacia mí; lancé el balón por encima de su cabeza y lo rodeé para, de volea, introducir el balón en la meta. Me dije a mí mismo que había sido un bonito gol ¡y en la final de la Copa del Mundo, además! Es uno de mis tantos favoritos de toda mi carrera, debido a que yo era muy joven y a que nadie había visto un gol como ése antes. Diez minutos más tarde, Zagallo anotó nuestro cuarto tanto, después de que Suecia no lograra despejar un saque de esquina. Comencé a vislumbrar que el título estaba a nuestro alcance, incluso después de que Simonsson anotara para Suecia once minutos antes del final. Aseguramos el triunfo manteniendo la posesión del balón, mientras disfrutábamos del coro de nuestros hinchas: «¡Samba!,¡samba!».

La última jugada provino de un pase en alto: superé a dos defensas suecos en el salto, golpeé el balón con la cabeza y, como si fuera a cámara lenta, lo vi describir una curva hasta llegar a la esquina de la red: el quinto gol de Brasil y mi segundo en el encuentro. El partido estaba asegurado. ¡Íbamos a ser los campeones del mundo! Súbitamente, me desmayé delante de la portería. Garrincha corrió hacia mí y me levantó las piernas para que la sangre circulara hacia la cabeza. Cuando me recuperé, el encuentro había finalizado. Estaba abrumado por la emoción. Mis primeros pensamientos fueron para mi familia en Bauru. ¿Sabrían ellos que éramos los campeones? Quería hablar con mis padres, pero no había teléfonos, y yo repetía constantemente: «¡Tengo que avisar a mi padre, tengo que avisar a mi padre!». (Sólo pude hablar con él en los días siguientes a través de una radio internacional. Recuerdo haber dicho cosas como: «¿Me habéis visto con el rey de Suecia? Cambio»; y: «Estreché la mano del rey. Cambio». Las cosas han cambiado mucho. Ahora puedes coger un teléfono móvil y decir: «¡Mamá, acabo de marcar un gol!».)

Cuando asimilamos el hecho de que éramos los campeones del mundo, brotaron las lágrimas. Todos llorábamos. Lloré sobre el hombro de Gilmar y, unos segundos después, parecía que todos sollozábamos de alegría y alivio. Mientras tanto, Mario Américo fue a por su propio trofeo: le quitó el balón al árbitro y corrió bailando hacia los vestuarios, con gran enojo del juez.

Dimos la vuelta de honor alrededor del estadio llevando una gran bandera sueca, y luego el rey Gustav bajó al campo para felicitarnos; fue sorprendentemente generoso en sus elogios, a pesar de que su país había perdido. Este sentimiento se reflejó luego en un comentario de Sigge Parling, el defensa que me había marcado: «Después del quinto gol, hasta yo quería aplaudirlo», dijo. Más tarde, hubo una impresionante cena de celebración en nuestro hotel, donde todos comimos más de lo que podíamos y la gente bebió champán de la copa Jules Rimet. Hubo una fiesta en la embajada de Brasil, pero yo me fui temprano a la cama. Seguía pensando en cómo comunicarme con mis padres. Lo de la embajada fue una recepción formal: es gracioso compararlo con las celebraciones actuales, en las que inevitablemente todos terminan en un club nocturno.

Finalmente, después de las amargas decepciones de 1950 y 1954, éramos campeones del mundo por primera vez. Fue un sentimiento indescriptible. Y yo quería experimentarlo de nuevo. Y otra vez más.

CAPÍTULO IV

Alegrías y tristezas

Cuando vi jugar a Pelé, simplemente pensé en colgar las botas.
JUST FONTAINE, goleador de la Copa del Mundo de 1958.

La Copa del Mundo de 1958 fue mi trampolín hacia la fama. Comencé a aparecer en la portada de los periódicos y de las revistas de todo el mundo. *Paris Match* publicó una noticia de primera plana inmediatamente después de la victoria, en la que decía que había un nuevo rey del área. El nombre pegó fuerte, y muy pronto todos comenzaron a llamarme el Rey Pelé o, simplemente, el Rey. Mis amigos me decían que yo era un verdadero rey, porque me había elegido la gente.

El viaje de vuelta a Brasil después de la victoria en Estocolmo se nos hizo realmente largo. El equipo estaba emocionalmente agotado y físicamente exhausto, y lo único que deseábamos era regresar a casa lo antes posible. Nuestra primera percepción de la magnitud de nuestro logro vino cuando tocamos suelo brasileño en Recife, en el extremo oriental del país, y estalló un fuerte rugido cuando se abrieron las puertas del avión: había gran cantidad de gente esperándonos a pesar de la fuerte lluvia. Nos llevaron a todos los jugadores en andas, mientras dábamos las gracias a la multitud jubilosa. Aunque eso no fue nada comparado con la llegada a Río ese mismo día, un poco más tarde.

Las calles estaban atestadas de aficionados por todos lados, y, después de un desfile a bordo de un coche de bomberos, tuvimos una agradable sorpresa: el senador Assis Chateaubriand, por aquellos días dueño de una importante revista de Brasil llamada *Cruzeiro* y de varias emisoras de radio, canales de televisión y otros medios de comunicación, utilizó sus influencias para disponer que toda la delegación brasileña fuera hasta las oficinas de *Cruzeiro*. Y allí, esperándonos, se encontraban nuestras familias: mi padre Dondinho, sofocado por la emoción, al igual que otros familiares; y mi madre, Celeste, quien me besó con lágrimas en los ojos e intentaba sin éxito mantenerse fuerte mientras decía «¡enhorabuena, Dico...!», con un nudo en la garganta. Entre lágrimas pudo decirme que me había echado de menos; me habló de la fiesta que dieron en Bauru después de nuestra victoria y de cómo nuestros vecinos, ahora que había traído la Copa del Mundo a Brasil por primera vez, habían olvidado mis molestas travesuras de la época en que jugaba al fútbol en las calles y hacía que se fuese la luz. Fue un momento maravilloso para mí y para todos. Ella no dijo demasiado, pero estaba claro que finalmente había comprendido que este deporte podría darle cosas muy buenas a nuestra familia; y, quizá, mi padre veía cómo parte de la decepción por su propia carrera frustrada desaparecía gracias al éxito que yo había tenido. Podía darme cuenta de que estaba orgulloso de su hijo y eso significaba mucho para mí. Todos los jugadores estábamos muy agradecidos por la sorpresa: era la primera vez que veíamos a nuestras familias después de varias semanas —para muchos de nosotros había sido nuestro primer viaje al exterior—. Y éste fue un momento de descanso, de detenerse por un momento, de relajarse.

Sin embargo, la fiesta siguió cuando llegamos a São Paulo al día siguiente, y puedo decir que la locura fue aún mayor. Todo Brasil quería rendir tributo a sus héroes. Había gente por todos lados que aplaudía, saludaba y cantaba; en otro desfile, lluvias de confeti caían sobre nosotros desde todas las ventanas y todos querían abrazarnos y darnos un apretón de manos. Si habíamos tenido alguna duda acerca de lo que significaba ganar la Copa del Mundo para la gente de Brasil, se disipó rápidamente en esos primeros días de locura y euforia. Fue una experiencia única y muy conmovedora. Volveríamos a traer el trofeo a casa en otras ocasiones y habría más festejos frenéticos, pero… sólo puede haber una primera vez.

Los días que siguieron fueron una mezcla de felicitaciones y palmadas en la espalda, mientras el equipo cumplía con una serie de cenas, almuerzos y fiestas de todo tipo. Muchas veces a los jugadores nos llevaban y traían de una fiesta a otra, y no sabíamos realmente por qué estábamos allí o quién daba la fiesta. Pero todo marchaba a las mil maravillas, todos estaban felices y nos sentíamos complacidos de haber contribuido a esa felicidad, a pesar de que eso también significara un aprendizaje abrupto: nadie nos había enseñado a ser famosos. La atención y las preguntas de la prensa no tenían fin y debíamos hacer un gran esfuerzo para encontrar respuestas diferentes e interesantes; aunque muy pronto abandonamos ese intento.

El momento más tierno para mí, después de un rápido viaje a Santos con mis triunfantes compañeros de equipo Zito y Pepe —durante el cual amenazamos con no hablar con ningún otro periodista hasta que no nos trajeran un bocadillo; tal era el hambre que teníamos— llegó una vez terminadas todas las recepciones oficiales, cuando nos permitieron regresar a nuestras casas y estar con nuestras familias. Había dejado Bauru hacía sólo dos años, siendo un adolescente desconocido y temeroso que, ilusionado, se abría camino en la carrera futbolística; y aquí estaba, a punto de regresar con la medalla de la Copa del Mundo en mis manos. Parecía verdaderamente increíble, demasiado disparatado como para ser cierto. Me causaba ansiedad pensar en la manera en que me recibirían; aunque decían que todo el pueblo acudiría, me parecía una exageración. Pero cuando el avión tocó tierra después de un corto vuelo —de repente me pareció que estaba volando en todas direcciones—, los rumores se hicieron realidad. Había una multitud interminable, agolpada contra las vallas que estaban a los lados de la pista de aterrizaje, que me saludaba y aclamaba a medida que bajaba los escalones hacia un batallón de fotógrafos. Y entre ellos estaba mi familia: junto a mis padres se encontraban Jorge, mi hermana Maria Lúcia y mi hermano Zoca. Y también mis amigos: durante el desfile triunfal por la ciudad, después de que me subieran a un camión con plataforma que parecía recién pintado para la ocasión, asomaban a un lado y al otro los rostros familiares de mi pasado para darme un rápido apretón de manos o besos de felicitaciones.

El alcalde de Bauru, Nicola Avalone hijo, había levantado en mi honor un estrado en la plaza mayor, lugar hacia el que el desfile se abrió camino entre la multitud. El alcalde me saludó en nombre del pueblo; nunca había visto tanta gente en las calles de Bauru. Me dieron trofeos, medallas, regalos... Mi madre me entregó una de las medallas. Quiso hablar, pero no pudo; sólo me besó, con los ojos llenos de lágrimas. Una vez finalizados los homenajes, me esperaba una sorpresa más, el mejor regalo de todos: en una plataforma más pequeña, junto a la nuestra, había un gran objeto cubierto con una lona. Estaba seguro de que se trataba de un coche. Observé a la multitud; una banda tocaba, era una gran fiesta. Y, excitado por el esplendor de la ocasión, comencé a imaginar qué tipo de coche sería. ¿Un descapotable quizá?, ¿un coche glamuroso en el que podría desplazarme por la playa de Santos? (¡cuando obtuviese el carné de conducir, por supuesto!). Entonces, retiraron la lona y me quedé con la boca abierta... por la decepción. Era una pequeña Romisetta, un pequeño cacharro de tres ruedas muy popular en aquel entonces. ¿Podría conducir esto por Santos? Ni siquiera lograría circular por la autovía. Sin embargo, estaba agradecido por haber recibido semejante homenaje y, a fin de cuentas, un coche es un coche, aunque sólo tenga tres ruedas.

Cuando desperté a la mañana siguiente, la Romisetta estaba estacionada en la puerta de nuestra casa. La había traído alguna persona de la oficina del alcalde. Me subí. Era mía, aunque todavía no tenía la edad suficiente como para obtener mi permiso de conducir. Pero habría tiempo para todo. Traté de mover el volante, como niño que era, jugando con mi asombroso juguete nuevo. Pero ya había decidido qué haría con él. Llamé a mi padre:

—Es tuyo —le dije.

—¿Qué estás diciendo? —me respondió—. No es mío, es tuyo.

—Te lo regalo —repetí—. Quiero que lo tengas.

Como era su costumbre, Dondinho siguió oponiéndose:

—Pero te lo han regalado y no debes dárselo a otra persona...

Le dije que no podría llevarlo hasta Santos, pero mi padre me respondió que alguna persona podría conducirlo por mí.

—No te preocupes —le dije—, lo venderé.

Mi padre se mostró indignado:

—¿Venderlo?, ¿te has vuelto loco? ¡No venderás algo que te han regalado!

Así que dije mi última palabra:

—Entonces, acéptalo.

Finalmente, después de que mi madre enumerara los peligros que podría correr con un coche en Santos, mi padre aceptó este compromiso. Éste fue su trato: «Acepto el coche, pero es tuyo y te lo llevarás a Santos tan pronto como puedas».

La victoria de la Copa del Mundo parecía transformar la vida de mis padres aún más que la mía. En Bauru, los invitaban a fiestas y a actos sociales a los que nunca antes habían tenido acceso. Era una situación un poco incómoda, ya que ni mi madre tenía un vestido elegante ni mi padre contaba con un traje para utilizar en esas ocasiones. El cambio fue tan repentino que, en realidad, fue bastante difícil para ellos poder sobrellevarlo.

Sin embargo, en Santos mi vida siguió siendo más o menos la misma. Todavía vivía con mis compañeros de equipo, y aunque la gente sentía mayor curiosidad que antes hacia mí, la vida no era muy diferente en realidad. Creo que fui afortunado por haber comenzado en el Santos a los quince años y por haber estado jugando de manera ininterrumpida desde los dieciséis: no sabía hacer otra cosa que ser futbolista. Mi personalidad había sido moldeada por esta experiencia. Hoy en día, los muchachos jóvenes sólo quieren ser famosos y, cuando lo logran, su personalidad cambia. Creo que uno de los regalos que Dios me dio fue que mi personalidad no cambió cuando obtuve la Copa del Mundo. Seguía siendo yo, simplemente yo, seguía viviendo en Santos con mis amigos y haciendo lo que más me gustaba hacer: jugar al fútbol.

No me permitieron volverme engreído: debido a las condiciones de mi contrato, nunca fui el miembro mejor pagado del equipo. Entonces, solía encontrar otras maneras de hacer dinero. Cuando el equipo se reunía por las noches, los jugadores más mayores jugaban a las cartas por dinero. Me llamaban, gritando: «¡Oye, Pelé, tráenos un café!»; «¡Pelé, tráenos unos cigarrillos!»; y me pagaban con sus fichas de póquer por cruzar la calle y traerles bebidas y aperitivos. De ese modo, logré reunir una considerable suma de dinero.

Al regresar de nuestras obligaciones internacionales, mis pensamientos dieron un giro hacia desafíos futbolísticos más acuciantes. En primer lugar, estaba el campeonato estatal de São Paulo, título que el Santos había ganado en 1956 pero que había perdido ante el Palmeiras al año siguiente. En ese momento no había una Liga nacional en Brasil; el tamaño del país lo hacía imposible. Los grandes equipos de Río tenían su propia Liga: la Carioca, y nosotros teníamos la Paulista, que era una Liga fuerte e incluía equipos como el Corinthians y el São Paulo F.C. El Santos estaba en racha y acumulaba resultados exorbitantes como 10 a 0; 9 a 1; 7 a 1; y 8 a 1. En treinta y ocho partidos anoté cincuenta y ocho goles (muy a tono con el año 1958). Fue un récord en el campeonato y el Santos obtuvo el título. Del Vecchio se había ido a jugar a Europa, de modo que yo estaba ahora en la formación inicial.

No había demasiadas oportunidades de jugar contra los grandes clubes de Río: Botafogo —donde jugaba Garrincha—, Vasco, Flamengo y Fluminense. Sin embargo, a principios de año se llevó a cabo un peque-

ño torneo anual, el Río-São Paulo, que nos reunía a todos. En 1959, el Santos ganó este título por primera vez. Posteriormente, ese mismo año no logramos reconquistar la Liga Paulista, aunque después la ganamos tres veces seguidas. Yo siempre era el mayor goleador.

El Santos de esa época poseía un nivel diferente. En la delantera teníamos a Pepe —que había estado conmigo en la selección nacional—, a Pagão y Coutinho. Pepe era muy rápido y chutaba con fuerza. Se le considera el segundo goleador del Santos de todos los tiempos, después de mí, aunque casi no se lo conoce en el resto del mundo. Pagão era muy talentoso en cuanto a la técnica, aunque creo que Coutinho era probablemente un mejor delantero centro. Él, por cierto, me ha ayudado mucho. Éramos conocidos por nuestras *tabelinhas*, o paredes, rápidos pases que confundían a los jugadores contrarios que nos marcaban. Practicamos juntos esta jugada muchas veces; era realmente especial. El rol de Garrincha lo cumplía Dorsal, a quien yo solía llamar el George Best de la banda derecha. En el centro del campo, Zito siempre era majestuoso. Daba cohesión al equipo y era un jugador muy inteligente. Teníamos a Mauro en el centro de la defensa: sería el capitán de Brasil en 1962; y en la meta teníamos a Gilmar, veterano de la Copa del Mundo. El Santos era una máquina de hacer goles: en aquellos años ganamos algo así como el 85 por ciento de los partidos que jugamos.

Unos pocos meses después de la Copa del Mundo, tuvimos un gran partido contra el Corinthians. Antes de encuentros como éste debíamos pasar la noche anterior en Vila Delmiro. En Brasil, esto se llama *concentração* y el propósito es mantener a los jugadores juntos y evitar que quedásemos fuera del equipo por distracciones no futbolísticas, como conocer chicas, por ejemplo. Aunque es más fácil decirlo que hacerlo, especialmente en lo que concierne a jugadores brasileños. Estábamos impacientes y aburridos, de manera que sugerí bajar al gimnasio, en el que se estaba jugando un partido de baloncesto femenino. Era la actividad más inocente que se me podía ocurrir para nosotros en ese momento. Fuimos cinco de nosotros. El Atlético Santista, un equipo de

Santos, estaba jugando con el Corinthians de São Paulo. Algunas de las chicas se acercaron a conversar con nosotros, excepto una que estaba sentada en el banco de las suplentes. La miré y me llamó la atención. Me dejó sin habla, y en el momento en que me di cuenta de lo que ocurría, ella ya estaba junto a mí.

—Hola, eres Pelé, ¿verdad? —me dijo.

—¡Verdad! —le respondí, contentísimo de que me hubiera reconocido.

—No derroten por mucho mañana al Corinthians.

Una vez dicho esto volvió al banquillo de los suplentes, en donde había estado sentada hasta ese momento. Seguí mirándola, observando su hermoso cabello castaño, pensando que era una chica muy hermosa... y hasta mis compañeros advirtieron que estaba conmocionado y se mofaron un poco de mí porque ella sólo tenía catorce años (aunque yo era apenas tres años mayor). Me había impresionado de tal modo que, cuando se retiró al vestuario y nosotros volvimos a las habitaciones, no pude dejar de pensar en ella.

Al día siguiente, durante el partido, estuve convencido de que ella vendría a verlo, por lo que pasé más tiempo mirando hacia la tribuna que mirando el balón. Es asombroso que no me sacaran del campo. Pero ella no estaba allí, y pasaría un tiempo hasta que volviéramos a encontrarnos otra vez. Un día, en la calle, me topé con algunas de las otras chicas del partido de baloncesto por casualidad y me sorprendí al verlas en Santos: había supuesto que eran del equipo de São Paulo. Cuando confirmé que eran de Santos, rápidamente averigüé el nombre de la chica de cabello castaño —Rosemeri— y dónde trabajaba: en una tienda de música no muy lejana. Me apresuré a llegar allí, aunque comportándome con la mayor indiferencia posible.

—¡Hola otra vez! —le dije después de acercarme, nervioso.

—¡Hola!

—Dime, ¿por qué querías que ganara el Corinthians si eres de Santos? —le pregunté.

—Porque apoyo al Corinthians —me respondió—; pero, en realidad, no me gusta el fútbol.

Después de este comienzo poco halagüeño, logré que aceptara verme otra vez, aunque ella decía que era demasiado joven para salir con muchachos y que, si quería hablarle, debía ir a su casa algún sábado. Como buen muchacho que era, hice exactamente lo que me había pedido y allí estaba, un sábado, vestido con mis mejores ropas, los zapatos brillantes, las uñas cortas y limpias ¡y el rostro radiante! Los padres de Rose fueron cordiales al recibirme; yo era el primer joven que llegaba para visitar a su hija y, por supuesto, el primer visitante negro. Su madre, doña Idalina, había preparado galletas. El padre de Rosemeri, Guilherme Cholbi, trabajaba en el puerto de Santos y era un verdadero fanático del fútbol. Me sentía feliz, me hicieron sentir cómodo en su casa y pasé un sábado que recordaré para siempre. Sentí nuevamente lo que era una familia, igual que con mis propios padres.

Hubo otras visitas en los meses y años que siguieron; nuestro noviazgo fue muy largo…, interminable. Nadie en la familia de Rose quería que la prensa se enterara de nuestra relación, de modo que cuando íbamos al cine, siempre había una tía suya con nosotros. Ellas entraban primero, y yo sólo podía hacerlo, para sentarme al lado de Rose, después de que hubieran apagado las luces. ¡Qué sensación increíble era estar cerca de ella! A pesar del carácter tan restringido de nuestra relación, yo conocía mis sentimientos y comencé a pensar en el día en que pudiéramos casarnos.

Deseaba que fuera mi esposa, lo sabía. Pero justamente por toda mi pasión, por todo mi deseo de casarme con ella, me preocupaba que fuera tan joven, que no le gustara el fútbol, y me preguntaba si era realmente a mí a quien quería, o si quería a Pelé, el futbolista famoso. Todo el día pensaba en ello, y eso me trajo recuerdos de Bauru. Cuando estaba allí con la familia de Neuzinha —la joven japonesa que me gustaba tanto—, nunca sentí que ellos me vieran como un futbolista; era simplemente un muchacho. Sentía que les gustaba Edson, únicamente por ser Edson. Lo mismo había sucedido con Ilena, la joven que conocí en Gotemburgo durante la Copa del Mundo de 1958 —realmente no creo que le importara el hecho de que yo estuviera en la selección brasileña—. Éramos sólo dos jóvenes que se gustaban y disfrutaban de sus diferencias. Bullían en mi mente todos estos pensamientos, y luché contra ellos hasta que tomé una decisión: me casaría con Rose.

Pero antes tendría que lidiar con otra gran institución: el Ejército brasileño. Hay quienes dicen que el fútbol algunas veces es como la guerra —sobre todo en un Mundial— y yo, definitivamente, sentía que había servido a mi país en Suecia y que había obtenido una gran victoria. Algunos meses después de regresar a Brasil, cumplí dieciocho años, y con ellos llegó la posibilidad de pasar un año en el servicio militar obligatorio. No me gustaba mucho la idea, de modo que me dirigí a dos directivos del Santos que eran militares:

—Yo ya he luchado por mi país —argumenté—. Seguramente ya no necesito ir al Ejército a hacerlo otra vez. Ya he cumplido con mi parte.

Ellos me miraron y se echaron a reír. La única manera de ser excluido era alegar algún tipo de problema de salud.

—¿Estás loco? —respondieron—. ¿Cómo podemos decir que tienes un problema en los pulmones, o cojera? ¡Acabas de ganar la Copa del Mundo! Todo el país sabe que eres un magnífico ejemplo de salud. Si no fueras una figura tan destacada, podría haber alguna posibilidad, pero no es tu caso. Si hay algún brasileño de dieciocho años que *debe* hacer el servicio militar, ése eres tú.

Fui recluta en el 6 GAC, el Sexto Grupo de Artillería Costera Motorizada de Santos. Estaba bajo las órdenes del coronel Osman, un gran hombre y un verdadero aficionado al fútbol, pero muy exigente. Yo seguía jugando para el Santos, y también para Brasil en los torneos internacionales, y ahora esperaban que entrara en acción y jugara para el equipo del cuartel y también para el del Ejército. Debía ir un día sí y otro no.

Afortunadamente, mientras estuve en el servicio militar no me exigieron mucho en el cuartel. Después de todo, yo era un atleta y tenía ciertas ventajas, ciertos privilegios —esto es así para todo el que juega al fútbol o al baloncesto y está realizando la *mili*—. Pero no todos los oficiales opinaban lo mismo. Algunos de ellos no querían tener nada que ver con hacerle las cosas fáciles a los divos advenedizos. Yo cogía la azada para cortar el césped del patio del cuartel y luego barría todo; lavaba la ropa y limpiaba los zapatos, sólo para que todos pudieran ver que el nuevo recluta no era un enchufado: yo era Pelé, un campeón del mundo, pero también era un soldado como cualquier otro. Comprendía cómo eran las cosas, y no me molestaba. Como soldado, obedecía órdenes. Estaba el capitán Aurino, jefe de mi batería, quien era particularmente severo; y el sargento Carlos, que no me daba descanso y con frecuencia me asignaba tareas extra. Pero en realidad, los sargentos y los tenientes no eran malas personas, sólo hacían su trabajo.

El equipo de fútbol del cuartel estaba *dirigido* por el teniente Falcão. Él, por cierto, se tomaba su tarea muy en serio y algunas veces se comportaba como si estuviera entrenando un equipo nacional o internacional muy importante. Si durante el entrenamiento el equipo jugaba muy mal, nos infligía un castigo que consistía en hacernos permanecer en el jardín cumpliendo con distintas tareas, y hasta nos hacía dormir allí. Pero él era un hombre justo y quería que fuéramos los mejores; con el tiempo llegamos a ser buenos amigos.

También contaba con un buen material para trabajar. Aparte de mí, en el cuartel había algunos otros futbolistas profesionales: Lorico, que jugaba para Portuguesa de Desportos y Vasco da Gama; Célio, del Jabaquara; y Lara, quien años más tarde moriría de un infarto en mitad de un partido en Vila Delmiro. Por lo tanto, éramos un equipo en serio y ganamos la competición que enfrentó a los equipos de diferentes guarniciones de Santos, y otro campeonato que también incluyó a los cuarteles de São Paulo.

En noviembre de 1959, me eligieron para jugar para el equipo Ejército XI en el Campeonato Militar Sudamericano. En la final contra el equipo argentino, en el estadio General Severiano de Río, terreno del Botafogo, fui expulsado por primera vez en mi carrera. Un jugador argentino se había propuesto perseguirme; me daba patadas e intentaba agarrarme cada vez que podía. Cuando me harté y le devolví el golpe, dándole un puntapié en la espinilla, estalló una verdadera pelea. Eso siempre ocurre cuando se juega contra Argentina; tal es la rivalidad que existe. (Aun así, me complace decir que ganamos el partido por 2 a 1.)

Al día siguiente del partido contra Argentina en Río, tenía que estar en Porto Alegre para jugar para Santos, contra Grêmio. Siempre fue así mientras estuve en el Ejército: un día un partido aquí para el cuartel; un partido allí para el Santos al día siguiente. Era agotador.

Pero, a pesar de la severidad y el trabajo físico implacable, aprendí algunas lecciones valiosas mientras fui el soldado raso Pelé. Cuando me expulsaron en el partido con Argentina, el coronel Osman dijo: «Tienes que controlar tu carácter. Ya sé que el argentino te estaba dando patadas, pero lo mejor es derrotar al oponente con la técnica». En el Ejército aprendí la importancia de la disciplina y me di cuenta de cuánto valoraba a mi país.

La victoria en el Mundial me favoreció económicamente. Pude renovar mi contrato con el Santos por más dinero, lo que me ayudó a comprar de inmediato una casa para la familia en Bauru. Mis padres podrían dejar de preocuparse por pagar el alquiler. La Copa del Mundo también ayudó financieramente al club, ya que ahora todos querían jugar contra nosotros. Brasil ganó fama internacional por su increíble forma de jugar al fútbol y se consideraba al Santos uno de sus mejores exponentes. Éramos muy solicitados y los dirigentes estaban muy interesados en aprovecharse de eso. Esto significó que comenzamos a viajar con regularidad, generalmente cada seis meses, por América (a principios de año) y Europa (a mitad de año).

El primer año de esta *montaña rusa*, 1959, fue una locura. Entre todas mis obligaciones con el club y aquellas del ámbito nacional y militar jugué 103 partidos para cinco equipos diferentes: Santos, Brasil, un equipo de primeras figuras de São Paulo, el equipo del cuartel y el equipo del Ejército. En nueve ocasiones jugué dos partidos en menos de veinticuatro horas; y en una oportunidad jugué tres partidos en cuarenta y ocho horas. Actualmente, un jugador profesional nunca aceptaría un programa como éste. En nuestro primer viaje a Europa jugamos veintidós partidos en sólo seis semanas. Era ridículo, no teníamos tiempo para relajarnos; apenas había tiempo para viajar de un estadio a otro.

Pese a ello, en aquel viaje ganamos trece encuentros, empatamos cinco y perdimos sólo cuatro. Una de nuestras derrotas fue ante el Real Madrid, que en ese momento era considerado el mejor equipo de Europa. De hecho, fueron los ganadores de las primeras cinco Copas de Europa, entre 1956 y 1960. El partido tomó la forma de duelo para ver cuál podría adjudicarse el título moral de mejor equipo del mundo, pero fue un desafío injusto. Era nuestro partido número catorce de la gira (en casi igual cantidad de países) y estábamos magullados y agotados.

Nuestro segundo viaje a Europa fue más placentero, principalmente porque había menos encuentros programados y, por lo tanto, teníamos más tiempo para visitar los lugares de interés y para recuperarnos entre partido y partido —especialmente en la primera etapa, en la que jugaba para Brasil—. También fuimos a Egipto y realizamos actividades turísticas, como visitar las pirámides y andar en camello. Sin embargo, en el camino, durante una parada en Beirut, una gigantesca multitud irrumpió en el aeropuerto y amenazó con secuestrarme si no aceptábamos jugar un partido contra el equipo libanés. Afortunadamente, la policía resolvió el problema con firmeza y viajamos de regreso a Egipto. Otra situación extraña ocurrió cuando bajamos del avión en El Cairo: las personas que estaban esperándonos nos saludaron... ¡besándonos en los labios! Yo estaba detrás de Djalma Santos y advertí que, después de recibir un beso, él había mantenido la compostura. Yo me armé de valor y recibí los besos de manera totalmente natural. Después de todo, cada país tiene sus propias costumbres.

Otro recuerdo de ese viaje es el del momento en que me uní al Santos para la segunda etapa y visitamos París, donde conocí a una actriz y modelo llamada Kiki. Nunca fuimos amantes, pero ella me mostró todos los lugares turísticos de esa hermosa ciudad y terminamos pasando unos días juntos, mientras nos hacían gran cantidad de fotografías. Esto demuestra mi ingenuidad en aquel entonces, ya que no le di ninguna importancia —después de todo, yo sabía que no había nada entre nosotros—; pero, por supuesto, las fotografías aparecieron en todos los periódicos de Brasil y yo me enteré por Rosemeri cuando volvimos. Ésta fue otra valiosa lección que aprendí para el futuro.

Un partido de Brasil de esta época posterior a la Copa del Mundo que recuerdo especialmente fue el que jugamos contra Inglaterra en mayo de 1959, en el Maracaná. Aunque era un amistoso, ambos equipos lo tomamos muy en serio. Íbamos a enfrentarnos a un equipo fuerte, al que no habíamos podido vencer en Suecia, y había una verdadera multitud en el estadio; muchos habían ido especialmente para ver a Garrincha. Sin embargo, él no estaba en buen estado físico y el director técnico Feota decidió poner a Julinho en su lugar. Cuando se anunció el nombre de Julinho en lugar de Garrincha hubo una pitada generalizada, y yo pensé: «Sólo se abuchea a las verdaderas estrellas». A los diez minutos, Julinho se había escabullido de su marcador y no sólo había anotado el primer gol, sino que había elaborado la jugada del segundo, que fue marcado por Henrique Frade, del Flamengo. Entonces, los hinchas comenzaron a ovacionarlo. Se habían olvidado de Garrincha. En esa época, el equipo de Brasil podía ganarle a cualquier adversario.

Fue también durante este periodo cuando tuve la única oportunidad de actuar como árbitro en un partido de fútbol. Me invitaron a presidir el encuentro entre árbitros de Santos y São Paulo en Vila Delmiro, y expulsé a Olten Ayres de Abreu, quien por esos días era uno de los árbitros más conocidos de São Paulo. Hacía sólo unos pocos días, en el partido Santos-Juventus, me había mostrado la tarjeta roja ¡justamente a mí! La venganza fue dulce; y ésa, para mí, fue una noche de fiesta.

Sin embargo, mi éxito con el Santos y con Brasil tendría un efecto contradictorio en mi pequeño hermano, Zoca. Él también era un buen futbolista y, cuando me fui de casa, comenzó a jugar como centrocampista para el rival del Baquinho en Bauru, el Noroeste. El rumor corrió rápidamente, y en el Santos comenzaron a preguntarme por él. Les dije que jugaba bien; entonces hizo una prueba y lo contrataron. Se mudó a la casa de doña Georgina y vivió allí conmigo y con los demás. Jugó algunos años en el equipo reserva y hasta algunos partidos en la Primera División, aunque nunca lo hicimos juntos. Sin embargo, con una posible carrera por delante, colgó las botas. Recuerdo haberle preguntado por qué. «Siempre que juego con los reservas los periodistas me asedian, y todo lo que quieren es saber acerca de ti. Voy a dejar todo esto y a estudiar para ser abogado.» Eso fue exactamente lo que hizo.

Jugar tantos partidos traía, de vez en cuando, consecuencias: en febrero de 1961 sufrí la que probablemente haya sido la lesión más seria de toda mi carrera. Estaba jugando contra Necaxa, en la ciudad de México. Acabábamos de llegar de un largo viaje y estábamos cansados y sufriendo los efectos de la altitud. Perdíamos por 2 a 0 y anotamos un tanto. Comenzamos a jugar mejor y creíamos que teníamos la posibilidad de liquidar el partido. Habían mandado un centro al área de penalti; el guardameta y yo saltamos juntos, y el defensa argentino Dalacho me golpeó en el rostro y en el hombro. Sentí que me desmayaba. Cuando Macedo y el doctor Lauro me hicieron reaccionar, me di cuenta de que algo malo había sucedido con mi vista. Pero quería seguir jugando, de modo que me puse de pie y pronto volví a caer, completamente mareado. Terminamos perdiendo ese difícil partido por 4 a 3.

Esa noche no pude dormir debido a la cefalea y al dolor que sentía en los hombros y en todo el rostro. Tenía el lado izquierdo de la cara adormecido. Por la mañana, me llevaron a un hospital en la Ciudad de México, donde me hicieron ocho radiografías de los hombros y la cara. Gracias a Dios, no había nada roto. Mucha gente de la prensa mexicana dijo que lo que había sucedido era que yo no quería jugar los otros partidos, que solamente quería jugar para el Santos en Europa, donde podía ganar más dinero. Pero yo siempre he cumplido con mis obligaciones; siempre me ha interesado jugar, con igual entusiasmo, para el Santos y la selección nacional, ya fuera en Europa o en cualquier lugar del mundo.

La lesión me dejó fuera del equipo nacional en los partidos contra Paraguay y Chile, y no pude jugar al fútbol durante casi tres semanas. Fue una de las interrupciones más largas que tendría en años. Sin embargo, cuando regresé al juego, cumplí mi papel en espectaculares victorias sobre Guadalajara, América y Atlas. Para marzo ya me había recuperado por completo. Fue entonces, durante un partido contra Fluminense, cuando anoté el que muchos consideran mi gol más espectacular. Nuevamente, el estadio era el Maracaná. Me encontré con el balón fuera de nuestra área y comencé a correr con él hacia la meta fluminense. Un jugador salió a mi encuentro, luego otro, un tercero, un cuarto, un quinto, un sexto…; bailé alrededor de ellos hasta que también batí al guardameta. El periódico de São Paulo *O Esporte* lo anunció como «el gol más extraordinario» que se hubiera anotado en el Maracaná. Como el partido no fue televisado, ese tanto existe sólo en el recuerdo de aquellos que lo vieron en vivo. Sin embargo, como una manera de recordarlo, el periódico colocó una placa conmemorativa de bronce en la entrada al estadio. El gol se conoce como el *gol de placa* —el gol de la placa—; y ahora, cuando la gente en Brasil dice que un gol es un *gol de placa* es porque lo compara con la perfección que yo logré ese día.

En junio de ese año todavía sentía algunos dolores en el hombro y tuve que posponer un viaje a Europa con otra gira del Santos para someterme a un chequeo médico. Cuando por fin llegué a Basilea, Suiza, para jugar un partido, los carteles que lo anunciaban tenían una franja agregada que decía: «¡Pelé ha llegado y va a jugar!». Jugué, y fue un hermoso partido. Ganamos 8 a 2. Anoté cinco goles; y Coutinho, los otros tres. Lo extraño fue que, después del partido, los hinchas suizos estaban un poco desbordados e irrumpieron en la cancha con la intención de llevarnos en andas, especialmente a mí y a Coutinho. Corrimos hacia los vestuarios, los forofos nos confundieron con otros dos jugadores negros del equipo y se los llevaron a ellos. Cuando se dieron cuenta del error, bajaron a nuestros compañeros y comenzaron a gritar en francés que ése no era yo: «¡*Pas Pelé!, ¡pas Pelé!*». Más tarde, en el vestuario, el periodista francés François Tebaud me dijo: «Pelé, ¡esto es una locura! Nunca he visto nada igual». Realmente fue una locura; y aquí puede verse lo que los europeos piensan sobre el fútbol brasileño.

No podía parar de marcar goles. En un periodo de tres semanas, durante septiembre de 1961, anoté veintitrés tantos en seis partidos, una estadística que parece inverosímil, aun para mí. Anoté cinco contra el Olympico cuando lo derrotamos por 8 a 0; cuatro en el partido contra el São Paulo cuatro días después; otros cinco contra el Juventus (el de São Paulo, no el de Turín) en una victoria de 10 a 1, tres días después; uno contra Botafogo y luego dos series de cuatro goles en el lapso de tres días, a la semana siguiente.

En otra ocasión, no mucho después, me adjudicaron un gol que en realidad no había sido tal. Ocurrió durante un partido del campeonato de São Paulo contra el Guaraní de Campinas. En un momento, yo había esquivado a dos defensores antes de pasar a un tercero y entonces lancé un fuerte disparo a puerta. El balón golpeó en el larguero y luego tocó en el suelo antes de rebotar hacia fuera. El árbitro, João Etzel Filho, lo consideró gol a pesar de las protestas de los jugadores y los seguidores del Guaraní, quienes decían que no había entrado. Etzel dijo:

«¿Saben una cosa? Fue una jugada tan espectacular que voy a darla como gol, lo haya sido o no. ¡Es un gol de Pelé y no se habla más del asunto!».

Me estaba convirtiendo en una celebridad nacional. Se publicaron dos libros sobre mi vida y fui protagonista en una película biográfica llamada *Eu sou Pelé* (*Yo soy Pelé*). Me requerían constantemente, no sólo en Brasil, sino que también recibía propuestas interesantes de Europa. Uno de los directores del Inter de Milán me buscó para ver si estaba de acuerdo con que me traspasaran a ese equipo. Dijo que me pagarían 40 millones de cruzeiros, una verdadera fortuna. No acepté, y el Santos tampoco estaba dispuesto a venderme (se dice que en esa época el Congreso de Brasil me había declarado oficialmente como un «tesoro nacional no exportable»). Y en Turín, mientras el Santos jugaba en el campeonato Italia 61 (que finalmente ganamos), fui invitado a un almuerzo con Humberto Agnelli, el dueño de Fiat y del Juventus, el equipo contra el que estábamos a punto de jugar. También estaban invitados el doctor Athiê Jorge Coury, presidente del Santos, y algunas personas más. Llegamos a la hora designada. Agnelli estaba muy elegantemente vestido y nos trató muy bien, y no fue hasta muy avanzada la comida cuando se volvió con total parsimonia hacia el doctor Athiê y le preguntó: «¿Estaría interesado en negociar el traspaso de Pelé al Juventus?». Athiê se quedó sin habla; y yo, pasmado. Cuando Athiê se recuperó, le respondió: «No negociamos por Pelé. Sería demasiado caro». Agnelli lo interrumpió y sugirió: «¿Qué le parece si comenzamos con un millón de dólares?». No puedes siquiera imaginar lo que eso significaba por aquellos días, la cantidad de dinero que era. Y como si eso no fuera suficiente, Agnelli continuó, con mucho estilo: «Es un día hermoso, el cielo está azul, no lo arruinemos hablando de dinero...». La propuesta de Agnelli no quedó allí; finalmente me ofreció una considerable suma de dinero por el traspaso —el equivalente a diez millones de dólares de hoy— pero nunca se concretó. (Para hacerse una idea aproximada de lo que su oferta significaba, baste decir que en aquellos días el Santos jugaba en el exterior por cinco mil dólares.) Pero

El comienzo de todo: uno de los balones
que solía hacer con calcetines para los
peloteos durante mi infancia en Bauru.

Una comida en familia, con mis padres, doña Celeste y João Ramos do Nascimento
(conocido como Dondinho), y mi hermana Maria Lúcia, a mediados de los cincuenta.

Mi primera indumentaria formal en mi primer equipo formal, el Baquinho, en 1954.
Nuestro director técnico, Waldemar de Brito, que fue el responsable de llevarme al Santos y
de muchas otras cosas, está en el extremo derecho y yo estoy sentado en el suelo.

Aprendiendo los trucos de la profesión en el Santos. El jugador con quien estoy disputando el balón es Mario Zagallo, en aquel entonces en el Botafogo. Jugué a su lado en las Copas del Mundo de 1958 y 1962. Luego, él conduciría a Brasil a la victoria en 1970.

Tras haber sido seleccionado para representar a Brasil en la Copa del Mundo de 1958 tuve que sufrir la agonía de no poder participar en los partidos iniciales debido a una lesión. Aquí, mi viejo amigo Mario Américo hace magia con sus toallas calientes.

Al fin, mi oportunidad de contribuir a la causa y mi primer gol en una Copa del Mundo. Jugamos ante Gales el 19 de junio de 1958 en Gotemburgo, y anoté el único tanto de nuestra victoria por 1 a 0.

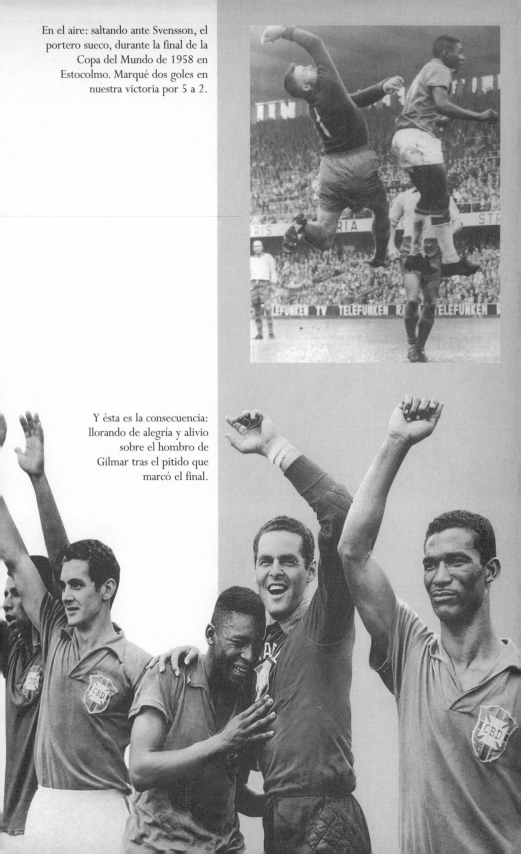

En el aire: saltando ante Svensson, el portero sueco, durante la final de la Copa del Mundo de 1958 en Estocolmo. Marqué dos goles en nuestra victoria por 5 a 2.

Y ésta es la consecuencia: llorando de alegría y alivio sobre el hombro de Gilmar tras el pitido que marcó el final.

Un descanso durante un entrenamiento con el Santos, en 1960.

Sufriendo el marcaje de Ladislav Novak, de Checoslovaquia, durante nuestro segundo encuentro de la Copa del Mundo de 1962. A pesar de la actitud deportiva de los checos de no aprovecharse injustamente de mi lesión, debí observar el resto de la campaña de Brasil desde fuera del campo.

Igualmente me sentí feliz cuando ganamos. Aquí estoy celebrándolo junto a Aymoré Moreira, nuestro director técnico.

El título que funcionó como un bálsamo después de la frustración de Chile: Zito, el capitán del Santos, con la Copa Intercontinental de Clubes que obtuvimos después de vencer al Benfica por 5 a 2 en Lisboa, el 11 de octubre de 1962. Yo estoy a la derecha, exhausto pero jubiloso, tras anotar tres tantos.

Entrenamiento en la portería. Siempre disfruté actuando en esta posición y durante muchos años fui el portero reserva del Santos.

Con Garrincha, el Pajarito, con su camiseta del Botafogo, en agosto de 1963. Fuimos rivales a nivel de clubes, pero Brasil nunca perdió un encuentro cuando jugamos juntos en el equipo nacional.

La Copa del Mundo de 1966 fue una experiencia para olvidar, ¡a menos que seas inglés! El exceso de confianza y la falta de preparación nos obligaron a esforzarnos para clasificarnos para la segunda ronda. Cuando jugamos en Goodison Park, el 19 de julio de 1966, necesitábamos vencer al equipo portugués de Eusébio.

Pero fuimos superados y perdimos 3 a 1. Y fui el blanco de todos una vez más. Aquí me retiro lesionado, después de haber sido derribado y golpeado durante todo el encuentro. Fue el fin de esta Copa del Mundo para mí y para Brasil.

Rosemeri y yo casándonos en 1966...

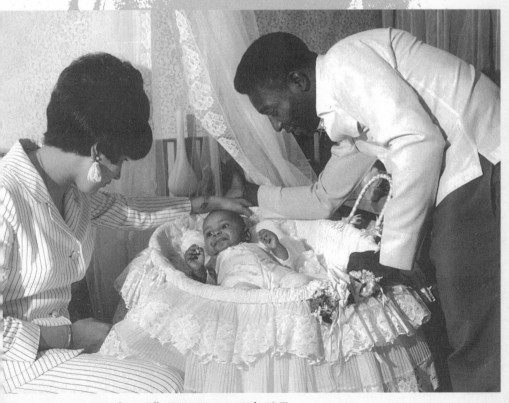

... y con nuestra primera hija, Kelly Cristina, en mayo de 1967.

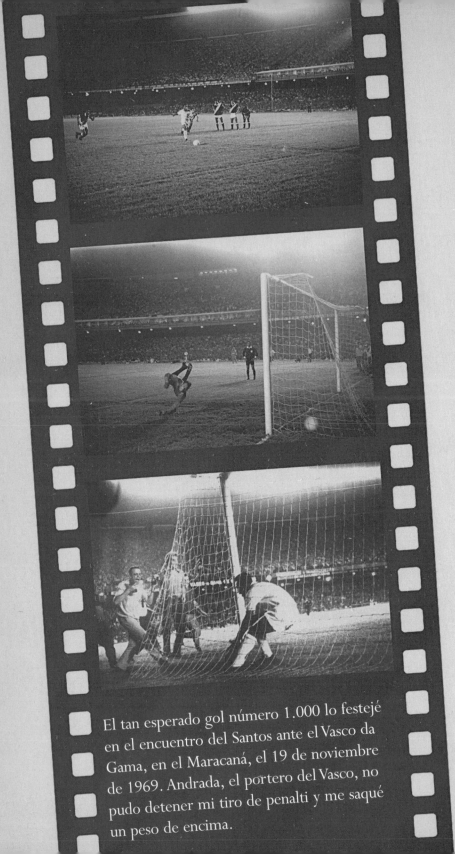

El tan esperado gol número 1.000 lo festejé en el encuentro del Santos ante el Vasco da Gama, en el Maracaná, el 19 de noviembre de 1969. Andrada, el portero del Vasco, no pudo detener mi tiro de penalti y me saqué un peso de encima.

Tras anotar para Brasil ante Checoslovaquia en la Copa del Mundo de 1970, en México. Fue en este encuentro donde traté de sorprender al portero desde la línea de la mitad del campo.

Durante el encuentro ante Inglaterra en Guadalajara unos ladrones robaron todas mis camisetas de nuestro centro de entrenamiento y, antes del siguiente partido ante Rumania, pensé que tendría que pedirle a Bobby Moore que me devolviera la que le había obsequiado para tener algo que ponerme.

¡Olé! Festejando con Jairzinho mi primer gol en la final de la Copa del Mundo de 1970, ante Italia.

Júbilo: un abrazo con Ado, nuestro portero suplente, tras vencer a Italia por 4 a 1 y convertirnos en campeones mundiales por tercera vez.

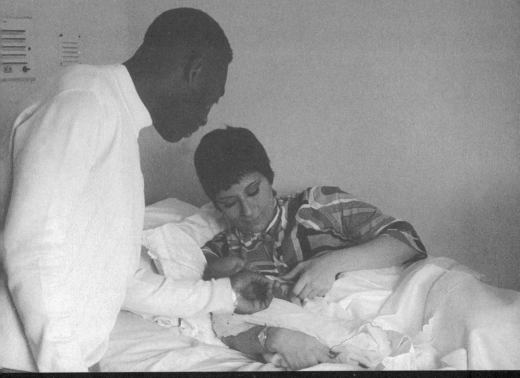

Con Rose, en el nacimiento de Edinho, agosto de 1970.

En pleno *vuelo* para el Santos, 1971.

La primera despedida: mi último partido para Brasil, contra Yugoslavia en el Maracaná, el 18 de julio de 1971.

en ese momento deseaba quedarme en Brasil: aún trataba de convencer a Rosemeri para que se casara conmigo —ella decía que todavía era demasiado joven, y probablemente lo fuera— y también había decidido diversificar mis intereses con miras al futuro y hacer nuevas inversiones.

Por cierto, en ese momento ganaba una cantidad de dinero decente para el promedio de Brasil, y mi caché había crecido hasta tal punto que podría haber ganado incluso más dinero cediendo mi nombre para la promoción de varios productos. Otros claramente suponían que yo me estaba embolsando millones: un día recibí una carta de una persona de Recife que decía: «Querido Pelé, me gustaría que usted me comprase un coche nuevo, kilómetro cero, último modelo. Soy taxista, y necesito cambiar de coche». ¿Alguien puede hacer una petición semejante en serio? Ése fue uno de los primeros, pero no el último.

Aunque era muy bueno ver que mis ahorros crecían y que podía ayudar a mis padres, era consciente de la experiencia de mi viejo compañero de equipo Vasconcelos y de la lesión que había acortado su carrera, por lo que me di cuenta de que debía comenzar a hacer rendir el dinero un poco más. Lo consulté con algunos allegados en Santos y decidí dedicar parte del dinero a un negocio con Zito y un español llamado José González, conocido como Pepe Gordo, que tenía participación en una compañía llamada Sanitária Santista, un proveedor de materiales para la construcción. Pepe me agradó enseguida, y hasta le otorgué poder notarial para que se ocupara de mis cuestiones financieras... temerariamente, como se pudo comprobar después; pero aún serían precisos un par de años para poder ver los malos resultados de mi decisión.

En el futuro más inmediato estaba la Copa del Mundo de 1962, en Chile. Brasil comenzaba el torneo no sólo como poseedor de la copa, sino también como favorito para retener el trofeo. En la carrera hacia la final seguimos en gran medida la misma estrategia que en 1958. Feola estaba enfermo, de modo que teníamos un nuevo director técnico: Aymoré Moreira, pero todo el personal y gran parte del equipo era el mismo. Gilmar, Djalma Santos, Nilton Santos, Didi, Garrincha, Zito, Zagallo, Vavá y yo todavía estábamos allí. Mis compañeros del Santos, Mauro, centrocampista, y Coutinho también estaban en el equipo.

El director de la delegación, el doctor Paulo Machado de Carvalho, quería que nuestra preparación para el campeonato de 1962 fuera lo más idéntica posible a la de 1958, con la esperanza de repetir la victoria. Llevó esto a extremos increíbles, ya que hasta dispuso que fuera el mismo piloto de Panair do Brazil que nos había llevado a Suecia, el capitán Bugner, quien nos llevara a Santiago. Y aunque el capitán ahora trabajaba para Varig, que se había hecho cargo de las rutas de Panair cuando esa aerolínea quebró, una de las turbinas del avión que nos llevó en 1962 tenía el logotipo de Panair. ¿Cómo había llegado allí? El doctor Paulo quería que absolutamente todo fuera como en 1958. Era un hombre realmente supersticioso y desde la victoria de 1958 sólo había usado trajes marrones, para conservar la suerte. Lo único que no podía garantizar en cuanto al vuelo era el buen tiempo, y como estábamos cruzando los Andes, había grandes turbulencias. La mayor parte de los jugadores estaban asustados. Pero las turbulencias nunca me habían preocupado. Yo creo en Dios y si tenemos que morir, que así sea. ¿Cuál es el sentido de asustarse? Yo simplemente rezo y me desconecto. Los demás se desesperaban, diciendo que estaba loco. «¿No tienes familia?», gritaban. «¿Qué queréis que haga?», respondía yo, tranquilo, desde mi asiento. Aquello no duró demasiado. Había comenzado cuando nos disponíamos a comer, y pronto estábamos ya bromeando acerca de cómo nuestros filetes habían saltado de un plato al otro.

Sin embargo, el momento más significativo de 1962 para mí fue el esguince inguinal causado por la cantidad excesiva de partidos que había jugado. Aunque era joven, comencé a sentir punzadas en el músculo aductor y tuve algunas molestias después del partido amistoso contra

Portugal. Le hablé al doctor Milton Gosling, el médico del equipo, y a Mario Américo acerca del «pequeñísimo dolor» que sentía, pero no pensaron que fuera algo serio: tendría que seguir jugando. Y, por si esto fuera poco, teníamos un entrenamiento físico del que nadie estaba exceptuado. Nuestro entrenador, Paulo Amaral, solía decirnos: «Todos deben participar en el entrenamiento». Si alguna persona de la Comisión Técnica trataba de interferir con su programa, Paulo simplemente decía: «Yo sé lo que estoy haciendo. No quiero que nadie se entrometa en mi trabajo, por el mismo motivo por el que yo no me entrometo en el de los demás». La relación de Paulo con los jugadores llegó a ser bastante complicada. En una ocasión, Nilton Santos se negó a saltar una valla, y cuando lo reprendieron respondió: «No estoy en Chile para un campeonato de atletismo...». Al igual que en 1958, parecía que una lesión podría determinar el número de partidos que jugaría; pero, por el momento, contuve mi ansiedad.

En el sorteo nos tocó jugar en el Grupo 3, con México, Checoslovaquia y España. Debíamos jugar los partidos en el pequeño pero hermoso nuevo estadio de Sausalito, a orillas del mar, en Viña del Mar. Por el grupo que nos había tocado se esperaba que pudiéramos clasificarnos con facilidad, pero en realidad nuestro primer partido, el 30 de mayo de 1962, fue sorprendentemente difícil. México era un equipo bravo y organizado, y tuvimos que cambiar nuestra formación de 4-2-4 por la de 4-3-3. Funcionó bien. En el segundo tiempo jugamos aún mejor y marcamos dos goles que nos hicieron pasar a la delantera: primero un cabezazo de Zapallo, a pase mío, cruzado; y después uno mío. Fue un gol que realmente disfruté; burlé a cuatro defensores con el balón en mi poder antes de batir, con un poderoso disparo, al gran portero mexicano, Carbajal.

Habíamos superado fácilmente el primer partido, pero yo tenía problemas. Salí del campo sintiéndome excepcionalmente exhausto; notaba el cansancio en los huesos y sabía que debía ver al doctor Gosling. Me hizo prometerle que lo mantendría informado acerca de cómo me sentía; y lo hice, pero en realidad estaba aterrorizado por la posibilidad de tener que quedarme en el banquillo; así que oculté en mi propio interior la verdadera dimensión de mis preocupaciones.

Algunos días más tarde, el 2 de junio, jugábamos contra Checoslovaquia. Estaba desesperado por poder soportar los noventa minutos y por jugar bien: era un partido que debíamos ganar o empatar para tener alguna posibilidad de pasar la eliminatoria. Sabíamos que ellos eran buenos marcadores, por lo que nos habían dicho que tratáramos de chutar desde media distancia. Comencé a jugar bastante bien, ignorando el dolor que sentía en la ingle, pero el desastre ocurrió cuando habían pasado sólo veinticinco minutos. Recibí un pase de Garrincha y me lancé hacia el campo contrario, driblando a varios defensores antes de chutar con fuerza a gol. Golpeó en el poste y rebotó. Sin embargo, yo estaba preparado para eso e intenté pegarle nuevamente. Pero esta vez ocurrió: sentí que algo se había movido dentro de mí: esa clase de movimiento interno que uno sabe que en realidad no debería ocurrir, y me hice un ovillo en el suelo, llevando la pierna hacia el pecho para aliviar el dolor.

Mario Américo corrió hacia el campo de juego; se le notaba la preocupación en el rostro. El marcador estaba 0 a 0; sólo habíamos jugado una cuarta parte del partido y tendríamos problemas si yo debía abandonarlo: en aquel entonces no se permitían suplentes. Apreté los dientes y le dije que estaba bien y que podía seguir, aunque no era cierto. Sabía que en realidad corría el riesgo de no poder jugar el resto de la Copa del Mundo y de todas formas iba a tener que cojear lo que quedaba del partido. Y, por si ello no fuera bastante, probablemente el fuerte e implacable equipo checo me acosaría a cada momento.

Pero entonces ocurrió algo increíble: no tuve una recuperación milagrosa ni nada por el estilo, sino que sentí que la generosidad y el espíritu de los jugadores checos me tendían una mano, por parte de tres de ellos en particular. Veían que yo estaba sufriendo, pero en lugar de explotar esa debilidad e ir en busca de *la presa* y así hacer que tuviese que abandonar el campo por el resto del partido, y quizá para siempre, simplemente eligieron neutralizarme gentilmente. Cuando Masopust y Popluhar me veían con el balón me dejaban terminar la jugada, siempre y cuando eso no representara una amenaza para ellos. No me presionaban ni trataban de quitármelo. Lala, el defensor derecho, hizo lo mismo: cuando yo comenzaba a armarme por el lado izquierdo, me facilitaba el movimiento. En mi opinión, ésa es la verdadera definición de «juego limpio» —después de todo, los checos también luchaban por obtener el título, también necesitaban ganar—, pero ellos antepusieron a su interés la probabilidad de que un oponente quedara lesionado por mucho tiempo. Esa experiencia con los jugadores checos resultó realmente conmovedora, y fue una de las revelaciones del Mundial de 1962 que más agradezco.

El partido terminó en un empate sin goles. Cuando llegamos, después del partido, al centro de entrenamiento en las afueras de Viña del Mar, casi no podía caminar. Aún tenía la esperanza de mejorar durante esa semana y de volver al equipo. Éste era el primer esguince grave de mi carrera, y eso —sumado al hecho de que aún era joven— le facilitó el trabajo al doctor Gosling, aunque, después de examinarme, dijo con pesar: «No creo que haya ninguna posibilidad de que sigas jugando en esta Copa del Mundo». Pero al ser tan joven, yo estaba seguro de que podría desafiar su diagnóstico, como lo había hecho en 1958.

Garrincha se quedó conmigo durante todo el tiempo que duró mi lesión, y decía: «No vas a abandonarme, ¿verdad? Te recuperarás y pronto estarás jugando otra vez…». Garrincha, buen amigo y compañero, estaba muy apenado por mi lesión, y trataba de influir sobre el tratamiento que yo recibía: decía que iba a sugerirle a los médicos que me enviaran a Pau Grande, su pueblo natal, para ver a una curandera, una mujer en la que él confiaba plenamente, y quien —según siempre decía— realizaba auténticos milagros. También circulaba un rumor acerca de Garrincha y de mí, relacionado con Elza Soares, una cantante de samba brasileña famosa y muy hermosa. Uno de los directores de la delegación me la había presentado en Chile, donde estaba para una actuación. Después, ella comenzó a verse con Garrincha. La gente bromeaba diciendo que él me la había quitado, pero ése no fue el caso, sólo eran habladurías.

El partido siguiente, el último de los enfrentamientos por grupos, era contra España, sólo cuatro días después del partido con Checoslovaquia. El día anterior al partido, encontré al doctor Gosling y le supliqué: «Doctor, deme un anestésico, ¡realmente quiero jugar!». Él respondió instantáneamente, sin dudar: «No, nunca haría eso». Seguí insistiendo, pero él siempre me daba la misma respuesta:

—Tienes que seguir un tratamiento, eso es lo correcto. No te daré un anestésico, ¡podría arruinarte la vida! Ya sé que ésta es la Copa del Mundo, ya sé que eres un gran jugador, pero definitivamente no voy a hacerlo.

En el campo de entrenamiento, mis compañeros intentaban levantarme el ánimo: «No es nada, ya pasará, no te preocupes…». Sin embargo, el médico no era optimista; y él era quien más sabía. El tratamiento no era muy sofisticado. Pasé cinco días acostado mientras Mario Américo me aplicaba toallas calientes en la zona. Pude ver nuestra victoria de 2 a 1 sobre España por televisión. Amarildo me sustituyó, y lo hizo muy bien, sin señales de nerviosismo. Cuando creí sentirme mejor, traté de levantarme, y descubrí que no podía mover las piernas. Pensé que haber pasado tanto tiempo en reposo había empeorado mi problema. Pero tres días después ya estaba nuevamente en pie, la pierna ya no me dolía demasiado y mi esperanza de jugar en la Copa del Mundo había regresado. En los entrenamientos comencé a practicar con el balón, poco a poco. Mi optimismo aumentaba… Los días pasaron, el tratamiento continuó, y también la Copa del Mundo.

El día 10 jugamos contra Inglaterra los cuartos de final y ganamos 3 a 1. Garrincha tuvo una actuación destacada: los hizo añicos, aunque los ingleses tenían en Moore, Greaves y Charlton el potencial del equipo que levantaría el trofeo cuatro años más tarde. Tres días después de ese encuentro se jugó la semifinal contra los anfitriones, el equipo de Chile. Lo vi desde una de las tribunas, confiado, porque al menos estaba haciendo algunos progresos en el tratamiento, y determinado a jugar en la final si ganábamos ese encuentro.

Una vez más, el partido fue de Garrincha. Él estaba en otro nivel. Demostró su gran talento dando todo por el equipo. Él era el líder. Anotaba y regateaba de manera sorprendente. La Copa del Mundo de 1962 era para Garrincha. Fue una pena que, después de dominar todo el partido y de haber anotado dos goles increíbles, reaccionara a una arremetida de los jugadores chilenos —ya cansado de recibir patadas suyas— y se ganara una expulsión. Y lo que es peor: mientras salía del campo, un matón le lanzó una botella que lo golpeó en la cabeza y le produjo un corte que necesitó puntos de sutura. Pero ganamos —Vavá sumó dos goles— e íbamos camino de jugar la segunda final consecutiva en una Copa del Mundo.

Nuestro adversario sería Checoslovaquia, el equipo con el que habíamos jugado cuando me lesioné. Habían derrotado a Yugoslavia por 3 a 1 en la semifinal, contra todos los pronósticos. Hice un último intento con un balón, mis botas y mis compañeros. Casi no sentía dolor. Dije que ya estaba bien y que podría hacer la sesión de entrenamiento. Tal era el deseo que tenía de jugar la final...

Fui a efectuar un saque de esquina —Paulo Amaral estaba a mi lado— pero cuando estaba a punto de hacerlo, sentí ese fogonazo de dolor en la ingle. Nunca había sentido un dolor tan intenso...; entonces supe que no habría forma de poder jugar. Hasta me costaba caminar.

Es difícil ahora describir lo destrozado y desilusionado que me sentí en ese momento. Lloré mucho, y no únicamente por el dolor insoportable que sentía: lo que me estaba sucediendo me parecía muy injusto; después de jugar casi todos los días para mi club, el Ejército y el país, aquí estaba, fuera del equipo, antes del segundo gran partido de mi vida.

No tenía consuelo, y le pedí a los directivos que me dejaran ir a casa para sanar mis heridas. Pero ellos me hicieron ver que yo sería más útil para la moral del equipo en Chile que en Brasil. El doctor Paulo me dijo: «Si seguimos mencionando la posibilidad de que puedas jugar en la final, nuestros adversarios tendrán un motivo más de preocupación. Tendrán que cambiar sus estrategias en el último momento, ya que no sabrán nuestra alineación hasta que lleguemos al estadio». Supe que él y el resto de los directivos tenían razón.

No pude negarme. Aunque no jugara, yo siempre estaba involucrado, participaba en todas las reuniones del equipo y hacía oír mi voz. Traté de dar mi aliento al equipo mientras ellos se preparaban para ganar la Copa del Mundo por segunda vez. No fue fácil presenciar todo desde la tribuna, mirar desde un asiento como cualquier otro espectador mientras mis compañeros estaban allí luchando por un título que también era mío. Sufrí muchísimo; mirar sin poder hacer nada me volvió loco. Una vez más, en la final, los checos se comportaron como jugadores muy competitivos. El equipo brasileño para la final estaba formado por Gilmar, Djalma Santos, Mauro, Zózimo y Nilton Santos, Zito y Didi, Garrincha, Vavá, Amarildo y Zapallo. Aunque eran cuatro años mayores, jugaron con la misma pasión y el mismo deseo de ganar que en 1958 para retener la Jules Rimet. Brasil ganó 3 a 1. Amarildo —mi sustituto— igualó el marcador después del primer gol checo. ¿Era éste un nuevo Pelé? A pesar de mi felicidad por la victoria del equipo, no pude evitar sentirme atormentado por las dudas acerca de mi lugar en él, de mi futuro como jugador.

Después de la victoria, todos nos fuimos a los vestuarios a celebrarlo. Y Elza Soares también estaba allí: creo que era la primera vez que una mujer pisaba un lugar como ése. En aquel momento había muy pocas mujeres en el ámbito del fútbol. Ella estaba allí por Garrincha; y, después de eso, no hubo más habladurías sobre nosotros.

A los veintiún años yo ya era una personalidad conocida en todo el mundo. Pero nunca olvidé mis orígenes ni todo lo que aprendí en mi hogar, normas que me han sido muy útiles. Tenía que ser cortés y amable con todas las personas. Tenía que ser honesto y responsable. Siempre tenía que comportarme con humildad y esforzarme en mi trabajo, dedicándome plenamente a lo que hacía. Estoy muy agradecido por la disciplina que mi familia me inculcó. A pesar de todos los premios, recepciones, honores y la gloria que recibí, creo que mi personalidad no ha cambiado y eso fue lo que me ayudó a superar los problemas que tuve que afrontar en la Copa del Mundo de 1962.

La experiencia de Chile me permitió reflexionar acerca de mi vida. Mi familia, mis amigos y mis compañeros del Santos desempeñarían un papel importante en mi recuperación. En Chile me habían brindado mucho apoyo y, cuando volví a mi país, los brasileños tampoco me defraudaron. Poco después, cuando ya estaba recuperado, el Santos llegó a la final de la Copa Libertadores. El torneo es el equivalente sudamericano de la Copa de Europa. Se inició en 1960 y Peñarol, de Uruguay, obtuvo los dos primeros títulos. También fueron nuestros rivales en 1962. No pude jugar en las dos primeras eliminatorias, pero ya estaba de vuelta para la final, que tuvo lugar en Buenos Aires. Anoté dos goles en nuestra victoria por 3 a 0. Recuerdo que los seguidores argentinos invadieron el campo después del pitido que señaló el final y me arrancaron la ropa, ¡hasta los pantalones! Fue un gran momento: esta victoria significaba que éramos el primer equipo brasileño en ganar el trofeo.

Este triunfo también nos otorgaba el derecho de jugar contra el Benfica, los campeones europeos de la Copa Intercontinental. El equipo portugués tenía al gran Eusébio, que estaba en la cúspide de su carrera. Santos decidió que el partido de ida se jugara en el Maracaná, en lugar de en Vila Delmiro, porque en un campo de juego más grande el juego fluiría mejor y sabíamos que podríamos contar con las ovaciones de las multitudes de Río. Una vez más, el Maracaná fue el escenario de mi gran actuación personal. Inauguré el marcador con un gol oportunista, que rebotó en un defensor. Coutinho anotó el segundo; y yo, el tercero. Sin embargo, el Benfica se mantuvo firme y el partido finalizó 3 a 2: lo suficiente como para darles esperanzas para el partido de vuelta.

Cuando llegamos a Lisboa, nos dimos cuenta de que el Benfica estaba tan confiado en derrotarnos que ya hablaban de la venta de entradas para la final. Tenían pancartas que decían: «Benfica: Campeones del Mundo». Esto realmente nos ofendió y ayudó a que el Santos brindara una de las mejores actuaciones que haya tenido jamás. Éste fue el mejor partido de toda mi carrera.

No mucho después del inicio, Pepe me dio un pase cruzado desde la izquierda y yo le pegué con fuerza. Mi siguiente gol fue una delicia. Regateé a cinco jugadores e hice un tiro limpio hacia el ángulo superior derecho de la red. Hasta los hinchas del Benfica lo aclamaron. En el segundo tiempo, una vez más, driblé a tres jugadores y le pasé el balón a Coutinho, que anotó el tercer gol. Realmente fue una función de gala, nadie podía detenerme. Anoté otros dos tantos que nos colocaron 5 a 0 y, aunque el Benfica marcó dos últimos goles, que le proporcionaron cierto consuelo, el Santos se convirtió en campeón mundial de los clubes. Fue una actuación sorprendente, una obra de arte futbolística que nunca olvidaré.

Tras la decepción de Chile, era como si estuviera comenzando una nueva vida.

CAPÍTULO V

Un hombre en el punto de mira

A veces pienso que el fútbol se inventó para este mágico jugador.

BOBBY CHARLTON

En nuestros días, los futbolistas que vuelven de jugar un campeonato mundial regresan a sus hogares para vivir lujos y disfrutar de privilegios que nosotros, en aquel entonces, ni podíamos imaginar. Resulta gracioso pensar que, cuando regresé a Santos después de Chile'62, todavía vivía en casa de doña Georgina, con Zoca y un grupo de compañeros de equipo. En lo cotidiano, la vida seguía siendo, básicamente, la misma de siempre.

Sin embargo, algo había cambiado en el campo de juego: ahora me veían de otra manera. En lugar de un joven advenedizo o una novedad interesante, ahora era un campeón mundial —tanto de clubes como de selecciones nacionales— al que había que vencer. En 1963, jugué más de cincuenta partidos en el extranjero para el Santos. Aunque el aluvión de invitaciones no se produjo únicamente porque los entrenadores de otros equipos quisieran tener la posibilidad de admirar nuestro estilo, nuestro ritmo o nuestra creatividad: también querían aprender a controlarnos, descubrir si teníamos alguna debilidad y, si era así, cuál era; querían saber cómo debían marcar a cada jugador en particular para disminuir su efectividad, y si para eso era necesario cometer faltas o incluso aplicar cierta violencia. Muchos entrenadores indicaban a sus jugadores que jugaran «de manera enérgica» contra nosotros, lo que realmente dañó el arte del fútbol. Los defensores tenían la orden de hacerme un marcaje personal dondequiera que me situase, cosa que llegó a niveles absurdos. Recuerdo momentos en los que tenía que salir del campo para atarme los cordones o hacer alguna otra cosa, y ahí, a mi lado, estaba el defensor, con los brazos en jarras, supervisando cómo me agachaba.

En casa, nuestros contrarios tampoco tenían clemencia. Además de los retos físicos, también estaban los psicológicos: los jugadores siempre trataban de tomarle el pelo al otro para provocar su reacción o para descentrarlo. Y yo no era ningún cobarde. Nunca olvidaré un partido contra Vasco da Gama en el Maracaná, en febrero de 1963. Vasco estaba ganando 2 a 0, quedaba muy poco tiempo y Fontana y Brito comenzaron a burlarse de mí. «¿Dónde está el supuesto rey?», se mofó Fontana. Brito intervino y exclamó: «¿Dónde está el delantero del Santos?, ¿tienen delantero?». Yo me ponía cada vez peor. Marqué un gol, pero ellos no dejaban de provocarme: se sentían muy seguros de que su victoria estaba garantizada. Pero en los últimos momentos del juego, hice el gol que nos dio el empate. Recogí el balón del fondo de la portería, corrí hacia donde estaba Fontana y se lo alargué, mientras le decía: «Toma, llévale esto a tu madre. Es un regalo del Rey».

Cada país tiene su propio estilo de juego, su propia idiosincrasia futbolística; nosotros ciertamente teníamos la nuestra, aunque por supuesto se perfeccionaba y evolucionaba de manera constante. Los brasileños generalmente basaban su juego en el control del balón, en toques delicados con pases que los hacían avanzar en el campo y crear un estilo agresivo de juego que era, al mismo tiempo, extremadamente efectivo y atractivo de ver. Los argentinos tenían algunas características similares, pero eran más físicos. Son nuestros eternos rivales, por lo que los partidos contra ellos siempre eran difíciles. Uno de los encuentros más duros de esa época fue la segunda final consecutiva del Santos en la Copa Libertadores, en 1963. El partido era contra Boca Juniors en su propio campo, La Bombonera, en Buenos Aires. Es un estadio intimidante y claustrofóbico para el equipo visitante, porque los espectadores están muy cerca del campo. Y los hinchas de Boca son famosos por su energía y su pasión. Nos gritaban «macaquitos de Brasil», lo que nos hacía subir la adrenalina —aunque a mí esta clase de canto racista nunca me molestó realmente—. Sucedía todo el tiempo. Simplemente les devolvíamos el insulto, pero siempre se detenían cuando el silbato marcaba el final del juego.

En ese partido, los argentinos me marcaron muy duramente. Había mucho contacto físico entre los jugadores. Me empujaban y golpeaban una y otra vez. En un choque, un argentino me embistió por atrás y me rasgó los pantalones. Si eso sucediera ahora, le sacarían una tarjeta roja, pero en esa época no existían aún. ¿Qué podía hacer con los pantalones rotos? El masajista corrió a por un par sano, y yo tuve que echarme al suelo, en medio del terreno de juego (rodeado por algunos compañeros de equipo para tener un poco de intimidad), para poder cambiármelos.

El estadio estalló en un clamor cuando Boca se puso 1 a 0, pero luego abrí el juego hacia Coutinho, con un bonito pase hacia mi derecha, y él igualó. La atmósfera era como de guerra. A sólo ocho minutos del final anoté el gol del triunfo: recibí un pase de Coutinho, eludí a un defensor y, tras dejar atrás a otros dos jugadores, chuté, colocando el balón en la esquina izquierda de la portería. La alegría y el alivio que sentí por ese tanto fueron una experiencia única. Estaba eufórico. El Santos era nuevamente campeón sudamericano.

Ahora nuestro rival europeo en la Copa Intercontinental de Clubes era el Milan A.C. El primer partido fue en Milán y, aunque anoté dos veces, perdimos por 4 a 2 y me lesioné. La final, otra vez, fue en el Maracaná. Ni Zito ni yo pudimos jugar, pero eso demostró que el Santos no dependía únicamente de nosotros. Ganamos por 4 a 2 y en el desempate ganamos por 1 a 0. El Santos se convirtió así en bicampeón del mundo, al igual que Brasil.

Como una muestra de agradecimiento al pueblo de Río, el que nos había apoyado todas las veces que el Santos jugó partidos internacionales en el Maracaná, decidimos hacer un amistoso contra Fluminense. Cada jugador del Santos vistió la camiseta de un club diferente de Río. Yo no quise vestir la camiseta de ningún club grande, porque no quería mostrar favoritismos, así que me puse los colores de Olaria, un pequeño equipo de los suburbios del norte de Río.

Disfrutaba jugando en el extranjero. Siempre éramos bien recibidos y calurosamente aplaudidos por miles de hinchas. También era un aprendizaje: aprendíamos mucho sobre el estilo de juego europeo. A los ingleses les gustaban sus tradicionales pases largos, con centros letales dirigidos a algún buen delantero centro y que terminaban con un gran cabezazo, corto o largo. El estilo de los equipos de Europa del Este —los checos, los polacos y los rusos— era más parecido al de Sudamérica; en especial el de los húngaros, que jugaban un fútbol fabuloso. Italia siempre se apoyaba en una defensa fuerte, lo que mucha gente llamaba *antifútbol*, pero que podía producir resultados devastadores en el contraataque. Los clubes de Escandinavia, Bélgica y Holanda demostraban buenos movimientos colectivos y excelentes estrategias.

Con el paso del tiempo los equipos europeos fueron más difíciles de vencer. Estaban mejor preparados físicamente, utilizaban los marcajes personales como su principal método defensivo y realmente exageraban el juego duro. Sus entrenadores habían hecho muy bien los deberes. Habían pasado horas analizando nuestra técnica y creaban estrategias cada vez más brutales para detener el flujo natural de nuestro juego. Recuerdo que una vez, mientras me marcaban de cerca y muy fuertemente, le dije al jugador que lo hacía: «¿Vas a jugar limpio y sin darme patadas, o no? Yo también sé cómo patearte, no lo olvides…». A veces funcionaba. Era una forma de evitar quedar lesionado. A los jugadores latinos nunca les gustó estar bajo la presión de los hom-

bres que los marcan, nunca les gustaron los juegos de dominio físico
—el que finalmente llegaría a ser el estilo predominante—. ¿Eran los
entrenadores los culpables de esto?, ¿les habían enseñado a sus jugadores a contener nuestras habilidades y técnica con sus particulares habilidades y técnicas? No lo sé. Yo culpo a los árbitros, que comenzaron a
ser laxos en su interpretación de las reglas y permitieron que el juego
duro quedara impune.

Mientras tanto, también teníamos que mantenernos al día respecto a los cambios en el juego, y en 1964 sucedió algo muy importante
en esta área que sería fundamental para mí en el ámbito personal. El
Santos contrató al profesor Julio Mazzei como director técnico, con las
instrucciones de que se hiciera cargo de todos los aspectos de la preparación física del equipo. Contratarlo fue una conquista del Santos:
había tenido tres años de éxitos con el Palmeiras en São Paulo, donde
ayudó a obtener el título paulista en una ocasión, y en otras dos competiciones contra el mismísimo Santos. Había estudiado en Estados Unidos y era un hombre culto, de mundo y sumamente civilizado. La llegada de Mazzei fue una revelación para mis compañeros, para mí y para
los miembros del equipo técnico. De manera lenta pero segura construimos una muy buena relación: tanto de jugador-entrenador como
de amistad. Hoy, cuarenta y cinco años más tarde, somos como hermanos. El estilo de Mazzei cambió la forma de entrenar de cada uno
de nosotros. Era un líder natural, y también llegó a ser nuestro consejero para cualquier problema que tuviésemos, ya fuera individual o grupal: se sentaba, nos escuchaba y se comprometía con el tema hasta que
se encontraba una solución. Nos abrió los ojos sobre cómo debía ser
nuestro comportamiento en los hoteles, los aeropuertos y durante la
estancia en cada ciudad que visitábamos.

Fue en uno de esos viajes cuando sentí que era capaz de dejar de
lado algunos de los fantasmas de 1962. Fuimos a Chile, a Santiago, en
enero de 1965 y fue allí donde jugué uno de los mejores partidos de
mi carrera. Nuestro rival era el equipo nacional checo, el equipo del

Mundial de 1962 —parecía que la única diferencia con el partido de hacía tres años era que yo jugaba para el Santos en lugar de para Brasil—. Recordaba que había sido incapaz de jugar la final del Mundial contra esos mismos jugadores checos, y ahora tenía la oportunidad de enfrentarme a ellos y demostrarles lo que podía hacer. El Estadio Nacional estaba atestado, y marqué tres goles en un partido lleno de acción que ganamos por 6 a 4. Al día siguiente, los diarios chilenos escribieron que ése había sido «el partido de sus sueños».

El profesor Mazzei me ayudó con varios asuntos en aquellos primeros meses después de su llegada, como reconocer que yo ya no era un niño; ahora era un miembro titular del Santos y del equipo nacional de Brasil y tenía responsabilidades hacia el juego y para con mi familia. A su influencia, directa o indirecta, debo que yo llegara a la conclusión de que era hora de formalizar mi relación con Rosemeri. Para 1965, habíamos estado saliendo durante siete años y en los últimos cada vez que yo sacaba el tema del matrimonio ella decía que era muy pronto, que era demasiado joven. Un día nos sentamos y tuvimos una charla seria; de nuevo ella dijo que debíamos esperar un poco más, pero esta vez fui inflexible. Tenía previsto ver a su padre la semana entrante para ir a pescar, y le dije a Rose que iba a pedirle su aprobación a nuestra boda. Yo confiaba en que tendríamos su bendición; después de todo, había demostrado mi amor por ella con un paciente cortejo durante años, y él sabía que yo estaba ganando una buena cantidad de dinero y que podría mantenerla. Ya no vivía donde doña Georgina. Después de un breve periodo de tiempo viviendo con Pepe Gordo, tenía mi propio hogar: una gran casa no muy lejos de la playa, una de las condiciones de mi nuevo contrato con el Santos. De hecho, ya había mudado a mi familia allí. Vinieron todos; la casa era lo suficientemente grande como para que todos estuviéramos cómodos —era varias veces el tamaño de la pequeña casa de Bauru—. Con doña Celeste, Dondinho, tío Jorge y la abuela Ambrosina alrededor, al igual que mi hermano Zoca y mi hermana Maria Lúcia, me parecía que traer a Rose, como mi esposa, era lo correcto.

Así que el padre de Rosemeri, Guilherme, y yo salimos en nuestro pequeño bote pesquero y le dije que pretendía casarme con su hija; pero en lugar de sonreír y darme un abrazo, sólo asintió y me dijo: «Ya veremos. Lo discutiremos con mi esposa al regresar». El resto del día me pareció interminable, pero finalmente volvimos a su casa y le dimos la noticia a doña Idalina. Ella, al menos, se mostró feliz con la idea y dijo que no podía entender por qué habíamos tardado tanto tiempo en tomar esa decisión. Pero lo importante era que la habíamos tomado y, finalmente, nos comprometimos.

Un hermoso día, unos pocos meses después, durante la semana del carnaval de 1966, Rose y yo nos casamos. Fue una ceremonia sencilla, con unos pocos amigos, mi familia y la de Rose, y nuestros padrinos de boda. Ella recibió mi apellido —Nascimento— después del suyo, Cholbi.

Habían existido muchas especulaciones en la prensa durante el periodo previo a la boda, casi todas sin sentido. Un rumor afirmaba que nos iba a casar el mismísimo papa (aunque lo conocimos en nuestra luna de miel); otro, que habíamos invitado a tanta gente que tendríamos que alquilar el estadio Pacaembu para llevar a cabo la ceremonia. (En realidad, lo que yo le había dicho a Rose fue que si *hubiéramos* invitado a toda la gente que queríamos que viniera, tendríamos que haber alquilado el Maracaná…) Era entendible que despertase mucho interés, pero hubo quienes fueron demasiado lejos y quedé profundamente ofendido por algunos artículos que expresaban su desaprobación acerca de que yo, un hombre negro, me casara con una mujer blanca. La raza nunca había sido un problema para Rose y para mí; éramos simplemente una pareja enamorada, y fue un impacto muy grande pensar que había periodistas ganándose la vida con esos comentarios.

Una multitud de gente apareció cuando se supo que la ceremonia se celebraría en casa, pero finalmente las cosas se calmaron lo suficiente como para que Rose y yo nos escapáramos y comenzáramos nuestra luna de miel. Fue un viaje a Europa, cortesía de un acaudalado hombre de negocios alemán llamado Roland Endler. Era un gran hincha del Santos, y mío, y seguía al equipo siempre que podía —más tarde, hasta sería elegido miembro honorario del club—. Él insistió en que aceptara que pagase nuestro viaje. Era un hombre al que uno no podía negarse, por lo que Rose y yo salimos para Europa y, en nuestra primera escala, nos hospedamos por unos días con Roland en Alemania. La generosidad con que nos trataron allí no tuvo límites: en todas las tiendas en las que entrábamos, cada vez que quería pagar lo que fuera que quisiéramos comprar, el intérprete que Roland nos había asignado decía que no había necesidad de pagar, que debía considerarlo un regalo de bodas. Llegamos al extremo de no entrar a ninguna tienda, porque temíamos que pensaran que queríamos aprovecharnos de ellos. Hubo una gran cantidad de cosas que no pude traer a Brasil, entre ellas un coche. Después de pasar allí un tiempo, me di cuenta de lo sensibles que pueden ser los alemanes y de cuánto les gusta Brasil.

Más tarde visitamos Francia y Suiza, y luego Austria, en donde tuvimos el honor de celebrar una segunda ceremonia de boda formalizada por el alcalde de Viena. Y luego hicimos un breve recorrido por Italia, durante el cual tuvimos la gran emoción de ser recibidos en el Vaticano por el papa Pablo VI, algo que Rose siempre había soñado.

Regresamos a Santos exhaustos pero felices. Sentía que todas las piezas de mi vida estaban en su lugar: Rose y yo teníamos nuestro propio y elegante apartamento, mis padres estaban seguros y cómodos en la gran casa que quedaba en las cercanías y yo estaba jugando bien, tanto para el club como para mi país. La única mancha en este maravilloso cuadro estaba representada por la enigmática figura de Pepe Gordo, el hombre de negocios con el cual yo había hecho una inversión monetaria algunos años antes. Su presencia en nuestra boda había sido polémica: allí había oficiado de padrino; ésta había sido una petición que yo le había hecho, no mucho tiempo después de conocerlo, cuando le otorgué un poder notarial sobre mis bienes. En esa época, él parecía ser el tipo de hombre que uno elegiría como padrino de bodas, pero las cosas habían cambiado desde entonces. ¡Y cómo!

Todo salió a la luz unos pocos meses antes de la boda, cuando Pepe Gordo vino a pedirme dinero. Como había dejado en sus manos casi todos mis asuntos de negocios, no entendía por qué me estaba pidiendo dinero y le sugerí que fuera al banco. Resultó que algunas de las inversiones que él había realizado con mi dinero, y en particular las correspondientes al negocio de materiales para la construcción, Sanitária Santista, habían tenido malos resultados. Yo había tenido tanta fe en él que, sinceramente, hasta había dejado de preocuparme por esas cosas, por lo que resultó completamente traumático cuando, después de mucho insistir e indagar, Pepe Gordo confesó que las arcas de Pelé estaban prácticamente vacías. Todo ese dinero que había ganado con mucho trabajo, el producto de los contratos cada vez mayores, el dinero de los premios, los honorarios por promociones, todo había sido malgastado. Y no sólo habían desaparecido varios cientos de miles de dólares de mi capital…; resultó que además debía bastante dinero y los acreedores estaban golpeando mi puerta.

Yo había sido muy tonto; entre otras cosas, porque había habido señales de alerta. Rose nunca había confiado en él y me había dicho repetidas veces que el negocio no estaba yendo tan bien como debía, pero yo la había ignorado. Y hasta Zito, el compañero de equipo con el que yo había hecho mis primeros negocios, hacía tiempo que se había retirado alegando que tenía diferencias de opinión con Pepe Gordo. Yo había estado cegado por la fe que había puesto en él. Fue otro ejemplo de mi ingenuidad, supongo, un rasgo del que me tendría que despojar lo más rápidamente posible. Éste siempre ha sido un problema para mí: confío demasiado en la gente. Una auditoría posterior de mis cuentas e intereses varios —propiedades y cosas por el estilo— reveló que aunque me deshiciera de todos mis bienes seguiría debiendo dinero. Me sugirieron declararme en bancarrota, pero esa idea me horrorizaba. No era sólo una cuestión de orgullo —yo sabía que parecería mal—. Todos suponían que yo era rico —y debía haberlo sido—, por lo que declararme en bancarrota resultaría muy extraño, y no faltarían aquellos que asumirían que tenía motivos indignos para hacerlo. No, me prometí, nunca me declararía en bancarrota.

La única opción parecía ser pedir dinero prestado para pagar mis deudas inmediatas, y, luego, trabajar tan duro como fuera posible para poder recuperar mis bienes. Expuse mi caso ante la directiva del Santos F.C., y ellos me ofrecieron poner el dinero si yo firmaba un nuevo contrato en términos muy favorables para el club. No tuve otra alternativa que aceptar. Había estado en el Santos alrededor de una década y era su jugador más famoso, aunque no era el mejor pagado del equipo. Por lo menos eso tapó un poco la terrible vergüenza ocasionada por la pésima administración que Pepe Gordo hizo de mis bienes. Revoqué el poder notarial de inmediato, por supuesto, y juré no dárselo a nadie nunca más. No había evidencia de una actividad delictiva por su parte, y aunque estaba furioso con él sentí que debía mantener en pie la petición que le había hecho de que oficiara de padrino en mi boda. Rose no podía creerlo y me pidió que retirase la invitación, pero no lo hice. Tal vez debería haberlo hecho, pero de todas maneras, ahí estaba él en la boda, el *fantasma* de la fiesta.

En el periodo previo a la Copa del Mundo de 1966 en Inglaterra, todo el mundo seguía obsesionado con nuestras victorias de 1958 y 1962. Cuando digo *todos*, quiero decir que todos —seguidores, periodistas, directores, hasta los jugadores— todavía hablaban de los títulos que Brasil había ganado en Suecia y Chile. Nosotros pensábamos en la posibilidad de convertirnos en tricampeones y de ganar así el trofeo Jules Rimet para siempre. El país entero estaba entusiasmado con esa posibilidad. No había ni un alma que no estuviera tocada por este optimismo exagerado. Los directivos creían que simplemente viajaríamos allí a buscar la copa, mostrarla a los otros países, y luego traerla a casa. Todos pensaban que ganaríamos con facilidad. Pero nuestros preparativos no se hicieron con la misma humildad que en 1958 o 1962. Habíamos comenzado a perder el título incluso antes de poner un pie en Inglaterra.

Desde 1958 habían surgido varios nuevos y buenos jugadores en Brasil, pero no se podía simplemente reemplazar a jugadores de la talla de Didi y Garrincha, Gilmar y Mauro o Nilton Santos sin pensarlo varias veces. El proceso de selección terminó siendo un disparate y quedaron demasiados jugadores elegidos para empezar el entrenamiento (había más de cuarenta nombres en la lista, la mitad de los cuales no llegarían a hacer el viaje a Europa). Además, esta vez estar en el extranjero no fue un problema: Amarildo y Jair da Costa, que habían sido campeones en 1962 pero estaban jugando en Italia, vinieron también. Los respeto muchísimo, y en ese momento pensaba que eran excelentes jugadores, pero debemos recordar que en 1962 no habíamos llamado a Orlando —que estaba en Argentina— o a Sormani, Altafini y Dino —en Italia—, pese a que todos ellos también eran fantásticos. (Además, al final ninguno de ellos jugó en las instancias finales: Jair da Costa respondió a la convocatoria, pero era evidente que no estaba lo suficientemente en forma y no jugó, y Amarildo se lesionó en un amistoso previo a la Copa en Suecia.) Creo que lo que redujo de manera fatal nuestras posibilidades fue la suma de la gran cantidad de jugadores, la división del contingente en cuatro equipos y el exceso de confianza general.

Otra complicación fue que no teníamos un lugar fijo para entrenar, por lo que terminamos recorriendo todo el país —Três Rios, Belo Horizonte, Caxambu, São Paulo, Niterói, Río y algunos otros lugares—. No es fácil armar un equipo, cuidarlo, prepararlo bien; más complicado entonces es preparar cuatro equipos con tantos jugadores. Y eso fue lo que pasó: nos fuimos de Brasil sin un equipo principal; no había nada que mantuviera unido al grupo. Hasta había cierta animosidad, de la cual eran responsables algunos directivos. Vicente Feola había vuelto a la dirección del equipo pero parecía una sombra del que había sido antes y conservaba muy poco de la autoridad de 1958, y el doctor Paulo

Machado de Carvalho había dejado de ser la cabeza de la delegación. Su sustituto, Carlos Nascimento, no estaba de acuerdo con Feola en cuanto a la elección de los jugadores —en realidad no estaban de acuerdo en nada—. Hasta acudió a los jugadores más experimentados para solicitar nuestra mediación, lo que nos colocó en una situación muy incómoda.

También teníamos un nuevo entrenador, Bruno Hermany, aunque Paulo Amaral todavía era miembro de la dirección técnica y no podía evitar entrometerse. Paulo no era un gran colaborador, debo decirlo, y, en lugar de aconsejar a Bruno Hermany, en mi opinión, le estaba quitando autoridad. Paulo debió haberle dicho al joven Bruno cómo se prepara a un equipo, qué entrenamiento se requiere. No lo hizo. Finalmente resultó que todo nuestro entrenamiento había sido erróneo y que el equipo no estaba tan bien preparado como debía.

En definitiva, había muchísimos malentendidos, mucha fricción e incertidumbre, e incluso cuando se armaba un buen equipo de once jugadores para los encuentros amistosos previos a la Copa del Mundo, eso no significaba que se mantuviera esa formación para el partido siguiente. La dirección hacía cambios sin razón aparente y parecía que mezclaba diferentes jugadores por puro capricho. El equipo nunca tenía los mismos integrantes dos veces y después de sacar a Carlos Alberto, un nuevo compañero del Santos, y a Djalma Dias, las cosas fueron peor. Algunos jugadores estaban en excelente forma y nos podrían haber sido muy útiles. Todos suponíamos que, una vez fuera de Brasil, la Comisión Técnica confirmaría la cantidad total de jugadores, pero eso nunca sucedió. ¡Varios jugadores vinieron con nosotros simplemente para que los pudieran seguir observando! Todo esto era muy inquietante.

Un amistoso que jugamos antes del torneo resumió perfectamente los aprietos en que estábamos. Jugamos contra Escocia en Hampden Park a finales de junio, con una delantera formada por Gerson, Jairzinho, Servílio y yo. En mi opinión era una muy buena delantera, y jugamos bien pese a que empatamos el partido a 1. El tanto de Brasil lo anotó Servílio, que estaba muy bien dotado técnicamente y con quien Gerson y yo nos llevábamos muy bien. Pero después del partido dejaron fuera a Servílio sin previo aviso ni explicación y lo enviaron de vuelta a casa. Lo mismo ocurrió con el guardameta Valdir. Era realmente desconcertante.

Para ese momento, los jugadores ya no confiaban en el equipo, y menos aún en la Comisión Técnica. Ellos sólo pensaban en una victoria fácil y nunca se preocuparon por el grupo de jugadores. Cuando estábamos todos juntos era evidente que los entrenadores se sentían inquietos, incluso más que los jugadores. Hubo tantos errores en la preparación para la Copa que tranquilamente podríamos haber perdido todos los partidos... Todas esas idas y venidas, las sesiones de entrenamiento, los partidos, los cambios en el clima y la alimentación, la falta de preparación adecuada, la excesiva confianza de los directivos; todo eso llevó a lo que sucedió en Inglaterra: un fracaso total y vergonzoso.

Cuando aterrizamos en Inglaterra, notamos que había otra cosa que no estaba del todo bien: conducían los automóviles por el lado equivocado de la carretera. Todos pensamos que eso era muy extraño. Solíamos reírnos muchísimo de ello. En realidad, dondequiera que el equipo brasileño estuviese, en todas las Copas del Mundo, nos divertíamos mucho en el ámbito personal. En 1966 hicimos tonterías todo el tiempo, tal vez para encubrir problemas más serios. Gerson era un gran bromista, al igual que Jairzinho. Yo no sabía hablar bien en inglés y bromeaba sobre ello contestando «*yes, yes, yes, I know, thank you*» a todo lo que me decían.

Todos nuestros partidos fueron en Goodison Park, en Liverpool. Una vez más, el doctor Gosling nos había buscado un buen lugar, esta vez en Lymm, cerca de Warrington. Pero las comodidades no podían ocultar el hecho de que nuestra preparación tenía grandes deficiencias y que la dirección del equipo era incapaz de resolver los problemas. La toma de decisiones era generalmente pobre y sin sentido. Además, había un choque de culturas. Nuestra delegación, como siempre, había impuesto estrictas reglas sobre lo que podíamos hacer y lo que no. Era una Copa del Mundo, y estábamos allí por eso. Debíamos quedarnos en el hotel, teníamos que hacer lo que se nos decía. Sin embargo, la década de los sesenta en Inglaterra era una época de cabelleras largas y rebeliones juveniles. Antes de comenzar el torneo, un periodista me dijo que Los Beatles amaban el fútbol y que querían realizar una actuación como homenaje a nosotros. Pensé que podría ser una buena idea, ya que sería una buena manera de relajarnos; así que fui a hablar con Feola y Carlos Nascimento. Había oído hablar de Los Beatles, por supuesto, pero no los conocía en persona. Nascimento, que era de una generación anterior, no estaba impresionado por la propuesta. No tenía idea de quiénes eran:

—¿Quiénes?, ¿esos niños peludos? —exclamó—. ¡Mira, vosotros estáis aquí para jugar al fútbol, no para tocar rock and roll. No lo permitiré! —estaba furioso.

No fue hasta diez años después cuando conocí a John Lennon. Yo vivía en Nueva York, jugaba para el Cosmos y tomaba lecciones de inglés en la escuela Berlitz, cerca de Central Park. Lennon estudiaba japonés en la misma escuela. Solíamos conversar en los pasillos después de las clases, almorzamos juntos y hasta una vez Yoko fue a buscarlo. Él me preguntó si yo sabía que Los Beatles habían querido tocar para el equipo brasileño en 1966, pero que no había sido posible. «¡Lo sé perfectamente! —le respondí— ¡Incluso fui yo quien pidió permiso!». Él me dijo que le encantaba el fútbol y que admiraba a Brasil.

Nuestro primer partido fue contra Bulgaria, el 12 de julio. Presentamos un buen equipo, pero con jugadores que nunca habían comenzado un partido juntos —un plan increíble, si uno lo analiza un poco—. Además de mí, había otros cuatro veteranos de 1958 en el equipo: Gilmar en la meta, Djalma Santos y Bellini en defensa, y Garrincha. Bellini era nuevamente el capitán, pese a que sólo había estado entre los reservas en 1962. Algunas personas se preguntan por qué yo nunca fui capitán del equipo nacional. Hubiera sido un candidato obvio porque, aunque sólo tenía veinticinco años, tenía mucha experiencia y ésa era mi tercera Copa del Mundo. Sin embargo, siempre rechacé ese papel. Nunca fui capitán: ni para el Santos, ni para el Cosmos, ni para Brasil. Solía explicar a las Comisiones Técnicas de esos equipos que, como Pelé, ya tenía el respeto de los jugadores, del público y la atención del árbitro, y que si fuera capitán, eso significaría que un jugador menos tendría influencia en el campo de juego. Con otra persona como capitán, habría dos personas con autoridad en el equipo.

Ganamos por 2 a 0. Hice el primer gol; y Garrincha, el segundo; uno en cada tiempo y ambos de tiro libre directo. Garrincha, sin embargo, no estaba en su mejor forma. Se había lesionado en un accidente automovilístico bastante reciente y, según el doctor Gosling, todavía estaba en fase de recuperación. Sin embargo, su disparo con efecto era magnífico. Ese partido fue el último que Garrincha y yo jugamos juntos (curiosamente, el primer partido que jugamos juntos para el equipo brasileño, en 1958, también había sido contra Bulgaria). La victoria sólo incrementó la confianza de los directivos. Se sentían reivindicados; creían que ésa era una prueba de que el brillo de las individualidades podía decidir el resultado de un encuentro. Es cierto que teníamos buenos jugadores, pero nos faltaba unidad, lo que es fundamental en el fútbol. La prensa inglesa le dio mucha importancia a mi gol, ejecutado, como ya he dicho, en un libre directo, al que llamaron «el tiro banana». Los búlgaros jugaron bastante fuerte y durante el partido contra ellos tuve un poco de dolor en la pierna: en parte por cansancio, porque no nos habíamos preparado bien para ese partido, pero también porque recibía constantes zancadillas y golpes, especialmente por parte de Zhechev, quien parecía confundir mis tobillos con el balón. No dejó de darme patadas en ningún momento, y el árbitro no hizo nada para protegernos ni a mí ni al equipo de esas tácticas agresivas.

En lo que entendieron como una medida de prudencia, los seleccionadores decidieron que lo mejor sería protegerme de un trato similar en el siguiente partido (contra Hungría), por lo que optaron por no incluirme en el equipo. En mi opinión, aquello fue un error. No dije nada porque, después de todo, yo era sólo un jugador, pero los demás estaban de acuerdo conmigo: era importante vencer a Hungría, incluso si eso significaba que mi lesión empeorase. Si les ganábamos, ya estaríamos clasificados y no importaría que yo jugara contra Portugal en el último partido de la fase de grupos o no. Pero ellos creían que sería fácil vencer a Hungría (no sé de dónde habían sacado semejante idea). Así que salió Tostão en mi lugar y también hubo otros cambios —Gerson por Denilson, por ejemplo, pese a que jugaban en diferentes posiciones.

El primer tiempo terminó 1 a 1. Cuando Tostão anotó el gol del empate pensé que podríamos mantener ese marcador hasta el final. No sé si eso fue lo que se indicó a los jugadores que hicieran; no lo creo. Pero los húngaros estaban jugando bien, en particular Florian Albert, y llevaron el resultado final a un 3 a 1, con un gran gol de Farkas y luego un penalti, porque la desorganización de nuestra defensa era evidente. Todo lo que necesitábamos era un empate, y habíamos perdido. Con Portugal y Hungría con cuatro puntos y Brasil con dos, sólo Dios nos podía ayudar a clasificarnos. Necesitábamos una victoria importante contra Portugal para que todo fuera posible. El equipo portugués, dirigido por el brasileño Otto Glória, era fuerte, tenía a muchos jugadores del Benfica y la moral alta. La preparación para el encuentro entre Brasil y Portugal fue muy extraña y nadie tenía idea de quién iba a jugar. Todos los jugadores del equipo cambiábamos de posición constantemente, hasta el último minuto. Los seleccionadores eran presas del pánico.

Yo estaba de nuevo en la alineación, aunque no me sentía completamente en forma, para colaborar en nuestro desesperado intento de clasificarnos. Gilmar no podía jugar y Manga jugó en la portería en su sustitución. Manga estaba hecho un manojo de nervios por la responsabilidad que habían depositado sobre sus hombros, y se persignó repetidas veces cuando entramos al campo de juego. Djalma Santos, Bellini y Garrincha también habían quedado fuera, pero el veterano Orlando, que no había jugado la Copa del Mundo desde 1958, estaba en el equipo.

Los nervios de Manga lo traicionaron a los catorce minutos, cuando falló al intentar despejar un centro y empujó débilmente el balón hacia Simoes, quien lo envió a la meta de un cabezazo. Diez minutos después perdíamos por 2 a 0, después de otro cabezazo —esta vez del gran Eusébio—. Aunque Rildo anotó un gol para nosotros en el segundo tiempo, Portugal no estuvo en aprietos en ningún momento y anotó el tercer tanto, nuevamente gracias a Eusébio. Perdimos por 3 a 1 y quedamos fuera de la Copa.

Habíamos jugado como novatos y eso sucedió porque estábamos mal preparados. Hicimos todo lo que estuvo a nuestro alcance. Todos los jugadores se tomaron ese partido con seriedad y dedicación. Yo me lastimé la rodilla en el primer tiempo, pero todavía no existían las sustituciones, por lo que seguí jugando y recibí un trato bastante duro —incluso cuando el partido ya estaba definido—, especialmente a manos (o, mejor dicho, *a pies*) de Morais, quien me daba patadas y me zancadilleaba sin descanso, despiadadamente. De hecho, me dejó fuera del partido con una brutal doble falta que, inexplicablemente, no fue castigada por el árbitro George McCabe. Deberían haberle sacado la tarjeta roja por cualquiera de estas dos faltas, pero él siguió jugando. Para el final del partido yo estaba cojeando y sólo seguía en el campo para completar el equipo.

De todas formas, la intensidad del encuentro no explica nuestra derrota. Simplemente fracasamos.

Me sentía enfadado por todo lo que había sucedido en 1966. Manifesté mi decepción y dije que nunca volvería a jugar una Copa del Mundo; a partir de entonces sólo jugaría para el Santos y en amistosos ocasionales para el equipo nacional. Estaba desolado por haber perdido la posibilidad de jugar en Wembley; nunca pude jugar allí, ni siquiera un amistoso. Inglaterra se alzó con el trofeo —era la primera vez que los anfitriones se quedaban con la copa desde 1934— después de batir en la final a Alemania Occidental por 4 a 2, en la prórroga. De hecho, ese encuentro fue ampliamente reconocido como la mejor final, en años, de la Copa del Mundo, por los tres goles de Geoff Hurst y por la famosa decisión del juez de línea ruso, Bakhramov, pero todos estábamos demasiado decepcionados como para prestarle demasiada atención.

Así fue como regresamos con las manos vacías. El libro de proverbios dice que la arrogancia precede a la ruina. Lo que sucedió con Brasil en la Copa del Mundo de 1966 es el mejor ejemplo de eso. Cuando volvíamos a casa, el avión de Varig permaneció en tierra durante algo de tiempo en el aeropuerto de Londres; nos dijeron que era debido a razones técnicas, pero la verdadera razón era la de asegurarse de que llegáramos a Brasil a medianoche, por si nos aguardaba una recepción hostil; afortunadamente no la hubo. Y una vez que estuvimos en la pista de aterrizaje en el aeropuerto Galeão en Río, los jugadores de São Paulo (incluido yo) fuimos rápidamente llevados a otro avión. Era como una campaña militar, aunque prácticamente innecesaria. No fue sino hasta 1970 cuando estuvimos en condiciones de olvidar la tristeza de 1966.

CAPÍTULO VI

Gloria

Me dije a mí mismo: «Es de carne y hueso, igual que yo».
Estaba equivocado.

TARCISIO BURGNICH, defensor italiano,
final de la Copa del Mundo de 1970.

Necesité un tiempo para recuperarme de los desgarros físicos y mentales de 1966. Había recibido palizas en las piernas por parte de gente como Zhechev y Morais, y había llegado a la conclusión de que la violencia y la falta de espíritu deportivo eran tan desalentadoras como el arbitraje laxo que permitía que esas mismas actitudes pasaran desapercibidas. Aquel arrebato de no querer jugar ninguna otra Copa del Mundo pudo haber sido una reacción del momento, pero en ese preciso instante fue un sentimiento genuino. La competencia en sí misma había perdido parte del encanto que tenía para mí.

Terminó siendo un año insatisfactorio desde el punto de vista futbolístico. Había anotado menos goles que nunca, aunque es cierto también que, por causa de la lesión, jugué menos partidos. Hubo, sin embargo, algunos puntos a destacar: recuerdo especialmente que el Santos hizo su primera gira por los Estados Unidos. También formaban parte de la gira dos campeones europeos: el Benfica y el Internazionale de Milán. El 21 de agosto de 1966 jugamos contra el Benfica, columna vertebral de la selección nacional de Portugal, en la isla de Randall en Nueva York, lugar en el cual yo jugaría más adelante para el Cosmos. Era nuestra oportunidad para compensar la terrible derrota que habíamos sufrido ante Portugal en el Goodison Park casi un mes atrás, aquel encuentro en el que, pese a estar lesionado, tuve que quedarme en el campo para hacer bulto. Estábamos desesperados por demostrarles lo que podíamos hacer, y la multitud presente era una de las más entusiastas y compenetradas que puedo recordar. Vencimos 4 a 0, y yo anoté uno de los goles. Cada vez que marcábamos, los hinchas lo festejaban muy ruidosamente, a tal punto que llegaron a invadir el campo y la policía tuvo que restablecer el orden antes de que el juego pudiera continuar. Fue una victoria emocionante.

La final tuvo lugar en el Yankee Stadium, el *Templo del béisbol*, donde por primera vez se jugaba un partido de fútbol. Derrotamos al Internazionale por 4 a 1, ante 44.000 espectadores; en aquel entonces, un número récord. Parecía que la mayor parte de la Pequeña Italia de Nueva York se había hecho presente. El Santos, como siempre, intentaba realizar su aportación para revivir la imagen del fútbol brasileño.

También tuve la oportunidad de consolidar parte de mis finanzas después del problema con Pepe Gordo e instalé una oficina para manejar mis negocios. En 1966, mi amigo Pepito —José Fornos Rodrigues— se hizo cargo de todo, junto con otras nueve personas: cinco abogados, dos economistas, un publicista y una secretaria. Habíamos abandonado la mayor parte de las participaciones en los negocios anteriores, para reducir pérdidas, pero habíamos conservado una empresa llamada Fisioterapia Pelé en asociación con Lima, un jugador del Santos que se había casado con Vera, la hermana de Rose. También mantuvimos la inversión en Fiolax, una sociedad limitada con sede en Santo André que producía piezas de caucho para los fabricantes de coches, en la que yo tenía el 6 por ciento de las acciones. Había sido Néstor Pacheco, del Banco do Brasil y director del Santos, quien me había persuadido de unirme a ellos. Me dijo que Fiolax podría ayudarme a recuperar el dinero que había perdido en la debacle de Sanitária Santista. Mi hermano Zoca era quien me representaba en Fiolax, pero eso también traería problemas. He ganado mucho dinero en mi vida, pero la verdad es que nunca aprendí a hacer rentar mi dinero tan bien como otras personas. Era bueno en el fútbol, pero no tanto en los negocios.

Sin embargo, en esa época también hubo motivos para celebrar: nuestro primer hijo nació en enero de 1967. Durante todo el embarazo de Rosemeri me había convencido a mí mismo de que tendríamos un niño, aunque esto no se debía a que yo tuviera algún tipo de preferencia, o a alguna corazonada. Creo que la idea de tener un hijo varón tenía más que ver con mi curiosidad acerca de lo que haría cuando creciera y con el hecho de que sería más probable que compararan conmigo a un hijo varón que a una niña. Sin embargo, no tenía razones para preocuparme en ese momento (¡al menos, no todavía!), y Rose dio a luz sin inconvenientes a una hermosa bebé que llamamos Kelly Cristina.

La paternidad fue una revelación para mí y funcionó como un antídoto para mi descontento con el fútbol y con las presiones constantes de las giras y el juego. Incluso después del juego más desordenado o de la derrota más humillante era un gran alivio volver a casa y jugar con mi hija, cuya sonrisa alegre no entendía de las presiones y frustraciones del mundo de los adultos. No podía dejarme afectar por aquella opresión cuando estaba cerca de ella, y esto me ayudó mucho a redescubrir mi amor por el juego.

Unos meses más tarde, tuvo lugar otro acontecimiento que me hizo reconsiderar mi propio sentido de la identidad y mi lugar en el mundo. Fue durante mi primer viaje al África Subsahariana. El Santos continuaba yendo de gira al exterior y había comenzado a ir cada vez más lejos. En mayo de 1967 viajamos a Senegal, Gabón, Congo y Costa de Marfil para jugar. Fue una experiencia que, además de cambiar la forma en que yo veía el mundo, también cambió la manera en que el mundo me veía a mí. El interés en el equipo y en mi persona era extraordinario, con decenas de miles de personas en los partidos, esperando nuestra llegada en los aeropuertos y en las calles, dondequiera que fuésemos. A menudo, los países que visitábamos debían disponer de sus soldados para mantener a las multitudes bajo control; parecía que todo el mundo en África quería vernos, tocarnos, casi como si quisieran asegurarse de que éramos reales.

Como cualquier hombre negro de tradición brasileña, soy descendiente de africanos que fueron trasladados a esas tierras como esclavos. La esclavitud no se encuentra muy lejana en el tiempo; soy apenas la tercera generación de mi familia que nació en libertad. Mi abuela Ambrosina, que murió a los noventa y siete años de edad en 1976, fue la primera de una generación libre: sus padres eran esclavos. En Brasil, la esclavitud no fue abolida sino hasta 1888, y fue el último país en todo el continente americano en prohibir esta práctica dañina.

Los periodistas han intentado rastrear mis orígenes. Existen dos versiones: una indica que mis ancestros vinieron de Angola; y la otra, que vinieron de Nigeria. Aparentemente, Nascimento era el nombre del dueño de la plantación en donde trabajaron los primeros de mis antepasados al llegar a Brasil.

La experiencia de ser negro en Brasil es, a menudo, difícil de explicar. Todas las razas se encuentran mezcladas: todos tienen algo de negros, de indígenas, de europeos y de otras razas. En Brasil hubo muchísimos esclavos, pero, una vez abolida la esclavitud, nunca existió algo como el *apartheid* o la segregación racial, por lo tanto no tenemos una fractura cultural entre las razas como en Sudáfrica o los Estados Unidos. Prácticamente no sufrí discriminación por el color de mi piel, y tampoco nunca he juzgado a nadie por ese motivo. Mi primera novia era japonesa; luego estuvo la chica sueca; y mis hijos son mulatos. Por supuesto que el racismo existe en Brasil, pero yo tuve la fortuna de convertirme en una persona famosa y adinerada siendo muy joven, y es común que la gente trate a los demás de forma diferente cuando tienen dinero y fama. Los famosos son casi como una raza aparte; ni blancos ni negros, sólo famosos.

Conocer África fue una experiencia gratificante y humillante al mismo tiempo. Podía percibir la esperanza que surgía en los africanos al ver a un hombre negro que había logrado tanto éxito en el mundo.

También podía sentir su orgullo en mi propio orgullo por ser ésa la tierra de mis antepasados. Comprendí que era famoso a diferentes niveles: era conocido como futbolista por gente que no seguía el deporte; y, además, en África también era un *hombre negro* famoso en todo el mundo, lo que significaba algo distinto.

Irónicamente, fue en África donde finalmente experimenté la extraña ceguera de la discriminación racial. Estábamos entrando en el hotel en Dakar, Senegal, y había la, en aquel entonces, habitual multitud de gente, intentando verme a través de la puerta del vestíbulo. La mujer de la recepción, que era blanca, echó un vistazo a la muchedumbre desordenada que se encontraba afuera y, de forma autoritaria, dio instrucciones a un oficial de policía negro que nos acompañaba para que retirara a los *salvajes* de su hotel. Dicho sea en su honor, en lugar de obedecer la orden de la mujer, el policía la arrestó a ella de inmediato. Seguramente el hecho de que yo fuera famoso me había ubicado en una categoría diferente en su mente, pero me sentí identificado con las personas a las que ella había insultado, así que rehusé intervenir cuando su jefe me pidió que la ayudara a salir de prisión.

En el partido contra Senegal anoté un gol. ¡No hay nada raro en eso! Pero hubo algo distinto que dejó una huella en mi mente. El guardameta se echó a llorar después de que el balón lo sobrepasara. Lloraba desconsoladamente. De hecho, estaba tan sensible que su entrenador tuvo que sacarlo del partido. Soy consciente de que fui la pesadilla de los porteros de todo el mundo, pero aun así su reacción me pareció excesiva. En el vestuario, después del encuentro, fui a hablar con él para explicarle que sólo se trataba de un partido de fútbol, pero no parecía interesado en escuchar nada de lo que yo tuviera que decirle. Luego me enteré de que se había alterado tanto porque había hecho una apuesta con sus amigos: «Ese Pelé, ¡já!, se cree tan bueno... Os apuesto a que no logrará marcarme ningún gol. Si lo hace cualquier otro jugador del Santos..., ningún problema...; pero no él». Entonces comprendí que no habría nada que pudiera contentarlo.

Senegal era un país fascinante, al igual que todos los otros lugares que visitamos en África. Aprendí muchísimo allí y siempre sería una alegría para mí tener la oportunidad de volver.

En nuestro viaje de regreso desde África nos detuvimos para jugar en Alemania y en Italia. En Múnich nos alojaron en unos apartamentos (muy bonitos, por cierto) que pertenecían a una escuela de Educación Física. Entre otras instalaciones, tenían un campo de fútbol, y nos atendieron muy bien a todos. El Santos realmente necesitaba hospedarse en un lugar como ése; teníamos que recuperarnos de los cinco encuentros que habíamos jugado en África y de todo el tiempo que habíamos estado viajando.

Entrenamos con vistas al primer partido y nos recuperamos bien. Sin embargo, en uno de los últimos entrenamientos, en el que había muchas cámaras y periodistas de la televisión alemana presentes, Carlos Alberto me entró de una forma brusca, y Zito lo regañó, utilizando un lenguaje bastante fuerte. Él pensaba que las cámaras de televisión solamente estaban captando imágenes, pero estaba equivocado, pues resultó que también se estaba grabando el sonido. Aquella noche fuimos a cenar a la casa del cónsul brasileño y, nada más llegar, una de las hijas del cónsul dijo: «Estaban bastante nerviosos en su entrenamiento; ¡menos mal que los alemanes no hablan nuestro idioma!». No sabíamos cómo reaccionar. Luego el cónsul nos salvó, diciendo: «No se preocupen por eso. No tenían forma de saber que el entrenamiento estaba siendo grabado con sonido y que sus peleas se transmitirían en todo su esplendor en los noticiarios alemanes…». Aprendimos nuestra lección.

Mientras el recuerdo de las desilusiones de 1966 se desvanecía y yo disfrutaba cada vez más de la vida familiar, el Santos también entraba en una nueva edad dorada. Probablemente 1968 haya sido el año más importante para el club desde mi ingreso. Ganamos las cinco competiciones más importantes en que participamos: cosechamos títulos en Chile, en Argentina, en Brasil —la Recopa Sudamericana de Interclubes— y algunos más. Jugamos en seis países, con una proporción inigualable de victorias sobre partidos jugados. La «máquina del fútbol» se encontraba mejor que nunca. Los periodistas de Brasil y del exterior reconocían al Santos como el mejor equipo del mundo. Los jugadores eran realmente excelentes y sus clásicos colores del Santos eran respetados alrededor del mundo. En ocasiones, los espectadores se inclinaban respetuosamente ante nosotros cuando saltábamos al campo. En todas partes copiaban lo que hacíamos, y esto fue bueno para el espectáculo futbolístico.

Esto también significaba que nuestro valor, lo que hoy se conoce como «marca», era más alto que nunca, y especialmente el mío. Nuestros honorarios por jugar en el exterior crecían cada vez más, y pude sacarle provecho financiero a mi creciente fama. Podía entonces exigir cobrar la mitad de los honorarios percibidos por el Santos, y finalmente me convertí en el jugador mejor remunerado del equipo. También conocí a un hombre llamado Marby Ramundini, quien manejaba varios negocios diferentes —como la televisión y la representación de personajes conocidos— y dijo que podía ayudarme. Por medio de esta conexión hice muchos más anuncios y trabajos de promoción, e incluso obtuve un papel, del que disfruté mucho, en una telenovela llamada *Os Estranhos*, aunque Rose pensara que era una locura seguir agrandando mi ya larga lista de compromisos. Y fue Ramundini quien comprendió realmente el poder que en ese momento tenía el nombre «Pelé». En poco tiempo había ganado el dinero suficiente para cancelar las obligaciones que había adquirido con el Santos por cubrir mis deudas.

El Santos era un equipo exitoso, sin duda, pero ahora, además, estaba en el punto de mira. Ganamos muchos encuentros ese año, pero parecía haber también muchas controversias. De las muchas historias futbolísticas que se cuentan acerca de mí, a menudo las ciertas son las más ridículas. Una de mis historias preferidas sucedió mientras volvíamos de la gira por los Estados Unidos y aterrizamos en Bogotá para jugar un partido contra el equipo olímpico colombiano. En este juego sucedió algo que, estoy seguro, nunca antes había ocurrido en la historia del fútbol.

Durante el partido, el árbitro, Guillermo Chato Velásquez, dio por válido un gol que a todas luces debió haber sido anulado. Aunque era un partido amistoso, nos tomábamos con seriedad nuestros compromisos y nos poníamos furiosos si creíamos que estábamos recibiendo un trato injusto. Lima, mi compañero de equipo, fue a protestar la decisión de Chato. El árbitro era un personaje de carácter bastante fuerte y comenzó a intimidarlo físicamente. Luego, expulsó a Lima. Fue absolutamente indignante. Yo estaba furioso. No me contuve y fui a hablar con Chato. Continué la discusión donde Lima la había dejado, y Chato me expulsó ¡a mí!

No estoy seguro de quién estaba más escandalizado: si yo o los espectadores. Podría haber expulsado a cualquiera, pero no justamente al hombre a quien todos habían ido a ver. El estadio estalló. Los hinchas comenzaron a arrojar las almohadillas de los asientos, papeles y demás. Había un caos generalizado alrededor de los banquillos de los equipos. Decenas de oficiales y policías con porras entraron al campo para proteger a Chato. El estadio clamaba por su sangre.

Comenzaron los cantos: «¡Pelé! ¡Pelé!». Habían pagado para verme, y no iban a permitir que un árbitro les arruinara el día. La única solución fue la inaudita decisión de expulsar al mismísimo Chato. Y con el árbitro fuera, yo podía ser devuelto al partido. Fui admitido nuevamente en el campo y todo el mundo quedó contento...; todo el mundo excepto Chato, por supuesto.

Sin embargo, una vez terminado el partido, mientras nos arreglábamos para dirigirnos hacia el aeropuerto y volver a casa, todos de muy buen humor, entraron en el vestuario el jefe de la policía local y algunos de sus oficiales. Chato había presentado una denuncia, y algunos de nuestros jugadores —Pepe, Oberdã, Laércio y otros— fueron arrestados. Ya por la mañana, muy temprano, hablamos con el árbitro, llegamos a un acuerdo y salimos en busca de un hotel. El avión se había ido sin nosotros, por supuesto: tenía otros pasajeros que llevar.

Al día siguiente, estábamos a punto de tomar otro vuelo, pero entonces fue un problema con los impuestos lo que nos detuvo. Regresamos a la ciudad, a un tercer hotel. Muy temprano, a la mañana siguiente, finalmente pudimos regresar a Brasil en un vuelo de APSA, la ya extinta aerolínea peruana. En nuestro país, todos estaban desconcertados por nuestra tardanza. Nadie sabía con exactitud lo que había sucedido. Pero eso fue lo que ocurrió. Nos habían arrestado y luego nos pusieron en libertad; un drama más en la historia del Santos, un equipo que viajó mucho y que nunca quiso perder ninguna oportunidad de jugar un partido.

Fue también durante ese año cuando pude sepultar otra de las frustraciones de 1966. Antes de esa Copa del Mundo en Inglaterra, yo me imaginaba recibiendo el trofeo de manos de la reina en Wembley; sin embargo, fue el gran Bobby Moore quien tuvo ese honor. Pero, en noviembre de 1968, finalmente pude conocer a Isabel II cuando visitó Brasil y acudió a un partido de exhibición en el Maracaná, en Río, que se había organizado en su honor. En esos días solían llamarme «el Rey», pero era un rey sin corona, y en ese momento me encontraba cara a cara con una verdadera reina, lo que sin duda desplegó mi imaginación. Antes de aquel importante acto, en el que yo jugaría del lado de São Paulo, un lacayo del Ministerio de Relaciones Exteriores de Brasil se acercó a mí para asegurarse de que no cometiera errores ni violara el protocolo a seguir al conocer personalmente a un miembro de la realeza. Me dio un pequeño sermón acerca de la importancia de esperar a que ella hablara, de permanecer quieto, de demostrar deferencia: básicamente, sobre la importancia de eliminar todo rasgo de humanidad del simple acto de conocer a otra persona.

Sus quisquillosos ruegos me pusieron aún más nervioso ante el encuentro con su majestad, y mientras la esperaba en la sala del estadio en donde nos encontraríamos antes del partido no podía recordar ninguna de las instrucciones que me habían dado. Pero no debí haberme preocupado: nada más entrar, se acercó con una gran sonrisa y comenzamos a conversar. Me dijo lo encantada que estaba de conocerme y que su esposo, el príncipe Felipe, era un gran admirador mío. Hablamos de fútbol y de Inglaterra: compartía mi desilusión por el mal nivel de juego que Brasil había demostrado en aquel país. Fue absolutamente encantadora. De hecho, me sentí como si hiciera años que la conocía, y recuerdo que llegué a la conclusión de que la obsesión por el protocolo decía más acerca de los lacayos que se ocupaban de que se cumpliera que de las personas a las que supuestamente debía proteger.

A principios de 1969 viajamos nuevamente a África. Fue otra gira extraordinaria. Primero volamos a Brazzaville, en el Congo, y recuerdo que había tanques y armas en las calles. Durante nuestra estancia surgió la posibilidad de hacer un pequeño viaje para jugar un partido en Nigeria. Pero había una cuestión preocupante: Nigeria estaba envuelta en una guerra civil con Biafra, una región ubicada en el sureste del país. «No se preocupen —dijo nuestro representante—. Detendrán la guerra. No será un problema». Le respondí que estaba loco. Todo lo que sé es que fuimos a Nigeria, jugamos un partido en el que empatamos a 2 y nos marchamos enseguida. Se dice que realmente hubo un alto el fuego durante cuarenta y ocho horas, especialmente para nosotros; y mis compañeros recuerdan haber visto banderas blancas y carteles que decían que habría paz sólo para ver jugar a Pelé. En realidad no estoy seguro de que esto haya sido verdad, pero ciertamente los nigerianos se aseguraron de que los biafranos no invadieran Lagos mientras nosotros estuvimos allí. Había una fuerte presencia militar en las calles y estábamos bien protegidos por el Ejército y la policía.

Ya de regreso en Brasil, la primavera y el verano de ese año me encontraron jugando mejor que nunca, a pesar de la vertiginosa vida que llevaba con el Santos y el equipo de Brasil. Nueve partidos en marzo, seis en abril y seis en mayo; estaba dentro del ritmo normal. En junio, aunque sólo jugué cinco partidos en el mes, todos fueron encuentros complicados: el Santos se enfrentó al Corinthians y ganó por 3 a 1; luego jugué para la selección de Brasil en contra de Inglaterra, los campeones mundiales, y ganamos por 2 a 1. Después nos enfrentamos contra el Palmeiras y el São Paulo F.C.; y el día 24 estaba con el Santos en Milán, jugando contra el poderoso Inter por la Supercopa de Campeones Intercontinentales. Ganamos por 1 a 0, pero no fue fácil. En ese momento, mi vida se había reducido a jugar muchos encuentros en pocos días.

A fines del verano y durante el otoño de 1969, toda la atención se centró en que yo estaba a punto de anotar el gol número mil, una hazaña que nunca se había logrado antes (y aún no se ha igualado). Esto se convirtió en la noticia del año. La prensa local e internacional casi no hablaba de otra cosa. En cada encuentro del Santos había hordas de periodistas. Para octubre, de acuerdo con las estadísticas de entonces, ya llevaba anotados 989 tantos. Entonces marqué cuatro goles en un partido contra la Portuguesa. Había cruzado la barrera de los 990 y, psicológicamente, sentía que estaba muy cerca de llegar al número buscado. La presión aumentaba con cada partido, al igual que la excitación de los seguidores y de los periodistas.

Hice dos goles más una semana más tarde, cuando jugaba contra el Coritiba, en Curitiba, y se podía sentir que el gol número mil estaba sólo a unos pocos encuentros de distancia; incluso tal vez en el partido siguiente, dado que ya había anotado cinco goles en un solo partido algunas veces antes. Sin embargo, mi ritmo disminuyó un poco. El siguiente partido terminó en un empate a 0. Una semana después, en un encuentro contra el Flamengo, logré anotar otro tanto. Sólo me faltaban cuatro.

El circo mediático se trasladó entonces al noreste de Brasil. En noviembre, el Santos voló a Recife para jugar contra Santa Cruz, y marqué un par de goles. Ahora sólo faltaban dos tantos para llegar al número mágico y los periódicos no hacían más que hablar de ello en un estado de delirio. Se decía que marcar mil goles me haría inmortal. Una tontería, por supuesto, pero la presión se sentía de todas formas.

Cuando volamos a João Pessoa, la capital del pequeño Estado de Paraiba, en donde debíamos jugar contra el local Botafogo (sin relación con el club Botafogo de Río), la escena que vimos fue increíble. El aeropuerto estaba lleno: había miles y miles de personas. Vitoreaban como si la celebración ya hubiera comenzado, como si ya hubiera alcanzado la meta. Los políticos locales habían hecho gran alharaca acerca de mí. Me habían nombrado «Ciudadano de João Pessoa». Evidentemente, estaban ilusionados con que marcara allí el gol número mil.

Una vez comenzado el partido, Santos llevó fácilmente el marcador a 2 a 0. El partido era muy fácil y yo me preguntaba si eso era adrede. El árbitro nos concedió un penalti. La multitud estalló eufórica y comenzó a corear: «¡Pelé! ¡Pelé!». Pero yo no era la persona designada para tirar los penaltis. Por supuesto que había tirado algunos en mi carrera, pero no era la primera opción para hacerlo ni en el equipo nacional ni en el Santos. Siempre dije que, de haber sido así, ¡hubiera llegado a los mil goles mucho antes!

En circunstancias normales, Carlos Alberto hubiera sido el encargado de ello, pero esta vez se negó. La presión que yo sentía era enorme. Mis compañeros de equipo me dijeron que, si no lo hacía, el público nunca nos dejaría salir del estadio. Por lo que cedí y puse el balón sobre el punto de penalti. ¡Pum! Mi gol número 999. Sólo faltaba uno.

Los hinchas de Paraiba estaban extasiados. Parecía que realmente estaban a punto de ver lo que habían estado esperando, cuando sucedió algo realmente inusual. Nuestro guardameta, Jair Estevão, cayó al suelo. Se retorcía de dolor y agitaba los brazos en el aire para llamar la atención del árbitro. Se lo llevaron del campo, enfermo. En esa época no había sustituciones. Yo era el arquero de reserva del Santos, por lo que tuve que cumplir con mi obligación y pasé el resto del partido en la portería. No me hicieron ningún gol, aunque no pude volver a anotar y los seguidores locales no pudieron ver lo que querían. (Aunque no soy muy alto, siempre fui un buen guardameta por el impulso de mis saltos. Siempre fui el portero reserva del Santos y del equipo nacional. Para el Santos, jugué cuatro veces en la meta; y sólo una, en un amistoso, para Brasil; pero solía entrenar frecuentemente con los porteros de ambos equipos.)

No tengo recuerdos de esto, pero mis compañeros de equipo dicen que antes del partido el entrenador nos dijo: «Si el juego se vuelve muy fácil, el guardameta se lesionará y Pelé irá a la portería». No sé si es cierto o no, pero es lo que sucedió. El portero se lesionó. Y, muy teatralmente, debo agregar. Mucha gente especuló con que todo eso estuvo preparado para que yo pudiera anotar el último gol en Río o en São Paulo, pero ése no era mi deseo. Yo quería terminar con el asunto lo más rápido posible.

Jugamos un partido más en la gira por el noreste de Brasil: fue contra Bahía, en Salvador. No puedes imaginar el panorama que nos encontramos allí. Había desfiles en las calles, parecía carnaval. Existía un rumor de que se había organizado una misa especial de acción de gracias por la confianza que tenían los locales en que yo anotaría el gol allí. El estadio estaba repleto, con un ambiente de final de campeonato. Había banderas, carteles y tambores, y una tremenda y contagiosa excitación.

El peso de las expectativas era agobiante. ¡No podía esperar para marcar ese maldito gol! Tuve dos oportunidades: en la primera, tiré al poste; en la segunda, recibí el balón cerca del punto de penalti, me giré, pasé a un jugador y corrí hacia la derecha de la meta. Tiré, el balón sobrepasó al portero y... de la nada, apareció un defensor sobre la línea de gol y sacó el balón. Pero sus seguidores, en lugar de vitorearlo, comenzaron a abuchearlo. Fue irreal. No creo que esto —aficionados de un equipo abucheando a uno de sus propios jugadores por haber salvado, brillantemente, un gol— haya sucedido alguna otra vez.

El partido siguiente fue sólo tres días después, en el Maracaná. Y las apuestas eran cada vez más altas. En el estadio más grande del mundo no cabía un alfiler. Era un 19 de noviembre, que es el Día Nacional de la Bandera del Brasil. Los equipos salieron al estadio con la bandera entre ellos, había una banda militar en el campo y hubo una suelta de globos. Era un buen día para las celebraciones.

La mayoría de los seguidores presentes en el Maracaná querían ver el gol, pero los jugadores del Vasco estaban determinados a frustrar esos planes. Se burlaban de mí, me tocaban la cabeza y decían: «¡Hoy no, Crioulo!». Hicieron todo lo que pudieron para que yo no marcase. El portero del Vasco, un argentino de apellido Andrada, estaba en perfecto estado físico. En un momento, vino hacia mí un centro en una posición perfecta para cabecear el balón. Parecía que ya estaba dentro cuando Renê, un jugador del Vasco, llegó allí primero y cabeceó el balón contra su propia red. Daba la impresión de que preferían hacer cualquier cosa antes que dejarme tener el lujo de anotar.

Algo tenía que suceder. Y sucedió. Me tropecé mientras corría hacia el área y el árbitro me concedió un penalti. A pesar de las protestas del Vasco, la decisión siguió firme. Y este penalti lo iba a tirar yo.

Por primera vez en toda mi carrera, me sentía nervioso. Nunca antes había experimentado una responsabilidad como ésa. Estaba temblando. Dependía solamente de mí. Mis compañeros me habían dejado solo y se quedaron en la línea central del campo de juego.

Corrí hacia el balón, casi a cámara lenta, lo golpeé…

Antes de continuar, una pequeña digresión para hablar de la forma en la que yo tiraba los penaltis. El arte de tirar un buen penalti se basa en colocar el balón en el lugar exacto que el guardameta dejó libre. Los porteros intentan predecir en qué lugar colocará el balón el jugador que tira, y éste, a su vez, procura engañarlo apuntando hacia otro lado. Recuerdo un entrenamiento, en 1959, con el equipo nacional, en el que vi cómo Didi inventaba una técnica novedosa. Él corría hacia el balón y, justo antes de golpearlo, se detenía por un instante y levantaba la mirada para ver hacia dónde se estaba moviendo el portero. En esa fracción de segundo decidía adónde iba a dirigir el balón y de esta forma lograba batir al guardameta. Me pareció una idea brillante, aunque se encontraba en el límite de la legalidad: se supone que uno debe golpear el balón antes de que el portero comience a moverse. En realidad, el portero comienza a moverse justo antes de que se chute; y así, al mirarlo inmediatamente antes de golpear el balón, uno ya está en una posición ventajosa.

De todas formas, aunque reconozco el mérito de Didi por la idea, él nunca la puso en práctica en un partido oficial. Yo sí lo hice. En Brasil, esta jugada se conoció como la *paradinha* —la «pequeña parada»—, porque yo siempre corría hacia el balón, me detenía apenas mientras levantaba la mirada y luego chutaba. Los porteros comenzaron a quejarse y a decir que esto no era justo; y así, en la década de 1970, la FIFA prohibió la *paradinha*. Ahora los árbitros son menos estrictos y he visto a jugadores hacer esta jugada nuevamente.

Volvamos al partido entre el Santos y el Vasco, el 19 de noviembre de 1969. Corrí hacia el balón, realicé una *paradinha* y chuté.

¡Goooooooool!

Corrí hacia la red de la portería, tomé el balón y lo besé. El estadio entró en erupción, se escuchaban petardos y ovaciones. De pronto, me encontraba rodeado por un enorme grupo de periodistas. Me acercaron sus micrófonos y dediqué el gol a los niños de Brasil. Dije que debíamos cuidar a las *criancinhas* (los «niños pequeños»). Luego lloré, me subieron a los hombros de alguien y sostuve el balón en alto. El juego se detuvo por veinte minutos mientras daba una vuelta al campo. Algunos seguidores del Vasco se acercaron a mí y me dieron una camiseta de ese equipo con el número mil impreso en ella. Pensé que era algo extraño, pero no tuve más remedio que ponérmela en ese mismo momento.

¿Por qué mencioné a las *criancinhas*? Ese día era el cumpleaños de mi madre; quizá debería haberle dedicado el gol a ella. No sé por qué, no lo pensé en ese momento. Pero instantáneamente me vinieron a la mente los niños. Lo que sucedió fue que recordé un incidente que había ocurrido en Santos, unos meses atrás. Me había retirado del entrenamiento algunos minutos antes y vi cómo unos niños intentaban robar un automóvil que se encontraba estacionado cerca del mío. Eran niños pequeños, los mismos que lavan coches por unas monedas. Les pregunté qué era lo que estaban haciendo y respondieron que no debía preocuparme, ya que sólo iban a robar automóviles con matrículas de São Paulo. Les dije que no iban a robar ningún coche, sin importar de dónde fuera, y les ordené que se largaran. Recuerdo que más tarde conversé con un compañero acerca de esos niños, sobre los problemas de crecer en Brasil. Estaba preocupado por la educación de los niños y eso fue lo primero que se me ocurrió cuando anoté el gol.

Creo que muchas personas no comprendieron lo que estaba tratando de decir. Recibí críticas, la gente me acusaba de demagogia. O quizá pensaron que estaba siendo hipócrita. Pero todo eso no me molestó. Creo que es importante que personas como yo dejen mensajes acerca de la educación. No habrá futuro si no educamos a los niños. Y hoy en día, cuando vemos lo que sucede en Brasil y los problemas que tenemos en los barrios bajos, con las pandillas y la gente sin hogar, sabemos que ellos son los niños de aquella época. Ahora la gente dice que Pelé tenía razón. Yo no temo hablar desde el corazón.

Después de la desilusión de 1966 me había retirado del equipo nacional. Sin embargo, cuando la atención comenzó a centrarse en la Copa del Mundo de 1970 en México, fui cambiando de opinión y, después de dos años, decidí volver a jugar para mi país. Varios factores influyeron en este cambio de opinión. El Santos estaba jugando bien y yo seguía conservando mi rol de goleador principal, lo que me llenaba de confianza. Y lo que es más importante: decidí que no terminaría mi carrera como un perdedor. Después de todo lo que había logrado y de todo el entusiasmo generado por mi gol número mil, no iba a retirarme del juego internacional con una derrota. Estaba decidido a retirarme desde la cima.

Ya había participado de tres Copas del Mundo, pero en ninguna había jugado todos los partidos del torneo. Estaba desesperado por jugar un torneo completo. Eso me dio un objetivo. Tenía algo que probar. También estaba la importante motivación que genera el orgullo nacional. Si Brasil lograba ganar un tercer campeonato, el trofeo Jules Rimet sería nuestro para siempre.

También ayudó el hecho de que se habían producido importantes cambios en la administración del equipo nacional. La Confederação Brasileira de Desportos (CBD) —Confederación Brasileña de Deportes—, entidad que rige al fútbol en nuestro país, seguía bajo la dirección del doctor João Havelange, pero había aprendido las lecciones que dejó 1966 y estaba cambiando toda la Comisión Técnica. La prensa también parecía comprender qué era lo que se necesitaba esta vez, y la atmósfera general en la fase de preparación se caracterizó por un enfoque mucho más claro y por una mayor comprensión del desafío que nos esperaba, en lugar de dar por sentado un resultado exitoso.

Otro factor importante fue la sede en sí misma: yo le tenía mucho respeto al público mexicano, que siempre nos había tratado bien a mí y al Santos. Ni la altitud de muchas de las ciudades en las que se llevarían a cabo los encuentros ni el calor eran un problema para mí, aunque muchos países se mostraron críticos acerca de la decisión de realizar el evento en México.

A pesar de la seriedad con la que encaramos el asunto, hubo algunas cuestiones que nos tomaron por sorpresa. A principios de 1969, por ejemplo, cuando, pese a que faltaba un año para el torneo, aún quedaba mucho trabajo por hacer antes del viaje a México, Aymoré Moreira fue reemplazado por João Saldanha como entrenador. Saldanha tenía una personalidad única. Había comenzado como un periodista amante del fútbol, en particular del Botafogo, y terminó siendo entrenador del equipo.

Era inteligente y mordaz, y aportó una nueva y franca forma de ser al trabajo de entrenador del equipo nacional. Al principio, su nombramiento parecía tener sentido. Las convocatorias estaban plagadas de indecisión, pero él fue muy concluyente. Nos llamó a todos de inmediato y dijo: «El Santos y el Botafogo son los mejores equipos de Brasil. Por lo tanto, la base del equipo nacional estará formada por jugadores del Santos y del Botafogo. Esto es así, y digan lo que digan no cambiaré de opinión».

Saldanha era muy divertido. Hacía bromas todo el tiempo. Tenía un problema respiratorio, creo que enfisema pulmonar, lo que significaba que sólo podía utilizar un pulmón. Era un buen nadador y durante los entrenamientos siempre nos reprendía. Nos decía que él fumaba, bebía y tenía un solo pulmón y que aun así estaba en mejor estado físico que cualquiera de nosotros. A menudo se acercaba a mí para darme algún consejo. Había sido periodista y nos dio un improvisado entrenamiento mediático. Decía: «Pelé, tienes que aprender cómo hablar. Mira, cuando vamos a lugares como Porto Alegre a entrenar, antes de ir tienes que averiguar el nombre del panadero más conocido del lugar y el nombre del sastre local. Así, cuando des entrevistas, dirás que conoces al panadero desde que eras un niño pequeño y que el sastre le hace los trajes a tu padre». Me divertía con esto, pero estaba absolutamente en lo cierto. A menudo los periodistas lo toman a uno por sorpresa, y tienes que inventar alguna que otra cosa.

La franqueza y crudeza de Saldanha, sin embargo, comenzaron a ser un problema. No aceptaba críticas y la relación entre él y sus ex colegas de la prensa era cada vez peor. Le gustaba beber y comenzó a comportarse de manera extraña durante las convocatorias. Se rumoreaba que había amenazado al entrenador del Flamengo con una pistola. Finalmente, tuvo una pelea, que perdió, con João Havelange. Cuando fue separado del cargo de entrenador, le dijo a la prensa que el equipo estaba en dificultades. Dijo que Gerson tenía problemas psicológicos, que Leão, el portero sustituto, tenía los brazos cortos y que a mí se me debía dejar de lado por miope.

En realidad, Gerson no tenía problemas mentales, él era así, ésa era sencillamente su personalidad. El rendimiento de Leão no siempre era óptimo, pero no tenía los brazos cortos en absoluto. ¿Y en cuanto a mí? Era ridículo. Se había encontrado en algunos exámenes que tenía una pequeñísima miopía. Pero hay muchos jugadores que son un poco cortos de vista, y al menos para mí eso nunca fue un problema. Ahora me gusta bromear con que, si no hubiera sido miope, podría haber anotado dos mil goles. Por supuesto que la prensa se regocijó con esas declaraciones, y los comentarios acerca de mi visión continuaron durante toda la campaña de la Copa del Mundo.

Havelange le dio el puesto de entrenador a Mario Zagallo, mi viejo compañero de equipo de las Copas del Mundo de 1958 y 1962. El equipo estaba más o menos definido, pero aún había algunos cambios por hacer. Saldanha había dicho que la base del equipo serían el Santos y el Botafogo, pero ¿qué sucedía con los buenos jugadores de otros clubes, como Tostão, del Cruzeiro? Zagallo le dio una oportunidad, y entonces la prensa comenzó a decir que Tostão y Pelé eran jugadores muy similares como para que jugasen en el mismo equipo. Se quejaban de que Rivelino y Gerson jugaban en la misma posición, y, por lo tanto, no deberían ser ambos titulares. Pero Zagallo tenía su propio punto de vista: «Lo que necesita este equipo son excelentes jugadores, jugadores inteligentes. Apostemos a eso y veamos cómo nos va».

Yo mantenía una muy buena relación con Zagallo. «Debes comprender que yo no insisto en jugar —le dije—. Si hay algún otro jugador que podría hacer las cosas mejor en mi posición, no te preocupes y haz lo que creas correcto. Pero te pido una cosa: sé honesto conmigo». No debería haberme preocupado siquiera: Zagallo era un hombre serio, honesto y trabajador que nunca estuvo involucrado en conspiraciones. Éramos un equipo con experiencia y no necesitábamos que nos sermonearan o nos regañaran. Los jugadores más antiguos, como Gerson, Carlos Alberto y yo, podíamos aconsejarle acerca de la selección de jugadores y él nos escuchaba, pero el rumor de que nosotros tres elegimos al equipo no tiene sentido: todo se hizo en una atmósfera de respeto mutuo y cordialidad. «Ningún jefe con algo de respeto por sí mismo dejaría de escuchar a sus subordinados», decía Zagallo.

La clasificación fue simple. Jugamos seis encuentros y los ganamos todos. Anoté seis goles, incluyendo el gol de la victoria por 1 a 0 contra Paraguay que nos aseguró el viaje a México. Nuestro punto fuerte era que el núcleo del equipo de Saldanha se había mantenido. Habíamos estado jugando juntos durante casi un año y medio y nos entendíamos a la perfección. En la actualidad, los equipos nacionales pueden llegar a entrenar juntos durante dos meses como máximo antes de una Copa Mundial. Pero nosotros habíamos estado jugando juntos durante mucho tiempo. Creo que eso fue lo que nos dio una gran ventaja, y lo que hizo que el equipo de 1970 fuera la mejor selección nacional que haya existido.

La preparación fue muy profesional. Zagallo trajo un equipo técnico compuesto por personas como Claudio Coutinho y Carlos Alberto Pariera (quien luego se convirtió en entrenador y ganó la Copa del Mundo de 1994). Pasamos tres semanas en México antes de que comenzara el torneo, para acostumbrarnos al calor: era terrible; sin embargo resultaba más sencillo para nosotros que para los europeos, y nos acostumbramos más rápidamente de lo que creía la directiva. El operativo de seguridad fue muy estricto: la policía mexicana había recibido información de que iban a intentar secuestrarme, e incluso arrestaron a un venezolano que, según decían, era el cabecilla del plan. Desde ese momento, la policía observó con mayor atención los lugares en los que entrenaban Brasil y los otros equipos del grupo de Guadalajara: Inglaterra, Checoslovaquia y Rumania.

Aprovechamos los adelantos tecnológicos. Nuestras camisetas habían sido rediseñadas para evitar la acumulación de transpiración en el cuello, y la indumentaria de cada jugador se había hecho a medida. La investigación que llevaron a cabo en este aspecto fue increíble. Se hizo un análisis de la fisiología de cada jugador tan detallado y sofisticado que hasta se burlaban de nosotros, aparentemente por tomarnos las cosas demasiado en serio. Pero el asunto era realmente serio; en Brasil había casi noventa millones de personas que contaban con que lleváramos el trofeo a casa. Después del desastre de 1966, sólo perderíamos si nos vencía un equipo mejor que el nuestro, pero no por falta de preparación o de análisis de nuestras tácticas.

Teníamos reuniones de equipo con regularidad, y recuerdo haber hablado en una de las primeras acerca de nuestro deber. Lo hice en parte para recordarles a los jugadores más jóvenes que estaban ahí para cumplir con una tarea, no por mera diversión. Zagallo, como siempre, nos daba su apoyo.

Otro punto importante de nuestra campaña resultó ser la oración. Rezábamos casi todos los días del torneo, a menudo después de la cena. No era obligatorio; de hecho, algunos no eran católicos. Todo comenzó durante una conversación telefónica que tuve con Rose, que estaba en Brasil. Me dijo que todos los días la familia se reunía para rezar por nosotros. Me pareció algo maravilloso, y la idea de juntar al grupo para rezar me hizo llorar de emoción. Se lo comenté a los demás jugadores. Primero hablé con Rogério y con Carlos Alberto: aceptaron inmediatamente. Luego hablamos con Antonio do Passo, de la dirección del equipo nacional, y se unió a nosotros. Al principio éramos nosotros cuatro. Luego se sumaron Tostão, Piazza y Mario Américo. Había casi cuarenta personas en la delegación, y a medida que avanzaba el torneo cada vez éramos más, casi todos. Cada día encontrábamos algo distinto por qué rezar: los enfermos, la guerra en Vietnam, la salud de los que necesitaban de nuestra oración, y todo tipo de cosas. Nunca rezamos para ganar el título. Sólo pedíamos que nadie resultara lesionado de gravedad y que tuviéramos un poco de suerte. Creo que esto fue algo que nos ayudó a unirnos más como equipo, y también a tranquilizar los ánimos. Vivíamos como una familia, nos tratábamos con respeto mutuo y abandonamos las palabras hirientes. Nos llevábamos bien. Con todo esto a nuestro favor, ¿cómo podíamos fallar?

Yo siempre fui un hombre religioso. Vengo de una familia católica, tengo muchísima fe y siempre he buscado a Dios en todos los caminos que recorrí en mi vida. Cuando era un niño no se me permitía salir a jugar con los demás niños a menos que acudiera a misa en la iglesia Santa Terezinha. De niño debía observar las costumbres de mis padres, y me volví religioso a través de ellas. El amor por mi familia y el respeto por todas las personas le dieron un marco y una gran fuerza espiritual a mi vida. Dios me había dado un talento, y siempre sentí que era mi obligación desarrollarlo para lograr cosas positivas. En Chile, en la Copa del Mundo de 1962, pude ver con total claridad que era un simple mortal que estaba en este mundo con algún tipo de misión. Sentí que, dado que todos morimos algún día, debemos respetar la vida, debemos ser útiles y comportarnos con los demás como nos gustaría que los demás se comportasen con nosotros. Todo lo que soy y todo lo que he hecho se lo debo a Dios. Mi fe me ha ayudado en mi camino. Respeto todas las religiones en las que se cree en Dios. No me importa cuáles sean sus orígenes porque creo que todos los caminos conducen a Él. Debemos respetar a nuestros vecinos, su fe y su religión, siempre que no causen problemas a los demás.

Nuestro primer encuentro fue el 3 de junio de 1970 contra Checoslovaquia, en medio del calor asfixiante del estadio Jalisco, frente a 53.000 personas. El equipo titular inicial contaba con Félix en la meta, nuestro capitán, Carlos Alberto, Brito, Piazza, Everaldo; Clodoaldo y Gerson; Jairzinho, Tostão, Rivelino y yo; los once que formábamos el núcleo del equipo. Mucha gente se preocupó cuando el poco experimentado Petras puso el partido 1 a 0 a favor de Checoslovaquia. Para muchos comentaristas esto simplemente confirmaba todo lo que se había dicho durante el entrenamiento acerca de que éramos simplemente un equipo de atacantes sin defensa. Pero yo sabía que nuestro equipo era lo suficientemente bueno como para dar la vuelta al resultado; éstos no eran los checos de 1962, y mis habilidades estaban lejos de haberse agotado, como decía su entrenador.

Diez minutos más tarde, Rivelino igualó el marcador con un libre directo, bajo y fuerte, después de que se hubiera cometido sobre mí una falta en la línea del área; y muy poco tiempo después de este gol estuve cerca, muy cerca, de anotar otro mediante un disparo lejano que luego se pasaría una y otra vez por televisión. Fue una muestra de audacia que hubiera sido mucho más hermosa si tan sólo el maldito balón hubiera entrado en la meta. Esto sucedió después de que Clodoaldo me habilitara en el círculo central. Miré desde allí al guardameta checo, Viktor, y vi que estaba muy lejos de su lugar. Ya había notado su tendencia a hacer esto desde el comienzo del encuentro, y comoquiera que los defensores checos titubearon, sin duda porque creían que iría corriendo con el balón, disparé un poderoso misil hacia su portería, a unos sesenta metros de distancia. El balón viajó elevado y veloz hacia su objetivo, mientras su trayectoria se curvaba a medida que avanzaba. Viktor observaba la escena alarmado, mientras volvía desesperadamente hacia su meta. No habría tenido oportunidad de evitarlo si el balón se hubiera mantenido en el curso deseado, pero la filmación no cambia, no importa cuántas veces se la mire. El balón, efectivamente, se desvió unos pocos centímetros. Una vez terminado el partido, los periodistas me preguntaron si había hecho ese disparo para probar que no era miope. ¡No tenía nada que ver con eso! Aunque el balón no entró, la jugada envalentonó al equipo y de ahí en adelante todo fue Brasil.

En el segundo tiempo anoté un tanto con un disparo de volea que lancé después de interceptar un pase con el pecho: me giré y golpeé el balón mientras caía, antes de que tocara el suelo. Luego, Jarizinho hizo otros dos, el segundo de los cuales después de una gran jugada individual. Ganamos por 4 a 1, lo cual era un excelente resultado inicial, pero a continuación debíamos jugar contra el campeón de mundo, Inglaterra, en un partido que mucha gente consideraba el choque de los titanes del torneo.

La preparación de Inglaterra para el Mundial de México no había sido sencilla, en gran parte debido a una serie de meteduras de pata de su entrenador, sir Alf Ramsey, que no se había granjeado, precisamente, el cariño del público mexicano con sus desacertados comentarios. De cualquier forma tenían un muy buen equipo: Moore, Bobby Charlton y Gordon Banks bien podrían haber formado parte del equipo brasileño.

El encuentro tuvo lugar cuatro días después del partido contra los checos, también en el estadio Jalisco, esta vez frente a 66.000 espectadores. Era otro día abrasador, y el partido comenzó al mediodía debido a los compromisos televisivos (otro motivo de controversia a lo largo del torneo), pero sabíamos que los ingleses sufrirían el calor y la humedad más que nosotros. Estábamos confiados, pero les teníamos respeto. Sabíamos que iba a ser un partido difícil: Gerson estaba lesionado, y la defensa inglesa era formidable. Zagallo nos exhortaba a ser pacientes y nos decía que alcanzar la victoria no sería cosa fácil. Como en muchas otras cosas, tenía razón.

Después de tan sólo diez minutos de juego, en otra jugada célebre del torneo de 1970, quedó muy claro que no sería fácil romper aquella defensa: Gordon Banks salvó al equipo de un cabezazo mío en plancha. Jairzinho se había deshecho del zaguero inglés, Terry Cooper, y había lanzado un centro perfecto al área. Con un salto poderoso, alcancé el balón y lo cabeceé, bajándolo hacia uno de los postes. Podía imaginarme los titulares de las noticias y, mientras veía el balón moverse hacia la red, estaba seguro de que sería gol. Pero entonces, de la nada (desde el otro poste, en realidad, lo que es prácticamente lo mismo), Banks se lanzó hacia el balón con un movimiento extraordinariamente ágil y logró despejarlo, enviándolo por encima del larguero. Fue una parada fenomenal, la mejor de ese torneo, y hasta se podría decir que de la mayoría de los demás torneos. Y no mucho tiempo después logró otra magnífica parada, esta vez ante un tiro libre directo. Su actuación fue extraordinaria y mantuvo a Inglaterra con posibilidades.

Pero nuestra paciencia se vio finalmente recompensada con un hermoso gol en equipo, que comenzó cuando Tostão superó a tres jugadores ingleses en una jugada que incluyó un hermoso *caño* a Moore —quien, aparte de eso, estaba teniendo una actuación perfecta—, antes de pasarme suavemente el balón. En lugar de chutar, que era claramente lo que la defensa inglesa esperaba que hiciera, controlé el balón y se lo pasé con cuidado a Jairzinho, quien anotó un tanto con el que prácticamente fue nuestro único disparo a meta en todo el partido. Nos colocamos 1 a 0, y así terminaría el encuentro.

En nuestro tercer partido de la primera ronda, contra Rumania, tuvimos la peor de las actuaciones. Anoté dos veces, y Jairzinho hizo el tercer gol; pero, con la defensa que teníamos, los rumanos no deberían haber logrado marcar dos veces. Fue un mal partido. Pecamos de exceso de confianza y fuimos castigados por un equipo rumano valeroso y comprometido. Pero, al menos, habíamos logrado obtener un puesto en la fase eliminatoria: habíamos jugado tres encuentros y ganamos los tres.

En los cuartos de final jugamos contra Perú, un equipo que conocíamos bien, en parte porque su entrenador era nuestro viejo amigo y ex compañero de equipo, Didi. Había demostrado ser tan talentoso como entrenador como lo había sido en su época de jugador. Perú había llegado bien a la fase final: había derrotado a Bulgaria y a Marruecos, lo que le valió su pase a los cuartos de final, y sólo había perdido contra Alemania Occidental, un equipo poderoso. El equipo peruano de ese año era bueno, pero nosotros éramos mejores, y el partido de aquel 14 de junio finalizó 4 a 2 a nuestro favor.

Seguramente fue el encuentro en el que más disfrutamos hasta ese momento, no sólo por la conexión que teníamos con Didi o porque conocíamos a muchos de los jugadores peruanos después de tantos viajes a ese país con el Santos, sino también por el espíritu con el que se jugó el partido. Todo fue ataque, ataque y más ataque, y el juego fluyó libremente. Tostão y Rivelino estuvieron especialmente magníficos y anotaron tres tantos entre los dos; Jairzinho convirtió el cuarto.

Y de esta forma nos hicimos un hueco en las semifinales, aunque cuando terminó el encuentro con Perú aún no teníamos idea de quiénes serían nuestros rivales en el próximo partido. Antes de ducharnos o cambiarnos, nos juntamos alrededor de una radio para escuchar los momentos culminantes del partido entre Uruguay y la URSS en el Estadio Azteca, en la Ciudad de México. El tiempo reglamentario ya había finalizado, el juego se encontraba empatado a 0 e incluso la prórroga estaba a punto de finalizar. Sin embargo, en los segundos finales, el pequeño Cubilla, el magnífico extremo derecho del conjunto uruguayo, llevó el balón hasta la línea de meta y lo cruzó hacia Espárrago, que anotó. Luego hubo mucha discusión acerca de si Cubilla, en el momento de centrar, había dejado que la pelota saliera fuera de la línea de meta, pero el gol se computó y los rusos se quedaron fuera. Así que jugaríamos contra Uruguay.

Recordé al instante la promesa que le había hecho a mi padre en 1950 y aquella terrible derrota contra Uruguay en el Maracaná. Le había jurado que Brasil no habría perdido si yo hubiera estado allí, y ahora tenía la posibilidad de vengarme por esa derrota. Brasil no había jugado contra Uruguay en una Copa del Mundo desde entonces, por lo que este partido, en 1970, iba a ser particularmente especial para mí y para el resto del equipo. Recuerdo la noche anterior al partido, la del 17 de junio: todo el mundo iba a nuestro hotel en Guadalajara a decirnos que, aun si perdíamos el torneo, lo que más importaba era que venciéramos a Uruguay.

«Los tenemos atragantados desde hace veinte años —dijo alguien cuya voz estaba quebrada por la emoción—. ¡Tenemos que eliminarlos. Debemos ganar!». La gente que me preguntaba por este partido no tenía idea de lo importante que era para mí ganarle a Uruguay. Siendo un niño de nueve años había sufrido y había llorado muchísimo, y había jurado que me vengaría por aquella derrota en el Maracaná. Los periodistas agitaban las aguas y eso nos ponía aún más nerviosos. El resultado de 1950 no significaba nada para algunos de los jugadores de Brasil —Clodoaldo, por ejemplo, sólo tenía veinte años de edad—, pero algunos de los que estábamos en México recordábamos la agonía de 1950.

Cuando llegó el momento de jugar, no fue fácil apaciguar los ánimos. Había mucha tensión. Ya al comienzo del partido quedé sorprendido: era como si todos hubiésemos estado allí aquel día de julio, veinte años atrás, y ahora estábamos cometiendo los mismos errores. Pases malos, una defensa débil y la imposibilidad absoluta de superar a nuestros rivales. A los veinte minutos perdíamos por 1 a 0, gracias a un disparo aventurado y en semifallo realizado por Cubilla, en un ángulo cerrado, que sorprendió a Félix. Intenté recomponer las cosas pillando desprevenido al portero uruguayo, Mazurkiewicz, abalanzándome para interceptar el balón en uno de sus pases en corto hacia sus defensores, un hábito que había notado y percibido como vulnerable, pero se recuperó bien y logró frenar mi disparo. Tuvimos otras oportunidades; los uruguayos jugaban fuerte, y a veces brutalmente, y nos concedieron muchos libres directos.

En un momento, Fontes me pisó el tobillo después de haberme derribado en el área. Si no hubiera tenido el tobillo vendado se habría fracturado. El árbitro español no hizo nada. Sin embargo, tuve mi venganza. Un poco más adelante en el partido, me encontraba corriendo por el ala derecha, y él estaba a punto de alcanzarme desde atrás. Sabía que iba a intentar derribarme brutalmente, así que le golpeé fuertemente con el codo. Fue un golpe violento. El árbitro pitó falta, pero a mi favor. Había comprendido que el uruguayo se había acercado a mí con malas intenciones. Me alegré de haberlo golpeado en la frente, porque si hubiera sido en la nariz o en la mandíbula, seguramente se la habría fracturado. Recuerdo haber pensado: «¡Dios, me duele el codo!». ¡Imagina cómo se sentiría su frente!...

Durante toda mi carrera, cuando los jugadores fueron violentos conmigo, siempre me defendí: el fútbol es un juego de hombres. Pero nunca fui violento deliberadamente. Sólo me expulsaron dos veces, y en ambos casos fue por discutir con el árbitro. Nunca me echaron por tener una conducta violenta. En 1970, los uruguayos jugaban tanto defensiva como violentamente: fue un juego de contención brutal. Contra Brasil, sólo tuvieron un jugador como atacante delante y los otros diez en la defensa.

Nos mantuvimos 1 a 0 abajo hasta el final del primer tiempo, cuando Clodoaldo, ahora más calmado tras un periodo de nervios, corrió tras un gran pase de Tostão e igualó el resultado. Cuando salimos para jugar la segunda mitad ya éramos un Brasil diferente. Tomamos el control del juego y jugamos un fútbol práctico, rápido e inteligente. Jairzinho y Rivelino anotaron, y desperdiciamos muchísimas otras posibilidades. Otra de mis jugadas ha quedado en la memoria colectiva de 1970, aunque fue otro *gol que no lo fue*: recibí un pase al hueco y, amagando hacia la izquierda, engañé al portero, enviándolo justo al lado opuesto del debido, lejos del balón que continuaba su curso hacia la derecha: listo para, rápidamente, rebasar al arquero y disparar..., pero mi tiro se desvió, angustiosamente, de la meta vacía. Al igual que el lejano disparo contra Checoslovaquia, podría haber sido mucho más hermoso si hubiera entrado, y muchas veces sueño con que esos tiros entran y golpean la red de la portería. De cualquier manera, no hice esas jugadas pensando en cómo se verían: sólo quería que Brasil ganara, quería más goles y ésas parecían ser buenas posibilidades de anotar en esos momentos. Pero la vida real, a veces, se interpone en el camino, y es importante tomar estas cosas con filosofía.

Fuimos un equipo mejor que el de los uruguayos, tal como lo habíamos sido en 1950; la diferencia ahora era que, veinte años más tarde, el mejor fue el que ganó.

El equipo que, de ahí en adelante, se conocería como «el equipo del juego bonito», el mejor que alguna vez jugó este juego, había llegado a la final de la Copa del Mundo. Era la cuarta vez que Brasil alcanzaba la cima del mayor torneo. Nuestro contrincante sería Italia, dos veces campeón mundial, que había vencido a Alemania por 4 a 3 en la prórroga de la semifinal, después de una terrible falta sobre Beckenbauer que hizo desequilibrar el partido.

La mayoría de esos goles se produjeron en el tiempo extra: se conocía a los italianos por tener una defensa fuerte, lo que ellos llamaban *catenaccio* —o cerrojo—, que hacía que algunos de sus partidos fueran bastante estériles. Ahora, la *fuerza implacable* se enfrentaría con el *objeto inamovible*, y —aunque éramos los favoritos— el mundo estaba entusiasmado por ver quién ganaría. Se esperaba que casi mil millones de personas vieran el encuentro por televisión.

En ese sofocante día de junio había casi 100.000 espectadores en el Estadio Azteca. Nuestra alineación no difería de aquella de la semifinal: Félix, Carlos Alberto, Brito, Piazza, Everaldo, Clodoaldo, Gerson, Jairzinho, Tostão, Pelé y Rivelino. Los italianos tenían muy buenos jugadores en su equipo, como Angelo Domenghini, delante, el defensa Fachetti y Mario Bertini, quien me causó muchísimos problemas durante el partido aunque era demasiado astuto como para que el árbitro lo viera. Pero su problema era que necesitaban cambiar de estrategia de juego para ganarnos, debían venir hacia nosotros y no lo hicieron. Se posicionaron atrás y trataron de aguantar la presión, pero era excesiva. La mayoría de nosotros estábamos en excelente estado físico ese día, incluido yo. Fue uno de mis mejores partidos con la camiseta de Brasil.

Nuestro primer gol llegó apenas pasados los dieciocho minutos: Rivelino envió un centro al área, en donde yo estaba; medí mi salto a la perfección y cabeceé por encima de las manos extendidas del portero, Enrico Albertosi. Gerson y Carlos Alberto tenían mucho espacio y creamos problemas por todo el campo, pero los italianos parecían contentarse con quedarse atrás y frustrar nuestros intentos. Después de treinta y siete minutos, sin embargo, parecía que sus tácticas habían sido acertadas. Nosotros habíamos tenido el control del juego hasta ese momento, pero Clodoaldo dio un estúpido taconazo hacia un espacio vacío y el balón fue recuperado por Boninsegna, quien superó al desesperado Félix y anotó. Italia había empatado furtivamente: ¿podía ser que el *catenaccio* y el contraataque ganaran ese día?

A los cuarenta y cuatro minutos estaba a punto de efectuar otro disparo a puerta cuando el silbato del árbitro marcó el descanso. No podía creerme mi mala suerte y me quedé pensando en esa decisión durante el intervalo.

Pero en el segundo tiempo reafirmamos nuestro control mientras Italia no lograba hacernos sentir la ventaja psicológica que podía llegar a tener. Gerson utilizó al máximo el espacio libre que tenía y anotó un gol, con un tiro largo y bajo desde fuera del área, pasados los sesenta y seis minutos del encuentro. Jairzinho hizo otro, cinco minutos después, convirtiéndose así en el primer jugador en hacer un gol en cada una de las etapas finales de una Copa del Mundo. Italia comenzó a realizar sustituciones desesperadas, pero ya no había dudas sobre el resultado y comenzamos a disfrutarlo. El veredicto final sobre quién ganaría el desafío entre el ataque y la defensa se vio cuatro minutos antes del final. Sabíamos que Italia estaba haciendo marcajes personales y que Fachetti, el defensor izquierdo, cubría a Jairzinho. Entonces, cuando Jairzinho corría hacia la derecha, quedaba un espacio libre que llamábamos «la avenida». Habíamos intentado aprovechar la avenida en algunas ocasiones durante el primer tiempo, pero el gol no venía. Más tarde, cerca del final del segundo tiempo, Tostão recibió el balón, se lo pasó a Jairzinho y él, a mí. Vi a Fachetti cerca de Jairzinho y pensé que no había nadie detrás de mí y, en cuanto me di cuenta de que Carlos Alberto venía solo le pasé el balón. Ya habíamos practicado esta jugada y nos salió perfectamente. Carlos Alberto se llevó el balón y superó a Albertosi como un rayo. El resultado final fue 4 a 1.

Carlos Alberto y yo nos conocíamos perfectamente bien, dentro y fuera del campo. Habíamos pasado cinco años juntos en el Santos y teníamos una buena relación. Hasta le había presentado a una actriz famosa, Terezinha Sodré. Él deseaba conocerla, aunque en ese momento era un hombre casado, por lo que yo no estaba muy de acuerdo con eso. En resumidas cuentas, ellos terminaron casándose. Carlos Alberto tenía una tía muy religiosa en Río, que él traía a verme cada vez que me lesionaba para que rezáramos juntos. Estábamos sincronizados, y la demostración más espectacular de ello fue el gol de la final de la Copa del Mundo.

Cuando sonó el silbato fue el caos. La gente corría hacia el campo desde todas partes, y en segundos los cazadores de recuerdos nos quitaron las camisetas y hasta los pantalones; yo me aseguré de quitarme la camiseta sólo para que mi cabeza no se fuera con ella. Un mar de hinchas me levantó en andas y pasaron varios minutos antes de que pudiéramos ir al vestuario a recuperarnos. Logré encontrar un momento de tranquilidad en la ducha para dar gracias a Dios y a mi familia por ayudarme a lograr ese gran triunfo. Mientras estaba allí fui interrumpido por un periodista que se las había arreglado para meterse en los vestuarios. Yo lo conocía: era uno de los reporteros que había estado diseminando rumores sobre mi vista. Se arrodilló frente a mí, empapándose con el agua, y me suplicó perdón por lo que había escrito. Le respondí que sólo Dios podía perdonar, y que yo no era Dios.

Luego volvimos al campo para recibir el trofeo Jules Rimet de manos del presidente de México. Como ésta era la tercera vez que lo ganábamos, nos lo podíamos quedar en propiedad. La intensa emoción que sentimos cuando Carlos Alberto alzó el trofeo, con lágrimas de alegría en los ojos, fue algo que yo jamás había experimentado, excepto tal vez cuando Bellini alzó la copa en 1958, pero en esta ocasión yo comprendía mejor lo que significaba y lo que significaría para todas las personas de nuestro país. Y yo había jugado todos los partidos, había salido ileso y sentía que había conseguido todo lo que tenía que conseguir.

Después de la euforia del triunfo, ¿me quedaba alguna cuenta pendiente relacionada con mi trayectoria en las Copas del Mundo? Bueno, hay una tontería: me hubiera gustado hacer un gol de chilena. Lo había hecho para el Santos y luego, más tarde, para el Cosmos. Pero nunca en una Copa del Mundo. Había anotado de todas las maneras posibles: con la cabeza, con el pie derecho, con el izquierdo, de tiro libre directo, pero nunca con un disparo por encima de la cabeza. Es gracioso, pero los goles que no hice en 1970 son más recordados que los que sí anoté: el tiro desde medio campo, la parada de Banks y el amague al guardameta. Hubiera preferido no haber hecho ninguna de esas jugadas a cambio de marcar con un disparo de chilena. Es algo personal, realmente sin importancia, pero es lo que siento.

CAPÍTULO VII

Las primeras despedidas

Su gran secreto fue la improvisación. Las cosas que él hacía las resolvía en un instante. Tenía una extraordinaria percepción del juego.

CARLOS ALBERTO TORRES

La consecuencia inmediata del triunfo en la ciudad de México en 1970 fue la clásica ronda de recepciones, banquetes y palmadas en la espalda. Fueron momentos de gran disfrute, pero también muy agotadores. Tuvimos una comida de celebración y luego algunos de nosotros atendimos una llamada del general Emílio Médici, el presidente de Brasil. El país se encontraba bajo el mando de una dictadura militar desde el año 1964, y Médici, que estaba en el poder desde 1969, era conocido como un forofo del fútbol. Médici llegó a causar cierta intranquilidad en el equipo nacional cuando, antes de la Copa del Mundo, dijo que quería que Dada Maravilha, su jugador preferido, formara parte del equipo. Así es Brasil: antes de una Copa del Mundo, todos quieren emitir su opinión, hasta el mismísimo presidente.

Médici nos felicitaría nuevamente en persona unos días después, cuando volamos de regreso a Brasilia para una recepción triunfal en el palacio presidencial. Con emoción, manifestó que sentía orgullo y alegría porque habíamos traído el trofeo a casa; por supuesto que él veía cierto capital político en la supremacía de Brasil en el fútbol —suponía una buena propaganda para el país y también para la imagen de su

Gobierno—, pero era evidente que también era un hincha del fútbol y estaba profundamente encantado con nuestro triunfo.

En esa época, había críticas relacionadas con el hecho de que la dictadura estaba utilizando al fútbol en beneficio propio. Como jugador nunca sentí ningún tipo de presión por parte del Gobierno, aunque algunos integrantes de nuestro cuerpo técnico eran militares, como Claudio Coutinho, por ejemplo, que era capitán en la reserva. Durante la preparación para el acontecimiento, Coutinho nos había dicho que ganar era importante porque tranquilizaría al pueblo.

A medida que asimilábamos el impacto de nuestro triunfo, también podíamos reflexionar sobre lo que había sido un magnífico torneo. Los periódicos estaban repletos de artículos que elogiaban el triunfo de nuestro estilo de juego fluido sobre el enfoque defensivo del juego italiano. Por otra parte, éste había sido un torneo lleno de innovaciones: la Copa del Mundo de 1970 fue la primera en la que se permitió la sustitución de jugadores, hasta tres por equipo; aunque esta excelente idea llegó un poco tarde para mí, ya que me hubiera resultado más provechosa en los torneos de Chile en 1962 o de Inglaterra en 1966, cuando tuve que permanecer en el campo de juego nada más que para completar el equipo. Este torneo también vio la implementación de las tarjetas amarilla y roja, una idea del árbitro Ken Aston, quien había tenido que soportar la infame y violenta «batalla de Santiago» entre Chile e Italia en 1962, y más tarde presidió el Comité de Árbitros de la FIFA. Esto evitaría otra farsa como la que sucedió en el encuentro entre Argentina e Inglaterra en la Copa del Mundo de 1966, cuando el árbitro, que hablaba en alemán, expulsó al argentino Rattin y se perdió mucho tiempo porque todos tenían dificultades para entenderse.

Todos los medios de comunicación coincidían en que el fútbol en sí mismo había sido el ganador de la Copa del Mundo de 1970, y yo estaba muy contento de que nuestro equipo representara de la mejor manera el espíritu del juego. El desafío sería mantener ese espíritu y difundirlo también en otros países —lo que no era fácil, ya que la presión por ganar a toda costa era cada vez mayor.

Pero en Río, adonde habíamos volado desde Brasilia para participar en otros festejos, mis preocupaciones eran otras y la más inmediata era reunirme con Rosemeri, que estaba en su séptimo mes de embarazo de nuestro segundo hijo. Una noche, muy tarde, finalmente logré comunicarme con Santos y fue una gran alegría poder escuchar de nuevo su voz. Me dijo que me necesitaba a su lado, por lo cual al día siguiente tomé un aerotaxi de regreso a casa. Después me enteré de que habría otro desfile en São Paulo, pero en ese momento ya estaba de camino a casa. Posteriormente me criticaron por haber abandonado al equipo, pero eso no fue lo que sucedió; si se hubiera decidido antes que todos participaríamos en el programa del día, yo también habría estado allí, junto a mis compañeros.

Nuestro hijo, Edson Cholbi do Nascimento —Edinho— nació el 27 de agosto de 1970. La primera vez que lo tuve en mis brazos dije que él podría ser lo que quisiera; no tendría que ser necesariamente un futbolista, eso no me importaba. Su madre Rose y yo queríamos lo mejor para él. Después de todo, un padre desea dar a sus hijos todo lo que a él le faltó, aquello por lo que tuvo que luchar. Yo no era diferente y sólo pensaba en la educación de Edinho —lo mismo que quisimos para Kelly y todos nuestros amados hijos.

Con una nueva boca que alimentar yo ya tenía decidido que necesitaba pensar un poco más en el futuro y que había llegado el momento de llenar los huecos en mi educación. Finalmente volvería a la escuela. Quería obtener un título y, siguiendo la tradición de los novatos, me corté el cabello. Ésta es la razón por la cual en México todo el mundo usaba el pelo corto, un estilo que se dio en llamar «el corte Pelé».

De niño no fui un buen alumno (ya he descrito en capítulos anteriores que podía llegar a ser un diablillo). Todo lo que quería era jugar. Muchos de nosotros pasamos por esa etapa en la que creemos que la vida es un lecho de rosas y que nunca vamos a crecer. Siento una gran admiración por las personas que son capaces de dedicarse a sus estudios desde pequeñas. En 1970, siendo ya un adulto, el deseo de estudiar seguía dándome vueltas en la cabeza. Ésa es la edad a la que muchos de nosotros nos damos cuenta de cuántas cosas no hemos hecho. En aquel entonces ya era más maduro y comprendía la importancia de tener una titulación académica. Y lo más importante: comencé a sentir que me faltaba una mayor comprensión, una definición más clara de mí mismo como persona. ¿Quién era yo?; ¿qué era yo?; ¿no era más que un futbolista? No, debía ser algo más que eso. Había realizado numerosas visitas a escuelas, universidades, hospitales y empresas para hablar de fútbol, y sentía que esas exposiciones públicas podían ser mejores, más completas. Pero me di cuenta de que no era por falta de inteligencia o de instinto, sino que simplemente no tenía suficiente educación. No tenía las bases o, si las tenía, eran escasas. Conocía a mucha gente que había tenido una mejor educación que yo y decidí que debía recuperar ese tiempo perdido. Sería un buen ejemplo para mis hijos y, al mismo tiempo, algo beneficioso para mí.

Cuando eres padre de familia comprendes lo importante que es esto y cuánto tiempo se malgasta quejándote de la escuela. Fue ése el momento en que comencé a pensar en dejar el fútbol. Estaba un poco cansado de vivir a bordo de los aviones y de dormir en hoteles. Quería estudiar Educación Física, lo que me permitiría al menos permanecer dentro del mismo campo de actividad. Sin embargo, no era un camino fácil.

El profesor Julio Mazzei fue quien más me estimuló para que cumpliera mi sueño, al decirme constantemente que debía estudiar. Cuando le comuniqué que lo estaba considerando, se sintió feliz y me dijo que podía contar con su total apoyo. Solía decirme que no era importante ser el mejor atleta del mundo, sino ser el atleta más *inteligente* del mundo. Cuando salíamos de gira con el Santos procuraba traer libros consigo y nos daba lecciones improvisadas de inglés y de español.

Yo había terminado la escuela primaria, pero para poder estudiar Educación Física en la universidad debía aprobar la escuela secundaria y asistir a otras clases más para prepararme para el examen de ingreso en la universidad. No se llega a ninguna parte sin dar el primer paso y yo tenía un ferviente deseo de lograr mi objetivo, aunque no era sencillo, por mis compromisos con el fútbol y todo lo demás. Pasé un año entero estudiando con ahínco: todo mi tiempo libre transcurría en mi escritorio, leyendo y escribiendo. El profesor Mazzei era como un hermano mayor, como un segundo padre. De hecho, terminé llamándolo «papá». Así lo llamaba su esposa, al igual que sus hijos, y de esta manera el apodo se me terminó pegando a mí también.

Cuando finalmente entré al aula donde debía examinarme, el profesor Mazzei notó que yo estaba nervioso… ¡Y no era para menos! Se volvió hacia mí y me dijo: «Relájate, Pelé. No estés nervioso. Te has esforzado y has estudiado mucho. Estás bien preparado, así que ni pienses en fallar». Entonces recordé el viaje a Santos en el que Waldemar de Brito me había dicho las mismas palabras que el profesor; la frase «relájate, Pelé» se me quedó grabada. Aprobé el examen y recibí el diploma de secundaria; esto significaba que podría seguir adelante con la preparación del examen de ingreso al que debía someterme para acceder a la universidad. Pasé un año más estudiando. Estaba concentrado en mi desafío, y el profesor Mazzei permanecía siempre a mi lado, tal como había prometido.

Finalmente estuve preparado. Hice el examen en Aparecida, una bella ciudad en el valle de Paraiba, en la frontera entre los estados de São Paulo y Río de Janeiro. Mi viejo amigo Zito, compañero de los campeonatos mundiales de 1958 y 1962 y ocasionalmente socio de negocios, tenía una finca en Aparecida, en la que yo había pasado también la noche de la víspera de mi boda. Cuando, la mañana de la evaluación, desperté, había un caballo ensillado, presto a llevarme al aula de examen. Me sentí como un verdadero don Quijote, montado a caballo, trotando hacia otro momento trascendental de mi vida.

Logré controlar mis nervios e hice el examen; y cuando abandoné la sala estaba seguro de que había aprobado. Una semana más tarde recibí una carta confirmándolo. ¡Por fin se había abierto la puerta que me permitiría asistir a la universidad! Volví a los libros y a seguir luchando. El profesor Mazzei estaba ahora más confiado aún y me alentaba a diario. En adelante, los exámenes serían escritos y prácticos. Además de las clases de educación física, tenía clases de historia de Brasil y matemáticas. Casi fallo en la prueba de natación de 25 metros. No se aprende a nadar sentado a la vera del río o del mar mirando el agua, y recordaba aquella vez en Bauru, cuando casi me ahogo. Para la prueba de natación tuve que entrenarme intensamente. La aprobé. Finalmente, comenzaría a recorrer la tercera etapa en el camino hacia mi graduación.

El curso en la Universidad de Santos duraría tres años. Además de todo lo relacionado con el estado físico y la comprensión del deporte, debíamos estudiar muchos otros temas, tales como psicología, fisiología e historia. Me dio ánimos descubrir que, al igual que yo, había muchos otros atletas en mi curso; era duro y nos apoyábamos unos a otros. Las clases comenzaban a las siete y media de la mañana y no había concesiones. A los profesores no les importaba el hecho de que yo estuviera jugando al fútbol a nivel profesional por las tardes: debía mantener el mismo ritmo que mis compañeros de clase. Finalmente me gradué junto con ellos. Fue un momento de gran emoción. Una vez más, debo rendir tributo a Jorge Mazzei. En gran medida, mis estudios llegaron a buen puerto gracias a su dedicación casi paternal.

No obtuve mi título de Educación Física con la intención de ser director técnico de fútbol. No tengo ningún deseo de serlo y nunca lo tuve. Lo hice simplemente para dar un ejemplo: cuando deseas ser algo, debes luchar por ello. Desde cualquier punto de vista, tuve éxito solamente porque decidí que iba a estudiar y me mantuve firme en esa decisión. Les doy el mismo consejo a todos los jóvenes, sean atletas o no: el estudio es fundamental. Y es la determinación la que lleva al éxito.

El triunfo en la Copa del Mundo de 1970 nuevamente me hizo pensar en retirarme del fútbol —comenzando por la selección nacional—, para poder pasar más tiempo con mi familia. Ahora ya tenía dos hijos y, debido a mis constantes viajes, Rosemeri era quien cargaba con el peso de ocuparse de ellos. Dondinho, mi padre, siempre me decía que uno no debía retirarse cuando la gente se lo pedía, sino que debía hacerlo en su mejor momento porque ése era el modo en que sería recordado. No es placentero para uno observar su propia decadencia. En ese momento yo estaba indiscutiblemente en la cima; había jugado mi mejor Copa del Mundo, había anotado mil goles y tenía renombre internacional. De modo que anuncié que ya no estaría disponible para integrar la selección de Brasil y preparé el terreno para que el Santos comenzara la búsqueda de un nuevo número 10. No tenía prisa por retirarme, pero para mí era importante anunciar mis intenciones a largo plazo.

La despedida con Brasil llegó primero, en dos encuentros celebrados con una semana de diferencia. El primero fue el 11 de julio de 1971 en el Morumbi, en São Paulo, ante Austria. Sólo jugué la primera mitad del encuentro, y durante ese tiempo anoté el último tanto que haría para la selección de Brasil. Llegué a anotar 77 en total —tengo el orgullo de decir que ése es aún un récord nacional—. La despedida final no podía ser en otro lugar que en el Maracaná. El encuentro tuvo lugar una semana después, el día 18, frente a Yugoslavia. Fue otra experiencia extraordinaria. Para empezar, había 180.000 personas apretujadas en el estadio, y no era siquiera un partido oficial. Fue un encuentro poco memorable: terminó en un empate a 2, pero nunca podré borrar de mi memoria el afectuoso saludo de despedida que recibí de la muchedumbre. Me resultó difícil concentrarme en el partido y jugué solamente los primeros cuarenta y cinco minutos. Cuando el encuentro terminó, todo el estadio cantaba: «¡*Fica!*, *¡fica!*» («¡Quédate!, ¡quédate!»). Di una vuelta al estadio, rodeado de niños, mientras la multitud me imploraba que no me fuera. Mi camiseta, la consagrada *verde-amarela*, estaba en mis manos, pero no lograba detener el flujo de mis lágrimas.

Más tarde, algunos sectores me criticaron por abandonar el fútbol internacional tan tempranamente y mientras aún estaba en buen estado físico. Quizá era previsible. Siempre sucede así…, es difícil contentar a todo el mundo.

Mi contrato con el Santos expiraba a finales del año siguiente, y parecía que el club quería rentabilizar su dinero. La gallina de los huevos de oro estaba a punto de abandonar el gallinero y estaban decididos a hacerla jugar para recaudar dinero para el club... En un periodo de dieciocho meses recorrimos América del Sur, el Caribe, América del Norte, Europa, Asia y Australia: prácticamente todo el mundo. Nunca en mi vida pasé tanto tiempo en aeropuertos, hoteles y países diferentes como en esa época. Ya había jugado mi encuentro número mil para el Santos, ante el Transvaal en Paramaribo, Surinam, y parecía que querían obtener de mí unos cien partidos más antes de que me retirara.

Al mismo tiempo, mi actitud hacia el club iba cambiando gradualmente. Ya no disfrutaba tanto como antes. Además de los viajes constantes —algo que había jurado dejar cuando nació Edinho—, se estaban produciendo muchos cambios en la estructura del club —cambios en la gerencia y en el equipo—. En primer lugar, había nuevos entrenadores, entre ellos mi antiguo compañero Mauro, quien reemplazó a Antonio Fernández —conocido como Antoninho, de larga trayectoria en el club—, fallecido trágicamente en un accidente automovilístico en 1973. Mauro era un caballero de verdad y había sido el capitán del equipo brasileño ganador de la Copa del Mundo de 1962. Era un buen director técnico, que impulsaba un estilo de juego más cauteloso, más defensivo. Cuando él llegó al Santos éste era un equipo que ya no tenía el poder ofensivo del pasado.

Luego llegaron nuevos dirigentes, quienes despidieron a Mauro después de apenas seis meses. En su sustitución llegó Jair da Rosa Pinto, otro ex compañero que estaba en el club cuando yo llegué a él en 1956 y que había hecho un buen trabajo como director técnico en el América de Río de Janeiro. Jair sabía que el equipo no era tan fuerte como lo había sido en otras épocas, pero de todas maneras quería un juego más ofensivo. Cometió un error, sin embargo, al despedir al profesor Julio Mazzei de su puesto de preparador físico —¡imperdonable!—. Jair también dejó el equipo sin haber tenido mucho éxito, y el ex lateral Pepe tomó su lugar. Era un veterano del Santos y un viejo amigo. Y luego, en 1974, llegó Tim, el antiguo hombre de Bangú que había querido contratarme cuando yo era un adolescente. Aquello era como un tiovivo que no aportaba nada a la continuidad del club, el cual se encontraba en franca decadencia.

Yo me debatía entre renunciar definitivamente o negociar un nuevo contrato, bajo mis condiciones. Decidí quedarme por un tiempo más, siempre que el acuerdo con el club me fuese rentable. Esto dio origen a toda clase de rumores acerca de exigencias absurdas que yo estaría realizando —algunos de aquéllos bordeaban la difamación—. Durante mi permanencia, el club Santos había recaudado más de 20 millones de dólares (serían muchos más en valores actuales, por supuesto) y no creo que sea engreído por mi parte decir que una gran parte de ese dinero se ingresó gracias a mí. Es simplemente un hecho que los países que visitábamos y los clubes a los que nos enfrentábamos le pagaban al Santos más dinero cuando yo actuaba que cuando no lo hacía —en algunas ocasiones, hasta el doble—. Y también merece la pena señalar que en los años posteriores a mi retirada, el Santos no jugó un solo partido fuera del continente.

Mucha gente decía que yo me estaba enriqueciendo mientras el Santos se empobrecía y luchaba por sobrevivir, pero en realidad era exactamente lo contrario. Siempre tuve críticos en ciertos sectores de los medios de comunicación, especialmente en los brasileños, y durante este periodo parecían tenérmela jurada. Cuando hablé de los niños después del gol número mil, mucha gente creyó que lo hacía por demagogia, pero algunos políticos pensaron que estaba en la buena senda. De hecho, eso facilitó una audiencia, junto a otros jugadores, con el presidente Médici, a quien fui a visitar para reclamar los derechos de los futbolistas. Esto sucedió décadas antes del caso Bosman en Europa (que les dio a los jugadores sin contrato el derecho a pasar a otros clubes), y la situación en Brasil era una vergüenza: como si se tratara de trabajos forzados. Una vez que tu contrato con un club expiraba, no eras libre de ir a jugar a otro lado; necesitabas el permiso del club, el cual podía tratarte de forma desconsiderada. No existían planes de jubilación, cobertura médica ni seguros. Yo tenía muy presente lo que les había sucedido a mi padre y a Vasconcelos: ninguno de los dos habían tenido ninguna clase de seguridad en el trabajo. Los jugadores podían ser considerados como dioses por el público, pero en términos laborales eran poco más que esclavos. Recuerdo que, durante un tiempo, tuvimos en Santos un centrocampista que comenzó a salir con la hija de un directivo. Un día discutió con ella, y el padre de la muchacha insistió en que fuera separado de la plantilla. Fue castigado porque no tenía los mismos derechos que otras personas tienen garantizados en su trabajo. Fuimos a ver a Médici, pero, aunque parecía ser receptivo a nuestras demandas, nada se hizo al respecto. Fue sólo casi tres décadas después cuando la situación legal de los futbolistas cambió, tras ejercer mi cargo de ministro de Deportes.

Tenía muy claros los derechos de los futbolistas en general y los míos en particular. También aprendí mucho durante mis negociaciones con el Santos por un nuevo contrato. Mi propuesta era simple: quería jugar durante un año bajo mis condiciones y luego jugaría durante otro año más con un salario base, debiendo destinarse a obras de caridad todas las primas y ganancias adicionales. Mi remuneración por un año era razonable y tenía la tranquilidad de saber que podía retirarme si mis demandas no eran aceptadas. Las negociaciones continuaron durante semanas, pero finalmente aceptaron.

Así que me quedaría en el club para el cual había jugado durante toda mi vida y trataría de disfrutar de mis últimos años allí. Pero se hizo cada vez más difícil, a medida que el Santos cambiaba y la gente que más conocía iba quedando en el camino. Me sentía solo, sin colegas ni amigos como nuestro gran capitán Zito, o Lula, Antoninho o Mauro; Pepe, Coutinho, Lima y los demás, especialmente Julio Mazzei.

En 1973 comenzamos otro año de viajes: el primero, de nuevo, a Australia. Después, jugamos en los países del Golfo Pérsico; jugamos en Egipto y en Sudán, en África; y en Europa, nos presentamos en Alemania, Francia, Bélgica e Inglaterra. En Inglaterra jugamos dos encuentros y perdimos ambos: 2 a 1, frente al Fulham; y 3 a 2, frente al Plymouth. Anoté en ambos partidos, pero mi despedida en suelo inglés fue triste. La «máquina del fútbol» estaba perdiendo su brillo, aun cuando quedaban recuerdos singulares de los días gloriosos. Recuerdo un encuentro en particular en junio de ese año. Estábamos en los Estados Unidos y jugábamos contra el Baltimore Bays, en Baltimore. Durante este encuentro ejecuté un saque de esquina, y el balón fue a parar directamente dentro de la portería, sin que ningún otro jugador lo tocara: un gol *olímpico*, el único que anoté en mi carrera.

Ese partido frente al Baltimore había sido sugerido por Henry Kissinger, el entonces Secretario de Estado de los Estados Unidos. Puede ser una sorpresa para muchos enterarse de que Kissinger era y es un gran aficionado al fútbol, pero es cierto; y llegaría a tener una influencia aún más directa en mi carrera. El encuentro de Baltimore fue, además, la forma que Kissinger encontró para apoyar la campaña del doctor João Havelange para convertirse en el presidente de la FIFA. Kissinger veía la atención que atraía el fútbol brasileño y mi figura en particular, y se dio cuenta de que sería una buena manera de introducir este deporte en su propio país. El razonamiento de Kissinger fue impecable: como aficionado al fútbol quería que el juego tuviera tanta fuerza en los Estados Unidos como en otras partes del mundo, y eso se podría lograr únicamente trayendo al jugador más famoso del momento a jugar allí y tratando de que el país fuera anfitrión de una Copa del Mundo. Ambas cosas, finalmente, se cumplieron.

Havelange me pidió que colaborara en su intento por llegar al puesto cumbre de la FIFA, que tendría elecciones en 1974. Hicimos bastantes viajes juntos por los Estados Unidos, África y Europa. Ayudé a realzar su imagen y a atraer la atención de los delegados de la FIFA, especialmente en África. En las giras siempre había sorpresas. En una ocasión, en Francia, estábamos en medio de una entrevista en el auditorio de una emisora de radio cuando un grupo de exiliados políticos brasileños trató de entrar por la fuerza. ¡Tuvieron que sacarnos a Havelange y a mí por la puerta trasera! En aquellos días, Havelange me trataba como a un hijo. Tuvo éxito en su campaña y fue presidente de la FIFA entre 1974 y 1998.

La idea de jugar en los Estados Unidos había sido sembrada por primera vez en mi mente dos años antes, cuando conocí en Jamaica a un hombre llamado Clive Toye y a dos de sus socios, con ocasión de una gira del Santos. Clive era el presidente de un equipo de fútbol de Nueva York llamado Cosmos, y nos encontramos una mañana conversando al borde de la piscina del hotel donde nos alojábamos. Clive nos habló sobre la situación del deporte en los Estados Unidos y sobre sus esfuerzos por rejuvenecer la Liga de fútbol, aún novata, la cual necesitaba jugadores estrella para atraer a las multitudes que eran adictas al béisbol y al fútbol americano. Yo escuchaba, mas prestaba poca atención a lo que el profesor Mazzei iba traduciendo, ya que realmente no podía comprender qué tenía esto que ver conmigo. Sin embargo, atrajo mi atención cuando dijo que la búsqueda de jugadores estrella debía incluir al más famoso de todos ellos, y que estaría gustoso de ofrecerme un contrato para ir a jugar al Cosmos de Nueva York.

«El dinero no es un problema —dijo—: El que sea necesario». Pero el dinero no era el obstáculo; de hecho ya había rechazado grandes ofertas de clubes europeos. Y aunque todavía no había cerrado mi contrato con el Santos, tenía toda la intención de finalizar mi carrera con él. Dije que no, gracias, y Clive y sus socios se fueron con las manos vacías.

Pasarían dos años antes de volver a considerar la oferta del Cosmos, pero poco a poco comencé a establecer vínculos con los Estados Unidos. En 1973, firmé un contrato con Pepsi-Cola Company para trabajar en un proyecto mundial de talleres de fútbol para niños, que se llamó Programa Internacional de Fútbol Juvenil, en el que colaboraría junto con Julio Mazzei. Decidí probar durante un año y resultó ser una de las mejores cosas en las que me he involucrado en toda mi vida. Cuando terminó el primer año renové el contrato por otros cinco. No es difícil imaginar en qué se convirtió mi vida a partir de entonces: jugaba al fútbol y repartía mi tiempo entre los talleres, mis estudios y el entrenamiento.

El programa fue un éxito. No le costaba nada a los entrenadores ni a las escuelas ni a los jugadores. El profesor y yo viajamos a 64 países; dimos talleres en todo el mundo. Editamos un libro y varios carteles con las enseñanzas del profesor Mazzei, y produjimos una película de entrenamiento llamada *Pelé: The Master and His Method*, que ganó once premios internacionales. El proyecto de la película resultó ser un verdadero maratón, idea de un creativo de PepsiCo llamado Giora Breil, pero valió la pena el esfuerzo y es algo de lo que, hasta el día de hoy, me siento orgulloso. Gran parte de ella se filmó en las instalaciones del Santos, en Vila Belmiro, con niños del vecindario.

En 1973 sucedió algo más: Garrincha recibió un homenaje en el Maracaná. Aunque yo estaba muy ocupado, no podía pasar por alto la oportunidad de jugar. Garrincha fue el más grande extremo derecho que jamás he visto y con el que haya tenido el placer de jugar. El encuentro era entre un equipo de Brasil y un equipo convocado por la FIFA. Fue hermoso volver a verlo con la camiseta amarilla después de su retirada prematura por una lesión en la rodilla. También había tenido problemas personales, especialmente con el alcohol, y había perdido el rumbo. Quise ayudarlo, sugiriendo al Instituto del Café de Brasil que le diera un trabajo, y a principios de los setenta, mientras vivía en Italia, hizo para ellos algunas tareas de promoción. Todos queríamos que superara sus problemas; era un ídolo.

La parte más triste del derrumbe de Garrincha llegó unos años más tarde. Todo el mundo quería homenajearlo, y él aceptó desfilar en una carroza durante el carnaval en Río. Yo he recibido miles de invitaciones para desfilar en Río, pero nunca las acepté. Si aceptara la de una escuela de samba, todas las demás se molestarían, de manera que creo que no vale la pena. De todas formas, Garrincha estaba desfilando con Mangueira, una de las escuelas de samba más populares. Estaba mirando el desfile por televisión y cuando lo vi a él quise llorar. Iba sentado sobre una carroza sin tener noción aparente de lo que estaba sucediendo a su alrededor. Su rostro se veía gastado, sin vida. Fue una de las cosas más tristes que jamás contemplé.

Era una verdadera lástima. Todos queríamos ayudarlo, pero nadie podía llegar hasta él. Lo mismo sucedió con George Best. Todos quisimos salvarlo, pero nadie pudo.

Garrincha murió en 1983. No quise ir a su funeral. La verdad es que he odiado ver a personas muertas desde que vi a ese piloto de avión cuando era niño. Prefiero rezar a solas.

Ya había colgado las botas de mi carrera internacional, aunque me presionaban para que cambiara mi decisión con vistas a la Copa del Mundo de 1974 en Alemania. Una de las razones era que aún me encontraba en buena forma en el Santos. En 1973, el Santos fue campeón de la Liga Paulista, y fui nuevamente el máximo goleador del torneo. En realidad, ese año compartimos el campeonato debido a una confusión peculiar que se produjo en el partido decisivo ante la Portuguesa. Terminó 0 a 0 después del tiempo de prolongación y fuimos a los penaltis. Les llevábamos una ventaja de dos goles, y la Portuguesa tenía aún dos penaltis por tirar. Pero el árbitro, Armando Marques, perdió la cuenta y, por error, declaró al Santos campeón. La multitud y el equipo comenzamos a celebrarlo. El director técnico de la Portuguesa sabía que el árbitro se había equivocado pero que, al mismo tiempo, sería difícil que su equipo lograra los dos tantos que le faltaban y que nosotros erráramos los nuestros. De manera que, rápidamente, ordenó a sus jugadores que se retiraran del campo y subieran al autobús. Cuando el juez Armando Marques se dio cuenta del error, el equipo de la Portuguesa ya no estaba allí. Su entrenador había realizado una inteligente jugada. Al día siguiente, la Federación Paulista decidió que no se jugaría nuevamente el partido y declaró campeones a ambos equipos. Yo estaba designado para tirar el último penalti para el Santos y me sentí frustrado por perder la oportunidad de hacerlo. Anotar el gol ganador en una final de campeonato habría sido genial. De cualquier manera, mi trayectoria con el Santos en la Liga Paulista fue muy buena: desde que jugué mi primer partido fui el goleador del torneo en once oportunidades, y el Santos fue campeón diez veces.

La presión para jugar nuevamente para Brasil provenía de diversos sectores. El presidente Ernesto Geisel, que asumió el poder en 1974, su esposa y algunos coroneles del Ejército me querían de nuevo en la *seleção*. Pero, para ese entonces, había oído lo que el régimen militar estaba haciendo con algunos estudiantes; algunos cantantes famosos habían tenido que exiliarse, y la gente hasta hablaba de torturas. La hija de Geisel vino a pedirme que lo pensara nuevamente; pero yo no iba a hacerlo.

João Havelange, jefe de la CBD, y próximo presidente de la FIFA, también me insistió para que fuera a Alemania; y lo mismo hizo el entrenador de Brasil, Mario Zagallo. Estaba preocupado porque no encontraba sustitutos con la misma calidad de los viejos jugadores. Más allá de mi ausencia, también faltaban Tostão, Gerson y Carlos Alberto. «Me gustaría poder contar con tu talento —me dijo Zagallo—. Podrías resolver algunos problemas serios que tengo en el ataque». Si Pelé jugara para Brasil todo encajaría, pensaba él.

Siempre sentí un gran respeto por Mario Zagallo. Después de ganar la Copa del Mundo de 1970 estaba bebiendo un trago de agua y conversando con Brito en el vestuario cuando sentí una mano sobre mi hombro. Pensando que era un periodista más, no me di la vuelta, hasta que Brito me dijo: «¡Eh, hombre, es Zagallo!». Me volví inmediatamente y me puse de pie. Nos abrazamos llorando. Nos quedamos así por un momento, conmovidos hasta las lágrimas por lo que acababa de suceder. Le dije: «Teníamos que estar juntos para salir campeones tres veces; esto sólo podía suceder contigo». Y realmente lo creía. Él había estado conmigo en 1958 y en 1962, y luego, como entrenador, en 1970. Carlos Alberto Parreira, miembro del cuerpo técnico de Zagallo en 1970, es también un gran admirador suyo y lo considera el mejor entrenador del mundo. Pero me mantuve inflexible en mi posición; había dado a conocer mis razones en 1971 y éstas no habían cambiado.

Igualmente estaba deseoso de asistir al torneo y consideré algunas opciones, entre ellas una oferta de una cadena brasileña de televisión para ejercer de comentarista. Cuando esto se supo, hubo protestas por parte de algunas personas de esa industria que decían que yo no estaba afiliado al sindicato, que no tenía suficiente experiencia, etcétera, etcétera. Así que lo descarté. Tenía el compromiso de hacer de relaciones públicas para Pepsi como parte del contrato por el Programa Juvenil y tenía otra razón imperiosa para estar ahí desde el comienzo del evento. Me habían invitado, junto a Uwe Seeler, el gran jugador alemán, para formar parte de la ceremonia inaugural e intercambiar trofeos: Uwe me entregaría la antigua copa Jules Rimet, que Brasil conservaría para siempre por haberla ganado en tres ocasiones, y yo le entregaría la nueva Copa del Mundo FIFA, de oro macizo.

A pesar de que le faltaban varios veteranos de 1970, Zagallo pudo convocar a Rivelino, Jairzinho y a Paulo Cesar. Pero el equipo no jugaba tan bien. Zagallo se había vuelto más precavido en su enfoque; Clodoaldo se había lesionado antes de la fase final y la actitud general no parecía la correcta —les faltaba el rigor de la preparación que habíamos tenido en 1970, la concentración intensa para no pasar por alto el más mínimo detalle y el hambre de triunfo del equipo—. Esto se me hizo evidente en una conversación que tuve con Paulo Cesar justo antes de nuestro primer partido en la eliminatoria por grupos ante Yugoslavia. Había ido hasta el campo de entrenamiento para desearles buena suerte, y Paulo Cesar se me acercó para decirme que tenía un dilema, pero, en lugar de mostrarse preocupado por algún aspecto táctico ante el desafío de enfrentarse a los yugoslavos, resultó ser que su inquietud respondía a que un equipo francés quería contratarlo y dudaba si le convenía pedir más dinero.

Todo era muy diferente a 1958. Recuerdo la respuesta del capitán Bellini al doctor Paulo cuando éste se disculpó porque no había mucho dinero disponible para premios por ganar el torneo —la CBD estaba entonces en una situación financiera bastante mala—. Bellini le dijo: «No estamos aquí por el dinero. Vinimos por el título, para ganar el campeonato, y lo logramos. Si hay algo de dinero extra, bienvenido sea, pero no se preocupe por eso».

En 1974 me pareció que si los jugadores estaban más preocupados por su futuro económico después del torneo que por el torneo en sí mismo, la Copa estaba perdida de antemano. Y así fue. Un triste empate a 0 ante Yugoslavia mostró pocos intentos de tirar a puerta. Sacaron a Jairzinho de su posición de lateral para que actuara como delantero centro, y era notorio que se sentía incómodo en ese puesto. El siguiente encuentro ante el equipo escocés, animado por el incansable Billy Bremner, no fue mejor y también finalizó 0 a 0. El primer triunfo se logró ante el alicaído Zaire, pero apenas pudimos vencerlos por 3 a 1, cuando cuatro días antes Yugoslavia los había aplastado por 9 a 0. Realmente tuvimos suerte de pasar a la siguiente ronda. Escocia no lo logró, a pesar de tener la misma cantidad de puntos que nosotros y uno más que Argentina, que sí pasó.

Nuestro primer partido de la segunda ronda fue ante Alemania del Este y, nuevamente, Brasil no llegó a convencer: el único tanto fue convertido por Rivelino de tiro libre directo, con Jairzinho agachado en la barrera para dejar pasar el balón hasta la red. También enviamos de vuelta a casa a Argentina para alcanzar las semifinales, pero llegar tan lejos en el torneo sólo sirvió para aumentar la vanidad del equipo. Como observador, tenía la posibilidad de ver jugar a otros países y era evidente que Brasil aún no se había enfrentado a ninguno de los equipos más fuertes. Esto cambiaría el 3 de julio en Dortmund, ante Holanda. Éste era el equipo del gran Johan Cruyff, el equipo que definiría el «fútbol total». Su estilo elegante y la manera de hacer fluir el juego me recordaban intensamente la manera en que Brasil había jugado en el pasado.

Fue demasiado para el Brasil de aquel momento, no había duda, y Holanda resultó ganador por 2 a 0, con un asombroso gol de volea de Cruyff. Estábamos fuera y además perderíamos el partido por el tercer puesto ante Polonia. Fue muy decepcionante y sentí la derrota tan profundamente como si hubiera estado en el equipo.

La balanza del poder en el mundo del fútbol estaba cambiando. Estaban los holandeses; el joven y brillante equipo francés; los disciplinados alemanes, con su fuerte táctica y técnica, que llegarían a vencer a Cruyff y sus muchachos en la final. Estaba claro que el equipo brasileño tenía por delante una era de desafíos totalmente nuevos.

Fue una época difícil para mí. La gente me paraba por la calle y me decía: «¿Has visto lo que has hecho? ¡Si hubieras estado en el equipo, Brasil habría ganado!». Aun así, sabía que había hecho lo correcto. Y en el Santos me di cuenta de que mi carrera estaba llegando a su fin. Decidí que jugaría un último partido y se lo comuniqué al club. No se sintieron muy complacidos y trataron de persuadirme de que lo volviera a pensar. Todavía me encontraba en buen estado físico, seguía marcando goles y jugando bien. Querían seguir exprimiéndome unas semanas más, unos meses, unos años más... Pero no cambié de parecer. A finales de septiembre les di la noticia: mi último partido sería la semana siguiente, ante el Ponte Preta, en Vila Belmiro.

Siempre lo tomé como una coincidencia curiosa: en el primer partido que jugué para el Santos, ante Cubatão, en 1956, usé la camiseta de visitante del club: tiene franjas verticales blancas y negras, como la del Newcastle y la Juventus. Luego, durante casi toda mi carrera, utilicé la camiseta local, que es totalmente blanca. Y para mi último partido, debido a los colores del Ponte Preta, tuve que ponerme nuevamente la de las franjas blancas y negras. Era como un círculo que abarcaba toda mi carrera; me sentía extraño con la segunda camiseta, pero al mismo tiempo me sentía bien.

Generalmente, cuando alguien tiene un partido de despedida las cosas transcurren de una manera determinada: los gritos de aliento, la vuelta de honor, etcétera. No había planeado lo que iba a hacer. Comenzó el encuentro. A los veinte minutos estaba en el centro del campo y el balón me fue enviado por arriba. En lugar de bajarlo con el pecho o de controlarlo de alguna otra manera, lo tomé con las manos. Fue una decisión espontánea. La idea se me ocurrió en el momento. Los demás jugadores se detuvieron y me miraban absortos. Podía sentir el bramido de la multitud.

Creo que todos comprendieron en ese momento que mi carrera había terminado. Corrí hacia el centro del campo con el balón aún en las manos. Me arrodillé en el punto central con el balón entre las rodillas. Levanté los brazos como si fueran las alas de un avión, como si fuera una cruz. Quería dar las gracias a toda la gente que se encontraba allí, a todos mis seguidores, a todos los brasileños y, por supuesto, a Dios. Giré lentamente, para tener de frente todos los rincones del estadio, saludando a los presentes mientras las lágrimas me corrían por la cara.

La multitud se puso de pie a un mismo tiempo, con un rugido de aprobación, de respeto y de tristeza que descendía por las gradas hasta mí. Me levanté, me sequé el rostro y corrí hacia las tribunas, hacia la legión de seguidores del Santos que me había apoyado durante los dieciocho años que jugué con sus colores. Las lágrimas continuaban cayendo. Apenas pude permanecer en el campo. Luego me retiré, convencido de que, a pocas semanas de mi cumpleaños número treinta y cuatro, nunca volvería a jugar al fútbol de forma profesional.

Hacia finales de 1974 pensaba sinceramente que podría dedicarme a una vida de negocios y de fútbol sin ser esclavo de ninguno de los dos. Aún conservaba mi cartera de inversiones, a las que se habían agregado otras a lo largo de los años, para complicar el panorama; y, al mismo tiempo, tenía la esperanza de poder desempeñar algún papel como consejero en la dirección del fútbol brasileño y de poder enseñar el juego a los niños de todo el mundo. Pero no me imaginaba saliendo al campo de juego nuevamente para un equipo, semana tras semana, y tampoco podía prever las circunstancias que me llevarían a ello.

Fueron los negocios los que me fallaron nuevamente. Fiolax, la fábrica de piezas de coches en la que tenía una participación, estaba en dificultades. Cuando contraté a una persona para que hiciera una auditoría completa de mis intereses, quedó claro que nuevamente estaba involucrado en una empresa que me hacía perder dinero a manos llenas. El auditor hizo un trabajo excelente: aumentó la eficiencia de mis bienes y vendió algunos negocios y propiedades que no eran rentables, pero Fiolax era un problema. Tontamente, había firmado un documento avalando un préstamo bancario para la compañía, así como también para cubrir su pasivo, a pesar del hecho de que no era, ni de lejos, un accionista mayoritario. Cuando hubo que pagar el préstamo, y la compañía no pudo hacerlo, el banco me hizo responsable. También había una multa que pagar por haber infringido algunas normas de importación.

El total de mis pérdidas —el pago del préstamo y la multa— fue enorme: un par de millones de dólares. Tuve que llegar a un acuerdo con mis acreedores, para lo cual recibí cierta ayuda de João Havelange, a quien yo había respaldado en su campaña para la presidencia de la FIFA haciendo una serie de apariciones públicas e intensas gestiones a su favor antes de la votación.

Pero tenía la determinación de no dejar que Fiolax quedara en la bancarrota. Nuevamente estaba preocupado por cómo se vería esto y necesitaba obtener más dinero. Había un método seguro: volver al juego. Y había importantes ofertas sobre la mesa: Juventus y Real Madrid ofrecían 15 millones de dólares; A.C. Milán y el América de México también estaban interesados. Estaba confundido porque sabía que no quería ir a Europa: eso significaría jugar durante todo el año con una presión enorme. Sería el mismo tipo de vida que había llevado con el Santos y había determinado que ya era tiempo de cambiar.

El profesor Mazzei vio que me resultaba difícil decidirme. Me sugirió que reconsiderara la oferta del Cosmos. Me la habían hecho en 1971 y aún estaba en pie. Clive Toye me había llamado por teléfono desde Nueva York después de mi partido final con el Santos para reiterar sus intenciones. Estaba claro que lo suyo iba en serio; pero ¿era una oferta para considerar seriamente? Julio Mazzei y yo nos sentamos a analizar todas las ventajas y desventajas de ir a jugar a los Estados Unidos.

Lo que más me preocupaba era cómo sería recibida la noticia en mi país. Después de todo, me había retirado no sólo de la selección nacional, sino también del juego. Había recibido críticas por no jugar la Copa del Mundo de 1974 cuando estaba lo suficientemente en forma para hacerlo y podría haber ayudado a Brasil a ganar la Copa (sin embargo, siempre creí que mi participación no hubiera cambiado las cosas). ¿Cómo podría contradecir mi palabra, sobre todo para jugar en el exterior? Existían también otras complicaciones: mi manejo del inglés no era tan bueno en aquel entonces y el viaje sería traumático para mi familia, especialmente para mi hija, Kelly Cristina.

El profesor Mazzei señaló los puntos a favor de ir a los Estados Unidos: en primer lugar, sería beneficioso para la difusión del fútbol. Estados Unidos era el país más rico y poderoso de la tierra, y el fútbol allí aún se encontraba en pañales. Sería una gran oportunidad para cambiar los hábitos del público. Podría tener un impacto mucho mayor sobre mucha más gente del que tendría de ir a jugar a un país donde el fútbol ya fuera un deporte consolidado. Lo percibía realmente como el comienzo de algo; como ser parte de algo entretenido y excitante a la vez. En segundo lugar, sería una oportunidad para mí y para mis hijos de aprender inglés, algo que el profesor Mazzei siempre me había dicho que sería muy importante para cualquier cosa que quisiera hacer en el futuro. Y, en tercer lugar, era mucho, mucho dinero. Sería el mayor contrato deportivo que jamás se hubiera firmado.

Después de discutir la decisión con Rosemeri, quien dijo que me apoyaría en lo que decidiera, resolví que era la mejor alternativa. Iría a Nueva York y llevaría un poco de samba a la Gran Manzana. Cuando me retiré, sentí que algo moría dentro de mí. Jugar al fútbol nuevamente sería como una terapia.

CAPÍTULO VIII

Cosmonauta

Pelé ha elevado el juego del fútbol a alturas nunca alcanzadas en los Estados Unidos. Sólo Pelé, con su prestigio, talento incomparable y notoria compasión, podría haber llevado a cabo semejante misión.

JIMMY CARTER

La decisión de ir a los Estados Unidos fue sólo el comienzo del proceso; llegar a un verdadero acuerdo con el Cosmos llevó meses. Transcurrieron al menos seis meses de intercambio de telegramas, llamadas telefónicas, reuniones y mensajes entre abogados, consultores y funcionarios de impuestos de toda índole. Hubo ofertas y contraofertas y las negociaciones se prolongaban más y más, todo bajo la más estricta confidencialidad, ya que queríamos mantener en secreto el posible traspaso hasta que el acuerdo estuviera cerrado. La compañía propietaria del Cosmos, Warner Communications, movía sus influencias donde podía y hasta logró que el Secretario de Estado, Henry Kissinger, hiciera una invitación formal para que yo jugara en su país con el propósito de ayudar al desarrollo del fútbol, en caso de que sirviera para engrasar los engranajes de la burocracia brasileña.

Sabía que Kissinger estaba haciendo todo lo posible entre bambalinas para lograr que yo pudiera trasladarme; fue un aliado eficaz. Havelange también hizo su parte, ya que mantuvo varias reuniones con Steve Ross, en aquel entonces jefe de Warner. Finalmente, se pulieron todos los detalles, y el contrato se concretó. Jugaría para el Cosmos durante dos años como empleado de Warner Communications, y además un acuerdo adicional me garantizaba el 50 por ciento de todos los ingresos que el club obtuviera por el uso de mi nombre. El contrato me dejó casi nueve millones de dólares por el traspaso. Era mucho dinero para aquella época y aun así tenía mis dudas acerca de si debía aceptarlo. «¿Realmente esperan que juegue como lo he estado haciendo hasta ahora?», me preguntaba. Estaba cerca de los treinta y cinco años; debían saber que mi máximo potencial como jugador ya había pasado. Finalmente, logré convencerme de que lo que ellos querían de mí era que promoviera el fútbol desde los Estados Unidos hacia el resto del mundo, y de que, además de contratar mi habilidad como jugador, estaban contratando mi nombre.

Antes de mudarme a Nueva York, Estados Unidos era el único lugar del mundo en donde podía salir a la calle sin temor a ser asediado por la multitud. Es cierto que Estados Unidos tenía un equipo nacional de fútbol, pero el juego no estaba bien desarrollado en sus niveles básicos y, a escala profesional, era insignificante comparado con el béisbol o el fútbol americano. Sin embargo, a menudo se olvida que la selección de los Estados Unidos llegó a semifinales en la primera Copa del Mundo en 1930, partido que perdió contra Argentina, y que en 1950 el equipo logró una tan famosa como inesperada victoria por 1 a 0 sobre el equipo de Inglaterra, donde actuaban Billy Wright, Alf Ramsay, Wilf Mannion y Tom Finney. Hasta el establecimiento, en 1967, de la NASL —North American Soccer League (Liga Norteamericana de Fútbol)— no existía algo semejante a una verdadera Liga Nacional profesional; todos los intentos anteriores habían estado restringidos a una región en particular, generalmente alrededor de Nueva York y de Nueva Inglaterra. Pero esto comenzó a cambiar rápidamente: el fútbol se tornaba cada día más popular y yo estaba entusiasmado por ser el mayor exponente del juego en un país con más de doscientos millones de habitantes.

Ya había visitado Estados Unidos en algunas ocasiones. En 1968 me habían otorgado el título de Ciudadano de Kansas City cuando el Santos voló allí para jugar ante los Kansas City Spurs. Aunque la mayoría de los estadounidenses no sabían quién era yo, había numerosos inmigrantes de países amantes del fútbol que sí me conocían y que contribuían a llenar los estadios durante las giras del Santos. Me gustaban los Estados Unidos, y Rosemari, que había viajado conmigo a Nueva York en algunas oportunidades, se había enamorado de la ciudad, de manera que ella estaba muy entusiasmada con la mudanza. Una de las condiciones en las que insistí fue que Julio Mazzei también fuera contratado por el Cosmos como entrenador asistente y asesor de preparación física. Su esposa, Maria Helena, también vino y fue una gran compañía para Rosemari cuando nos establecimos.

Finalmente, los abogados se retiraron de la escena, la tinta se secó sobre el contrato y Warner estuvo lista para presentar a su nueva estrella. La fecha en que el Cosmos anunciaría su nueva adquisición se fijó para el 11 de junio de 1975; el lugar: un glamuroso sitio frecuentado por las celebridades llamado 21 Club. A la conferencia de prensa asistió lo que me pareció la mitad de los medios de prensa del mundo. Era una verdadera muestra del nivel de interés y curiosidad que había despertado mi traspaso. Con el profesor Mazzei como intérprete, me enfrenté a la andanada de preguntas de la mejor manera que pude. ¡Definitivamente, mejorar mi inglés iba a ser una prioridad!

También sería prioritario tomar las riendas de los desafíos que afrontaría como jugador del Cosmos. Estaba ansioso por observar a mis nuevos compañeros de equipo lo antes posible, y una vez que cumplimos con todas las formalidades fuimos a ver un par de encuentros. En el estadio Downing en la isla Randall, Nueva York, su sede temporal, los vimos perder por 1 a 0 ante Vancouver y luego los vimos perder por el mismo resultado frente al Philadephia Atoms.

Era evidente que había mucho trabajo por hacer. Después de afiliarse a la NASL en 1970, el equipo tuvo una serie de altibajos. Ganó el campeonato por primera vez en 1972, pero quedó el último en 1974, cuando perdió catorce de los veinte partidos que jugó esa temporada. Realmente, no era más que un equipo universitario. Yo conocía a su director técnico, el inglés Gordon Bradley, quien había jugado para los New York Generals cuando vencieron por 5 a 3 al Santos, en 1968. Bradley me había marcado con mucho éxito, evitando así que pudiera anotar un solo tanto. Bradley había jugado en la Primera División del fútbol inglés para el Sunderland, cuando era adolescente, hasta que sufrió una lesión en la rodilla. Más tarde, se trasladó a los Estados Unidos y jugó en Toronto y en Baltimore antes de unirse al Cosmos como jugador y entrenador, en 1971.

Había sido un buen jugador y era un hombre muy decente, pero a Julio Mazzei y a mí nos pareció que le faltaba materia prima. El equipo carecía del profundo talento que se requiere para mantenerse en un lugar destacado, y el calendario de juego, irregular por naturaleza, hacía que el nivel de estado físico en general no se pareciera en nada al que yo estaba acostumbrado en el Santos. También fue preocupante descubrir, como lo hicimos en el transcurso de las siguientes semanas y meses, que había otros equipos en la Liga que, además de tener mejores jugadores, también estaban mejor entrenados y tenían un estado físico superior al de nuestro equipo. Fue difícil al comienzo. Recuerdo haberme dicho a mí mismo: «¡Dios mío! ¿Para qué me habré metido en esto?».

Mi debut en la Liga fue exactamente una semana después de mi presentación en el 21 Club, ante el Toronto Metros en la isla Randall. No sólo ganamos por 2 a 0, sino que la asistencia media subió de 8.000 a 22.500 espectadores, lo que superaba la capacidad del estadio. Durante el resto de mi estancia en el club, tendríamos un promedio de 20.000 asistentes cuando éramos locales, una clara indicación de que mi presencia había encendido una chispa de interés en el juego. No quiero parecer engreído al señalar que la venta de entradas caía notablemente si yo estaba lesionado o en el banquillo; es solamente un dato estadístico, y una prueba de que el Cosmos y Warner habían hecho una acertada inversión. Había ido allí para que los estadounidenses se interesaran por el fútbol, y comprendí que mi labor consistía en estar visible el mayor tiempo posible.

La temporada de 1975 fue una lucha: ganamos seis y perdimos siete de los encuentros restantes. No ayudó el hecho de que me lesionara ante el San José Earthquakes, y no pudiéramos ganar los partidos decisivos. Teníamos el compromiso de hacer una gira por Europa y el Caribe durante un mes, a finales de agosto, y estaba seguro de que nos veríamos como tontos a menos que fortaleciéramos la plantilla. Tras discutir el tema con Gordon Bradley y Clive Toye, el club accedió a traer a dos jugadores sudamericanos que estaban en ese momento en el Santos: el brasileño Nelsi Morais y el jugador internacional de origen peruano Ramón Mifflin. Ambos eran buenos jugadores, experimentados y habilidosos, y me sentí feliz de que estuvieran junto a mí en el vuelo a Suecia para nuestro primer encuentro ante el Malmö.

Aunque perdimos por 5 a 1, el resultado fue más de lo que nuestros contrarios se merecían y yo me sentí entusiasmado por la manera en que jugamos. El siguiente encuentro me trajo recuerdos de 1958. Fuimos a Gotemburgo y ganamos el encuentro por 3 a 1. En este partido anoté dos tantos, pero la victoria se vio ensombrecida por una seria lesión que sufrió Nelsi Morais. Un recuerdo aún más extraño vino a mi memoria cuando llegamos a la ciudad. Ilena, la chica que había conocido durante la Copa del Mundo de 1958, se había enterado de mi visita por los periódicos y se presentó en mi hotel. Me sentí avergonzado porque no la reconocí en absoluto; era toda una madre y vino con su hija, que ya era una hermosa mujer. Conversamos y nos tomamos fotografías juntos. No la he vuelto a ver, pero estoy seguro de que Ilena ya es abuela y que su nieta probablemente es tan encantadora como lo fueron ella y su hija a esa edad.

Después de un ajustado resultado en Estocolmo seguimos viaje hacia Oslo y Roma. No puedo decir que nos llevamos el mundo por delante como lo había hecho el Santos, pero tampoco pasamos vergüenza. El plantel comenzaba a cuajar, y para el momento en que llegamos al

Caribe para el tramo final de nuestra gira me sentía mucho más confiado acerca de nuestras perspectivas para la temporada 1976. En Jamaica jugamos contra el Santos, y nos movimos con total superioridad en un aplastante triunfo por 12 a 1 ante un equipo de Puerto Rico. Mi compromiso con el Programa PepsiCo para la Juventud, aún vigente, me impidió participar en el último encuentro frente a un equipo de Haití. Había estado muy preocupado antes de comenzar la gira, pero me sentí mucho más aliviado al finalizarla.

Estaba conquistando Nueva York, y Nueva York me estaba conquistando a mí. A los encuentros del Cosmos acudían multitudes y, de pronto, parecía que todo el mundo me conocía. En una oportunidad fui a ver un partido de béisbol con Dick Young, un famoso cronista deportivo, quien se mostraba escéptico en cuanto a que el fútbol adquiriese popularidad en los Estados Unidos. Cuando el público se enteró de que yo estaba en el estadio, aquello se convirtió un pandemónium, porque todos querían verme. Recuerdo que Dick me dijo: «Estaba equivocado, eres realmente famoso».

Con la ayuda del club, Rosemeri había encontrado un apartamento excelente para la familia en la costa este de Manhattan, y los niños se adaptaban rápidamente al nuevo país, a la nueva ciudad, al nuevo idioma. Mi hijo Edinho empezó a entusiasmarse con la cultura. En el Cosmos nos entreteníamos jugando al fútbol, pero en la escuela comenzó a jugar al baloncesto y al béisbol. Posteriormente, a los dieciséis años, recuerdo su ceremonia de graduación. El director me llamó y me preguntó si querría entregarle un premio al deporte. Pensé que sería por ser el mejor futbolista, pero cuando subí al escenario me enteré de que era por ser el mejor jugador de béisbol. Fue una gran sorpresa y, por un instante, ¡me sentí un poco frustrado!

Como parte de mis obligaciones por mi contrato con Warner, tenía muchos compromisos de publicidad. Debía asistir a partidos de béisbol y de fútbol americano, dar entrevistas, ser fotografiado...; en fin, todo ese tipo de cosas. Recuerdo que cuando iba a ver béisbol me quedaba dormido a menudo. Entre lanzamientos no sucede nada; la gente simplemente está ahí sentada conversando y comiendo palomitas de maíz. Yo pensaba: «¿Qué clase de juego aburrido es éste?». El fútbol americano es un poco más rápido, pero igualmente pesado.

Fue en esa época cuando usé por primera vez la expresión «juego bonito». Los periodistas estadounidenses solían preguntarme acerca del término *soccer*. Yo les respondía que no era *soccer,* que era fútbol, pero agregaba que no era lo que ellos llaman «fútbol», que es el fútbol americano. Yo les decía que el fútbol que yo —y el resto del mundo— jugábamos, era un *jogo bonito,* un «juego bonito». Esta frase era mi manera de explicarle al público estadounidense la diferencia entre el *soccer* y el fútbol americano. Debe de haber hecho mella, porque «juego bonito» es probablemente mi expresión más citada.

Era un deportista y me lo tomaba en serio, pero llevaba una vida muy diferente a la que había vivido en Santos. Santos es una pequeña ciudad comparada con Nueva York. No es siquiera una de las ciudades más grandes de Brasil, y Nueva York es la capital del mundo. En los setenta, la ciudad estaba atravesando un periodo vibrante. Era la época de las grandes discotecas, y el Cosmos formaba parte de todo eso. Conocí a tantos músicos famosos, actores y celebridades que casi no puedo recordarlos a todos. Debido a que Warner, además de ser propietaria del Cosmos, tenía intereses en la música y en el cine, siempre había fiestas y cócteles donde nos encontrábamos todos. Conocí a Frank Sinatra, Mick Jagger, Rod Stewart, Woody Allen...; la lista es interminable. Asistí a la fiesta del cumpleaños número dieciocho o diecinueve de Michael Jackson, y Andy Warhol pintó mi retrato. Una vez me topé con Steven Spielberg en un restaurante y me dijo: «Te filmaré jugando al fútbol en la luna, porque ése es el único sitio donde no has jugado aún: ¡en la luna!».

En otra ocasión, me dirigía a la oficina de Warner en el Rockefeller Center y hubo una gran conmoción, con gente pidiendo mi autógrafo y gritando mi nombre. Entré al ascensor al mismo tiempo que otra persona. Se volvió hacia mí y vi que era Robert Redford. «Nadie me prestó atención», dijo, y se echó a reír.

Fue también en esta época cuando comencé a beber. Es una broma, nunca he sido un bebedor. Nunca siquiera probé una caipiriña, y eso que es la bebida nacional de Brasil. Siempre fui muy cuidadoso con mi salud. Nunca bebí, nunca fumé y nunca consumí drogas. La gente me decía que estaba bien beber alcohol en los actos sociales, y hasta que el vino es bueno para el corazón. Mi respuesta siempre era que como soy de Três Corações, tengo tres corazones y acabaría bebiendo el triple de lo que debería.

Sin embargo, en el Cosmos esto cambió. Comenzábamos nuestro entrenamiento para la temporada en marzo, cuando apenas terminaba el invierno. El médico del equipo, al notar que los jugadores latinos sufríamos por el intenso frío, nos decía que podíamos tomar un pequeño sorbo de whisky antes de comenzar el entrenamiento. ¡No podía creer lo que oía! ¿Puedes imaginar a un doctor brasileño sugiriendo un trago de alcohol antes de salir al campo de juego? A mí me parecía ridículo. El doctor decía que nos ayudaría a entrar en calor. Bien, hice la prueba. Ésa fue la primera vez que probé el whisky. Ahora me permito hacerlo ocasionalmente, en momentos especiales, como cuando levanto una copa para brindar.

Aunque soy muy cuidadoso con mi dieta, en mis viajes he probado toda clase de platos. Cuando en un país extranjero quieren agasajarte, inevitablemente quieren que pruebes la especialidad local. He comido rodillas de cabra, testículos, sesos de mono y carne de perro. Cuando en la película de Indiana Jones vi la escena en que le sirven platos extraños, pensé: «¡Yo pasé exactamente por lo mismo!». Tengo la suerte de que me guste todo. Me gusta la carne, el pescado, las verduras…; y me gusta comenzar el día con dos huevos cocidos. Esto se debe a que Dondinho me taladró la cabeza diciéndome que «los huevos cocidos son buenos para la salud».

A comienzos de la temporada de 1976 el Cosmos se presentaba como un proyecto más serio. *Ascendieron* a Gordon Bradley a un puesto administrativo al tiempo que otro inglés, Ken Furphy, ex jugador del Everton, lo sustituyó como director técnico. También nos mudamos de la isla Randall al Yankee Stadium, hogar original del Cosmos. Furphy no tardó en reclutar jugadores de su país: trajo cinco de la Primera División, de los cuales tres pertenecían a uno de sus antiguos equipos, el Sheffield United. El equipo se fortalecía día a día, y los nuevos programas de entrenamiento del profesor Mazzei empezaban a dar sus frutos, aunque yo no estaba totalmente convencido de las tácticas futbolísticas de Furphy. Él parecía mucho más cerrado en sus puntos de vista que Bradley y exigía que el equipo adoptara un estilo de juego más cauteloso, más defensivo. Me reubicaron en el centro del campo, lo cual consideré una pérdida de tiempo para todos, especialmente porque me habían traído al club para marcar goles. Este estilo no explotaba las cualidades de la plantilla actual. El equipo tenía buenos delanteros además de mí, como Brian Tinnian y Tony Field, y nos volvimos aún más poderosos cuando se nos unió el goleador internacional italiano Giorgio Chinaglia, a quien yo conocía bien por haber jugado contra él en varias oportunidades. Era un gran jugador.

A pesar del resonante triunfo por 6 a 0 del primer encuentro de Giorgio ante Los Angeles Aztecs en mayo, donde ambos anotamos dos veces cada uno, Furphy no se convencía de que un esquema ofensivo fuera el camino a seguir, y los resultados eran cambiantes. Furphy se resistía a poner más de un jugador en ataque, y en más de una oportunidad alguno de nosotros se encontró en una posición favorable pero sin ningún apoyo. Ganamos cuatro y perdimos otros cuatro de los siguientes ocho partidos. Era evidente que este esquema no funcionaba y, después de la última derrota por 2 a 3 ante el Washington Diplomats, Furphy fue reemplazado por Gordon Bradley, quien volvió a asumir el puesto de director técnico.

Las cosas mejoraron inmediatamente y terminamos en segundo

lugar en la División Norte de la NASL. Llegamos a las finales y nos enfrentamos nuevamente a Washington en la primera ronda, en agosto. Marqué en nuestro triunfo por 2 a 0 en el Shea Stadium, lo que nos permitió enfrentarnos al Tampa Bay Rowdies, uno de los equipos más fuertes de la Liga. Tampa no había sido vencido como local en toda la temporada, y necesitábamos dar lo mejor de nosotros para poner fin a ese récord. Pero, a pesar del gran esfuerzo de nuestros jugadores, eso no fue posible, y terminamos perdiendo por 3 a 1. Logré convertir un tanto después del primero suyo, pero un mal arbitraje llevó a un momento de confusión en el campo de juego, que fue bien aprovechado por el ex astro del Watford, Stewart Sculliun, que marcó nuevamente. Y después, mientras aún estábamos reponiéndonos del golpe, Rodney Marsh logró el tercer gol.

Fue un final decepcionante para una temporada de trabajo duro, pero al mismo tiempo se había logrado un gran progreso, tanto en el Cosmos como en cuanto a la difusión del deporte en los Estados Unidos en general. Realmente me convencí de haber tomado la decisión correcta al abandonar mi retiro. En mayo participé dos veces en el American All-Stars, el equipo de estrellas de los Estados Unidos, ante Italia e Inglaterra. Si bien perdimos ambos encuentros, esto demostró que los Estados Unidos comenzaban a participar en el escenario internacional. Además, a lo largo de ese año, fui el centro de atención de artículos en los periódicos y revistas, y también de la televisión, al tiempo que continuaba con el Programa para la Juventud de PepsiCo. De hecho, viajé como nunca antes lo había hecho para este programa, casi siempre en compañía del profesor Mazzei. En 1976 visitamos, entre otros lugares, Japón, India, Uganda y Nigeria. En este último país casi causamos un incidente diplomático cuando quedamos atrapados por un intento de golpe de Estado. El presidente, el general Mohammed, fue asesinado durante nuestra estancia. Aunque atraparon rápidamente a los conspiradores, se declaró un periodo de duelo, lo que llevó a que el aeropuerto permaneciera cerrado y se impusiera un toque de queda.

Arthur Ashe también se encontraba en Lagos en ese momento, participando en un torneo de tenis, pero a él lo habían trasladado desde nuestro hotel a la embajada de los Estados Unidos. No pudimos abandonar el hotel durante seis días, mientras Rosemeri, en casa, en Nueva York, no paraba de hacer llamadas a varias embajadas, al Cosmos y a PepsiCo para que me sacaran de allí. Afortunadamente, al fin retornó la calma y pudimos dejar el país aunque, cuando partimos, el embajador de Brasil insistió en que yo llevara un uniforme de aviador como disfraz.

También aproveché la oportunidad para firmar varios nuevos contratos de publicidad. Para mí, era importante ser un buen empresario en los Estados Unidos, y sabía que debía hacer buen uso de mis contactos con personajes tan poderosos como Steve Ross, de Warner, y Ahmet y Nesuhi Ertegun, ejecutivos de una compañía discográfica, quienes habían participado en la creación del Cosmos. Mi familia estudiaba mucho y estaba feliz con el ambiente del lugar. Kelly Cristina, Edinho y Rose hablaban inglés a la perfección. Sentía que mi traslado a los Estados Unidos había sido lo mejor para mí y para mi familia, y también para Brasil.

A finales de la temporada 1976, volví al 21 Club, donde fui obsequiado con una bota con incrustaciones de oro, para conmemorar mi gol número 1.250 en el fútbol profesional. Si bien no hubo nada similar a la fanfarria y a la presión que acompañaron a la celebración del gol número mil, igualmente lo sentí como un hito destacable de mi carrera, y ese día advertí cuán lejos había llegado desde que jugaba descalzo en las calles de Bauru.

¡Tenía tanto por lo que estar agradecido! En primer lugar, por mi buen estado de salud. Siempre estuve en muy buena forma. Dios ha sido generoso conmigo hasta en esto. Durante años, la persona que se ocupó de mi estado físico fue el hábil Julio Mazzei, que fue un verdadero hermano para mí, como espero haya quedado reflejado en este libro. Era un maestro en su campo, un pionero, un profesor de entrenamiento físico siempre fascinado por las últimas técnicas. Pero aunque siempre trabajamos duro para mantener mi condición y mi salud, tuve la suerte de ser bendecido con un físico hecho a la medida para el deporte, especialmente para el fútbol. Julio me dijo en una oportunidad que yo hubiera podido ser campeón olímpico en el decatlón; tan completa era la naturaleza de mis atributos: «Sin ningún entrenamiento eres capaz de correr los 100 metros en 11 segundos, saltar 1,80 metros y lograr 6,50 metros en salto de longitud —me dijo—. Tu cuerpo responde perfectamente a cualquier exigencia deportiva».

Tuve la fortuna de heredar algunos buenos genes y también de hallar una persona que me alentó a trabajar duro para conservar y explotar las destrezas físicas que me fueron dadas. Pero, al mismo tiempo, era consciente de que esto no duraría para siempre. Aun así, firmé una extensión de mi contrato por un año. No sabía si 1977 sería mi última temporada como jugador; sólo quería dar lo mejor de mí para el club y estaba entusiasmado por los cambios que se estaban produciendo. Todos ellos, según parecía, lograrían robustecer la posición del Cosmos como una potencia reconocida en el fútbol estadounidense.

Al igual que en el año anterior, hubo un cambio de director técnico y de estadio. Eddie Firmani, que venía de una labor exitosa con los Tampa Bay, reemplazó a Gordon Bradley y, finalmente, encontramos una sede más permanente en el Giants Stadium de Nueva Jersey. Pero lo más emocionante de todo fue la llegada de algunas talentosas figuras de peso: primero fue Franz Beckenbauer, capitán del equipo alemán ganador de la Copa del Mundo de 1974, quien llegó desde el Bayern de Múnich. Luego fue mi amigo y antiguo compañero del Santos Carlos Alberto, que llegó al Cosmos en julio. Los refuerzos incluyeron también a Jomo Sono, Vitomir Dimitrijevic, Rildo y muchos otros. Asimismo, comenzaron a emerger nuevos talentos locales, como Bob Smith, Gary Etherington y el canadiense Bob Iarusci.

Resultó ser una gran temporada. La afluencia de público crecía en cada partido, y la cobertura de los medios era cada vez más febril. Ganamos los últimos ocho encuentros como locales, para finalizar segundos detrás del Fort Lauderdale Strikers. En las eliminatorias siguientes dimos lo mejor de nosotros: aplastamos al Strikers (8 a 3) ante una multitud de 78.000 personas y vencimos también a nuestro verdugo de la temporada anterior, el Tampa Bay Rowdies. Tras eliminar al Rochester, tanto de locales como de visitantes, fuimos al encuentro final por el campeonato de la NASL, el Soccer Bowl. Se jugó en Portland, Oregón, el 27 de agosto, y vencimos a los Seattle Sounders por 2 a 1, con Giorgio Chinaglia convirtiendo el tanto del triunfo a nueve minutos de la finalización de mi último encuentro oficial. ¡Un colofón maravilloso!

El final se avecinaba. Había jugado 111 encuentros para el Cosmos, en los que marqué 65 goles. Nuestra gira de despedida nos llevó a Japón, Venezuela, Trinidad y Tobago, China e India. Sabía que a mi regreso debía afrontar el trastorno emocional de mi último partido, un encuentro ante mi amado Santos, en el cual jugaría un tiempo para cada equipo.

El 1 de octubre de 1977, tres semanas antes de mi cumpleaños número treinta y siete, unos 75.000 espectadores se reunieron en el Giants Stadium para asistir a mi despedida del juego que me había brindado tantas alegrías; fueron veintiún años llenos de acción y de emoción. Muchos millones más lo observaron por televisión. Anoté para el Cosmos en la primera mitad, pero no pude repetir la jugada para mis viejos amigos brasileños, y el Cosmos venció por 2 a 1. El final había llegado y estaba tan intensamente cargado de emoción como durante mis despedidas previas de Brasil en 1971 y del Santos en 1974. Nuevamente, las lágrimas corrían por mi rostro mientras recibía el aliento de la multitud, pero en esta oportunidad comenzó a llover y no me molesté en secarlas.

Era el final de mi carrera para el segundo y último club con el que había tenido un contrato. Pronuncié un discurso desde el campo de juego que terminó con las palabras: «¡Amor! ¡Amor! ¡Amor!». Luego, el cantante brasileño Caetano Veloso escribió una canción inspirada en ese momento, en la que el estribillo dice: «Pelé dijo amor, amor, amor». De todas las canciones escritas acerca de mí, ésta es la que más me conmueve.

Carlos Alberto trató de animarme, pero yo estaba abatido. Los jugadores me llevaron en andas alrededor del campo. Luego, mientras estaba con mi padre y Waldemar de Brito, quietos bajo un paraguas, súbitamente tuve una vívida evocación del camino que los tres habíamos emprendido juntos más de veinte años atrás. En el palco VIP pensé en mi madre, doña Celeste, y en cómo se sentiría ella ante tan extraordinario espectáculo. Mis pensamientos confundían el presente y el pasado. Una vez más pensé en Dios, quien me dio el talento para jugar este hermoso juego y me protegió de sufrir lesiones graves.

Después hubo una gran fiesta en el Plaza, una ocasión maravillosa aún más especial por la presencia de tanta gente muy querida para mí. Además de Dondinho y Waldemar, estaban mi madre y otros familiares y amigos; antiguos capitanes ganadores de Copas del Mundo, como Bellini, Mauro y Carlos Alberto de Brasil; Bobby Moore, campeón inglés de 1966; el héroe alemán de 1974, Franz Beckenbauer y el gran campeón de boxeo Muhammad Ali, quien lloró cuando nos abrazamos al finalizar el partido y me dijo: «Ahora hay dos entre los más grandes».

¿Por qué me retiré? Aunque tenía treinta y siete años, Julio Mazzei me decía que mi estado físico era lo suficientemente bueno como para seguir. Me retiré porque había hecho lo que debía hacer. La historia de mi vida me lo dictaba. Fui campeón con el Santos, con el equipo del Ejército y con Brasil. Los puse a todos ellos en la cima. Ahora también había salido campeón con el Cosmos. Era hora de marcharme.

Al mismo tiempo, la NASL se había vuelto mucho más competitiva. Ahora era una Liga seria. Nuestros rivales se habían fortalecido gracias a

El Santos contra el Corinthians, 1971.
Rivelino me entra con fuerza.

Padres orgullosos: Dondinho y
Celeste, en 1971.

La segunda despedida: saliendo al
campo para el Santos por última
vez, ante el Ponte Preta en Vila
Belmiro, el 2 de octubre de 1974.

A los veinte minutos de juego, tomé el balón con ambas manos y corrí hacia el centro del campo. Lo puse en el suelo y me arrodillé ante él. En ese momento todo el mundo se dio cuenta de que mi carrera con mi amado Santos había llegado a su fin.

Debut para el Cosmos, en el Downing
Stadium, en la isla de Randall, el 15 de
junio de 1975.

Frente al gran George Best, durante su temporada
en Los Angeles Aztecs: mayo de 1976.

Mi último gol: lo anoté para el Cosmos en mi partido de
despedida, en el cual jugué un tiempo para el Cosmos y
un tiempo para el Santos: primero de octubre de 1977.

«Ahora hay dos entre los
más grandes»: con
Muhammad Ali, después de
mi último partido.

Las lágrimas volvieron a brotar, pero, como llovía, no me molesté en secarlas.

La vida después del fútbol… bueno, casi. Como comentarista durante el partido de Alemania Occidental ante Polonia durante la Copa del Mundo de 1978, en Argentina.

El mundo de los campos de juego se convirtió en el mundo de las oficinas. Allí comprendí que los negocios no son tan sencillos como golpear un balón.

El profesor Julio Mazzei y Franz Beckenbauer en el Cosmos. Julio, mi amigo y mentor en muchos aspectos, dirigió el club de Nueva York después de mi retirada.

Con Michael Caine durante la filmación de *Evasión o victoria*. Osvaldo Ardiles, campeón de la Copa del Mundo con Argentina en 1978, observa desde el fondo.

Padres e hijos: con Edinho y
Dondinho en 1993.

Abrumado por la emoción en la boda con mi segunda esposa, Assíria Seixas Lemos, 1994.

Un discurso como ministro de Deportes de Brasil, con Assíria y el Presidente Fernando Cardoso, en 1995.

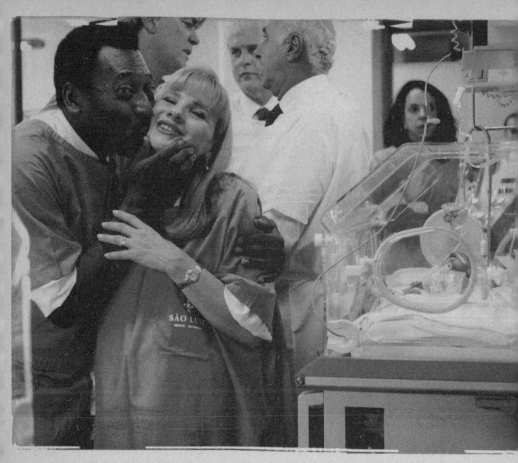

En el nacimiento de nuestros gemelos, Joshua y Celeste, en 1996.

El presidente Bill Clinton demuestra su *habilidad* con los malabarismos durante su visita a la *Scola do Samba* Mangueira, en Río de Janeiro, en 1997.

En diciembre de 1977 tuve
el gran honor de ser
distinguido con el rango de
Caballero Comandante de la
Orden del Imperio Británico
en una ceremonia en el
Palacio de Buckingham.

Dejando la huella de mi pie
en el nuevo Salón de la Fama
del Maracaná, durante la
celebración del
quincuagésimo aniversario
del estadio, en el año 2000.

Con Assíria en un viaje de negocios a China, a principios de 2002.

Y más tarde, ese mismo año, también en Asia, pude ver a Brasil levantar la Copa del Mundo por quinta vez, una marca récord, después de que Ronaldo marcara los dos goles de nuestro triunfo por 2 a 0 ante Alemania.

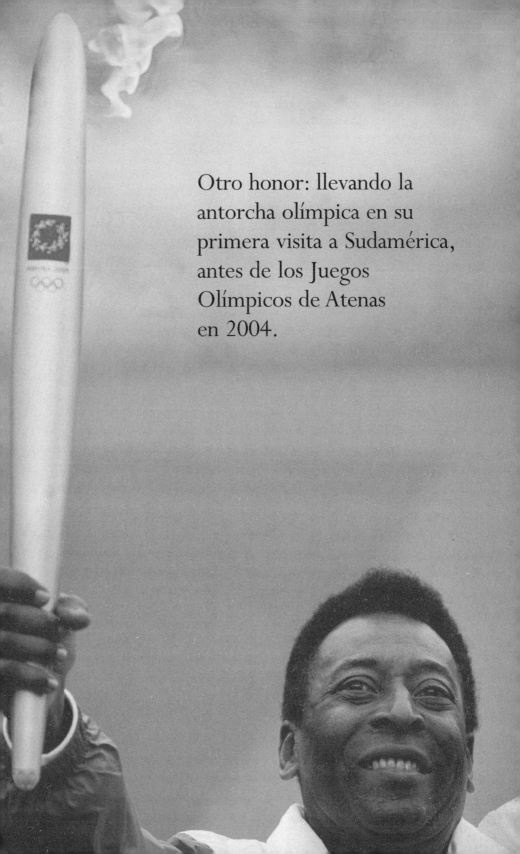

Otro honor: llevando la
antorcha olímpica en su
primera visita a Sudamérica,
antes de los Juegos
Olímpicos de Atenas
en 2004.

Icono. Con Nelson Mandela
en Pretoria, Sudáfrica.

la incorporación de refuerzos europeos. Pensé para mis adentros que era un muy buen momento para parar.

También sentí que había cumplido con lo que se esperaba de mí. El fútbol había echado raíces en los Estados Unidos. Aunque la NASL se desintegró unos años más tarde, se había sembrado una semilla, y actualmente el fútbol es el deporte más popular para los estadounidenses de entre seis y veinte años. Esto me hace sentir muy orgulloso. El fútbol tiene allí un camino por recorrer como deporte profesional, debido a la competencia con el fútbol americano y el baloncesto, pero ya está incorporado y arraigado a lo largo de todo el país. Los Estados Unidos llegaron a cuartos de final en la Copa del Mundo de 2002. Estoy convencido de que, de no haber sido por el interés que despertamos el Cosmos y yo treinta años atrás, esto nunca hubiera ocurrido.

Detenerme me dio la oportunidad de reflexionar sobre lo que había logrado en mi carrera. Jugué 1.367 encuentros en total y marqué 1.283 goles. Me pareció que era suficiente.

Volví a jugar en algunos encuentros de homenaje, como la despedida de Beckenbauer del Cosmos en 1980. Para celebrar mi cumpleaños número cincuenta, en 1990, se organizó una gran fiesta en el estadio San Siro de Milán, para la que se elaboró un gigantesco pastel en el centro del campo. En ese encuentro jugué para el equipo brasileño Amigos de Pelé ante un conjunto de jugadores de la Liga italiana. Hasta consideré la idea de presentarme para la Copa del Mundo de 1986 en México. Hubiera sido un jugador de cuarenta y cinco años de edad, con lo cual hubiera sumado el récord de ser el jugador de más edad al de haber sido uno de los más jóvenes en haber jugado la fase final. El director técnico de Brasil en aquel momento, Telê Santana, dijo que no sería imposible, especialmente haciendo un uso cuidadoso de las sustituciones. Pero sólo fue un momento de nostalgia por ponerme esa mágica camiseta amarilla una vez más.

Sabía que realmente iba a echar de menos los días en que salir al campo de juego era una parte normal de mi vida. Y los extraño. Extraño el balón, la emoción y la energía del estadio, la lucha por lograr un buen resultado, la alegría en la victoria y la tristeza en la derrota.

Pero ahora había llegado para mí el tiempo de cambiar el mundo de los campos de juego por el mundo de las oficinas. O, al menos, eso era lo que pensaba.

CAPÍTULO IX

Ciudadano del mundo

La mayoría de los aficionados al fútbol de nuestros días nunca lo vieron jugar.
A pesar de ello, piensan que en cierta forma es parte de sus vidas.

HENRY KISSINGER

El 27 de septiembre de 1977, la Organización de las Naciones Unidas me entregó un certificado que declaraba que a partir de ese momento era un «Ciudadano del Mundo». Me sentí muy conmovido por este honor, que llegó en un momento en el cual miraba hacia el futuro tratando de decidir qué haría cuando dejara el fútbol. Mi retirada era inminente y, si bien tenía varios compromisos de negocios y de patrocinio, quería hacer algo más que simplemente ceder mi nombre al mejor postor por el resto de mi vida. Suena grandilocuente decir que transformarme en un «ciudadano del mundo» ayudó a ordenar mis pensamientos. En definitiva, todos los que estamos sobre la tierra somos ciudadanos del mundo por derecho propio. Pero ese reconocimiento fue un humilde recordatorio de que había llegado a ocupar un lugar especial en la memoria y el afecto de la gente. Al dar patadas a un balón sobre un campo de juego y marcar algunos goles, en cierta forma llegué a personificar una parte de lo que millones de personas en todo el mundo aman del fútbol, este *juego bonito*. Tuve la suerte de ser bendecido por Dios con el talento para este deporte, la suerte de tener padres amorosos que me respaldaron, y la suerte de haber podido jugar junto y frente a algunos de los mejores jugadores del mundo, quienes me ayudaron a pulir mi habilidad. El fútbol fue mi trabajo durante más de veinte años, y ahora era momento de utilizar la fama que me había dado de una manera positiva.

La FIFA, la organización que rige al fútbol mundial, era un objetivo obvio con el que involucrarme en mayor medida, entre otras cosas porque conocía bien a su presidente João Havelange, a quien había apoyado durante su campaña para la presidencia. Fui invitado a participar en el Comité de Juego Limpio de la FIFA, una causa que siempre tuvo un lugar privilegiado en mi corazón. Había apoyado la introducción del sistema de las tarjetas amarillas y rojas durante la Copa del Mundo de 1970 y veía mi trabajo para la FIFA como una manera de propiciar un mejor nivel en el arbitraje y castigos más duros para los futbolistas que salen al campo para lastimar a sus adversarios en lugar de tratar de quitarles el balón. De hecho, yo mismo fui víctima de esta clase de trato, especialmente en 1966 cuando sentí que no tenía ninguna protección por parte de los árbitros en la Copa del Mundo de ese año. Si bien recibí mi cuota de amonestaciones —¡muchas de ellas bien merecidas!—, siempre sentí la mayor admiración por aquellos jugadores que se conducen con corrección en el campo de juego: el goleador inglés Gary Lineker, quien desarrolló toda su distinguida carrera sin haber recibido siquiera una sola tarjeta amarilla, es un buen ejemplo para sus colegas futbolistas y también para los niños del mundo.

Junto a mi tarea en el Comité de Juego Limpio asumí un papel más amplio, casi el de un embajador de la FIFA, que me llevó a todas partes del mundo como un emblema del fútbol, algo que disfruté muchísimo. Después de recibir el honor otorgado por la ONU que describí anteriormente, también me convertí en un Embajador de Buena Voluntad para Unicef, el Fondo de las Naciones Unidas para la Infancia. Éste fue creado en 1946 para ayudar a los niños que sufren hambre y enfermedades. Desde entonces, se ha convertido en una parte permanente de la Carta de las Naciones Unidas y trabaja en pos de proteger los derechos básicos de los niños en cuestiones como la salud y la educación. Participé en algunos actos sociales para recaudar fondos destinados a esta causa y estoy orgulloso de decir que, al día de hoy, sigo implicado en el trabajo de esta organización. Muchos años después, en noviembre de 2001, pude aunar estos dos intereses al participar en el lanzamiento de la sociedad entre la FIFA y Unicef para dedicar la Copa del Mundo de 2002 a los niños. Me sentí orgulloso de formar parte de este acontecimiento. Yo también fui un niño, y un país que no se preocupa por sus niños no tiene futuro.

Trataba de hacer mi parte también en este terreno, y en 1978 Rosemeri y yo tuvimos nuestro tercer hijo, cuando nació la hermosa Jennifer. Desgraciadamente, en ese momento me encontraba fuera de casa, en Argentina. Me habían ofrecido un contrato en la televisión como comentarista de la Copa del Mundo de ese año y pensé que sería una buena experiencia para una posible actividad futura. Lamenté muchísimo haberme perdido su nacimiento. Cuando regresé de Argentina, fue evidente que mi ausencia había sido la gota de agua que colmó el vaso. Rosemeri y yo tuvimos una conversación muy sincera y me di cuenta de que las cosas estaban a punto de cambiar. Estaba muy molesta porque yo no había estado a su lado en el momento del nacimiento y me dijo que ya no soportaba mis permanentes ausencias. Además de mis nuevas tareas como embajador, estaban todos los compromisos de publicidad y los talleres de fútbol que seguía dando para Pepsi. Todo eso era demasiado, dijo ella, especialmente ahora que yo ya no jugaba. Me pidió que nos divorciáramos.

Era verdad. Mis innumerables tareas consumían la mayor parte de mi tiempo. Podía llegar a estar fuera de casa hasta ocho meses al año. Sabía que no era sencillo para ella ser al mismo tiempo madre y padre de nuestros tres hijos y que, en el fondo, tenía razón. La vida debía continuar y seríamos simplemente amigos. Yo seguiría siendo padre y tendría un papel activo en la vida de mis hijos.

De esta manera, en la semana del nacimiento de Jennifer y después de doce años de matrimonio, anunciamos oficialmente nuestra separación. Nos divorciamos en la República Dominicana, pero nunca dejé de ocuparme de las necesidades de Rose. Tal vez en alguna oportunidad no haya sido suficiente, pero ella y mis hijos saben todo lo que he hecho por ellos. Ella tuvo la oportunidad de vivir en Nueva York y de estudiar, y mis hijos siempre podrán contar con mi apoyo.

Unos años más tarde, muy a mi pesar, Rose decidió que quería publicar un libro acerca de nuestra relación, sin tener en cuenta las protestas de nuestros hijos y las mías. Uno de los hechos desafortunados acerca de los que quería escribir era el relativo a que yo había tenido una breve aventura cuando ya estábamos juntos, aunque aún no casados, fruto de la cual tuvo lugar el nacimiento de una hija, Sandra Regina Machado. Ella nació en 1964; Rose y yo nos casamos en 1966. Sandra es hija de Anísia Machado, una empleada de hogar. Cuando Anísia trajo a Sandra a mi casa por primera vez para que la conociera, yo ya estaba casado. Mi reacción inicial fue negar que yo fuera el padre. Después de todo, Anísia y yo estuvimos juntos sólo una vez y eso fue todo. Estaba conmocionado y era obvio que no podía quedarme con la niña; no existían pruebas de que fuera mi hija. Posteriormente, después de muchas discusiones y malentendidos, se probó que es verdaderamente hija mía, y un tribunal dictaminó que tiene derecho a llevar mi apellido: Nascimento.

Pero la historia no termina ahí. Sandra también decidió escribir un libro que se llamó *A Filha que o Rei não Quis (La hija que el Rey no quiso)*, que yo encontré ofensivo. Tuve muchas reacciones durante toda esta historia, especialmente porque tuvo lugar años antes de que Sandra se pusiera en contacto conmigo; de hecho, no lo hizo sino hasta 1991. Mi hermana Maria Lúcia fue a hablar con ella y tuvo la sensación de que estaba más interesada en el dinero que en estar cerca de mí. Por lo que a mí respecta, el asunto está cerrado. Respeto la decisión judicial y acepto el hecho de que Sandra es mi hija.

Aunque sí tuve un amorío mientras estuve casado. Por un breve periodo, en 1968, estuve viendo a una periodista de Rio Grande do Sul, llamada Lenita Kurtz. Y esto también llevó al nacimiento de una hija: Flávia Christina Kurtz, aunque esta vez no hubo ninguna complicación legal. Flávia me buscó para conocerme, no para acosarme por dinero, y mi madre se dio cuenta inmediatamente, en el mismo momento en que la vio, de que no había necesidad de una prueba de ADN: ésta era su nieta, sin duda alguna. Flávia, que en la actualidad está casada, se lleva bien conmigo y a veces viene a visitarnos a nuestra finca, Sossego, en Juquiá.

La separación de Rose fue una de las circunstancias más difíciles de mi vida. Realmente añoraba pasar tiempo con mis hijos. De todas maneras, decidí seguir viviendo en Nueva York. Firmé un nuevo contrato con Warner, esta vez por diez años, para hacer actividades promocionales y otras tareas. Había muchas distracciones para un soltero en Nueva York. Todavía tenía muchas de esas hormonas que me habían vuelto loco cuando era adolescente. Hubo muchas fiestas y muchas amigas. Recuerdo haberme encontrado varias veces con George Best, del cual terminé siendo amigo. Siempre bromeábamos: «¿Qué clase de rey eres? ¡No fumas, no bebes!», me decía; y yo le replicaba que estaba seguro de que él no era europeo; que seguramente tenía algo de latino.

Una de las relaciones con peor fama que tuve después de Rose fue con Maria da Graça Meneghel, una hermosa modelo rubia de descendencia alemana conocida como Xuxa. Nos vimos por primera vez cuando ella tenía dieciséis años. Estábamos haciendo una sesión de fotografías en Río para la revista *Manchete*, donde yo aparecía con ella y otras dos modelos. La invité a asistir a un concierto, y por ser ella tan joven debí pedir permiso a sus padres. La invité como una amiga, pero con el tiempo la relación cambió. Ella la describía como una relación colorida…; yo siempre bromeaba diciendo que era en blanco y negro.

Ayudé a que la carrera de Xuxa despegara, presentándole a unos amigos míos que hacían películas que, en aquellos días, se consideraban muy picantes. Ella consiguió el papel protagonista en una de ellas y esto le reportó una invitación para posar para *Playboy*. Se convirtió en una chica de portada hacia finales de 1982, y su nuevo estatus de celebridad trajo consigo una oferta de Manchete TV para que tuviera su propio programa al año siguiente. Era un programa infantil. Sin embargo, una vez que estuvo trabajando con niños me pareció que su pasado como modelo glamurosa ya no sería bien visto, y le comenté esto a ella, a sus padres y a la gente de *Playboy*. Así que hicimos un trato: yo le daría a la revista una entrevista exclusiva, y a cambio ellos me darían todos los negativos de las fotografías que le habían tomado. Fui a las oficinas de *Playboy* y me dieron los negativos, que luego entregué a sus padres. Xuxa estuvo muy complacida y creo que sacar estas fotografías de la circulación fue un gran alivio para ella. Era muy buena en su trabajo de presentadora del programa para niños y llegó a tener mucho éxito como cantante y estrella de la televisión y el cine. Estoy muy orgulloso de ella, porque en aquellos días era muy difícil para una mujer abrirse paso en la televisión. Yo solía presentarme en su programa para tocar la guitarra o vestirme de Papá Noel para los especiales de Navidad. Estuvimos juntos durante seis años, aunque la nuestra no fue una relación muy intensa; fue más una especie de amistad. Yo vivía en Nueva York y ella en Brasil.

También tuve la fortuna de salir con un par de reinas de la belleza: Deise Nunes de Souza, con quien salí en 1986, y Flávia Cavalcanti, a quien frecuenté a finales de 1989; ambas habían sido coronadas Miss Brasil. Flávia era de Ceará. Por momentos, fue una relación muy seria: ella llegó a usar una alianza, a pesar de que yo no quería casarme. De cualquier manera, para la época de la Copa del Mundo de 1990 ya nos habíamos separado.

Después de mí, Xuxa salió con Ayrton Senna, el campeón de automovilismo. Algunas personas especulaban que Ayrton y yo teníamos una mala relación debido a Xuxa, pero eso es una ridiculez. Su carrera despegó cuando yo vivía en Nueva York, así que en realidad no lo conocía, por razones de distancia. Actualmente soy buen amigo de su hermana, Viviane, que dirige el Instituto Ayrton Senna.

Ayrton falleció el primero de mayo de 1994. Recuerdo el momento en que me enteré de su muerte: como todo brasileño, quedé impresionado y triste. También recuerdo la fecha por otra razón: el día anterior me había casado con Assíria.

Nacida en Recife, Assíria Seixas Lemos había abandonado Brasil a los dieciocho años para estudiar teología en una universidad bautista de Nueva York, donde posteriormente estudió psicología. La conocí en esta ciudad en 1985. Resultó que teníamos amigos en común y pasábamos tiempo juntos con frecuencia. Me gustó y la admiré desde el primer momento, aunque en esa época ella estaba casada. Con su primer marido tuvo una hija, Gemima, que lleva el nombre de su madre. Ella vivía en Nueva York y yo en Santos, pero viajaba por todo el mundo, razón por la cual decidimos postergar por un tiempo cualquier decisión seria acerca de nuestra relación. Yo salía con una doctora de Río de Janeiro de nombre Luciene, pero me di cuenta de que no podía dejar de pensar en Assíria. Nos encontrábamos cada vez que yo iba a Nueva York, pero pasaban largos periodos sin que nos viéramos. Ella tenía su vida con sus propios proyectos y planes, amaba Nueva York y no tenía intención de regresar a Brasil.

A finales de la década de los ochenta, su matrimonio se deshizo y comenzamos a vernos con más frecuencia. Assíria y yo éramos amigos y, de pronto, nos convertimos en amantes.

Una vida es rica solamente si la llenas de experiencias. Yo tuve mi cuota, como cualquier hombre que ha experimentado un primer amor, un segundo y un tercero… Y como todos, siempre soñé con tener una familia, hijos, salud y felicidad. Tuve la suerte de tener todo eso. Amé a mi primera esposa, Rose, y a mis hijos, y volvería a amar nuevamente y a tener otros hijos. A medida que envejezco, me dedico más intensamente y con más calma a todos ellos; pero me gusta mirar retrospectivamente a los amores de mi vida, a las experiencias que he vivido hasta ahora. Mi vida ha estado plena de emociones, de energía, y aún continúa así. Nunca quise dañar a nadie, pero eso es algo que puede pasar cuando uno ama a tanta gente. Siempre estuve enamorado de una u otra cosa, eso es lo que me mueve; es lo que me da la energía necesaria para viajar tanto y trabajar tan duro.

De niño, en Bauru, amaba las artes; me encantaba actuar y representar papeles. Disfrutaba muchísimo montando pequeños circos en el jardín de nuestra casa. No le tenía miedo a nada y buscaba constantemente nuevas emociones. Esa clase de diversión me llevó a desear ser un artista por mérito propio algún día. Hay quienes dicen que había mucho arte en lo que yo hacía en el campo de juego, lo que tal vez sea cierto. De hecho, había cierta musicalidad. Sin duda, la manera en que los brasileños jugamos al fútbol está íntimamente conectada con el ritmo, la melodía y el compás. Siempre amé la música. Toco un poco la guitarra y compuse canciones que han sido interpretadas por grandes artistas brasileños como Elis Regina, Jair Rodrigues, Sérgio Mendes y Wilson Simonal. Hasta he comenzado a grabar junto con Gilberto Gil, el artista que es ministro de Cultura de Brasil. Una de las cosas que espero poder hacer en el futuro es editar un CD con todas las canciones que he compuesto.

Antes de morir, quisiera poder aparecer algún día sobre el escenario de un teatro. Definitivamente hay algo de actor en mí; jugar al fútbol en el nivel más alto requiere algo de esto. De hecho, a lo largo de mi carrera deportiva siempre imaginé que terminaría actuando. Amaba ir al cine en Bauru, y no solamente para ver a las chicas. Uno de mis recuerdos más antiguos del cine es cuando vi, junto a mi familia, *La Pasión de Cristo*, la primera, en blanco y negro.

Me encanta ver películas. A veces puedo llegar a ver tres o cuatro en una noche. En un vuelo prolongado, hasta cinco. Los filmes de suspense y de acción son mis favoritos. Y tuve la suerte de estar involucrado, en pequeña medida, en el negocio del cine haciendo películas con Carlos Hugo Cristensen, Oswaldo Sampaio y Luiz Carlos Barreto —películas como *O Rei Pelé* (1962; donde me interpreté a mí mismo), *A Marcha* (1972), *Isto é Pelé* (1975; nuevamente, yo mismo) y *Os Trombadinhas* (*Los ladronzuelos*, 1979). Ésta me gustó especialmente y colaboré en la elaboración del guión: trata el problema de los niños abandonados, un tema que, no me canso de repetirlo, llevo siempre en mi corazón. Tenía la esperanza de que el filme ayudara a sacarlos de la calle, a hacer algo útil por ellos, por ellos y por la sociedad.

Pero mi más conocida incursión en el mundo de la actuación fue, sin duda, la película de 1981 de John Huston, *Evasión o victoria*, cuyos protagonistas eran Michael Caine y Sylvester Stallone. Mi participación se produjo como resultado indirecto de mi contrato con Warner Communications, propietaria del estudio Warner Bros. La película, que transcurre principalmente en un campo de prisioneros durante la Segunda Guerra Mundial, giraba alrededor de un plan de propaganda nazi para organizar un partido de fútbol entre sus mejores jugadores y un equipo aliado de estrellas de los campos de prisioneros, quienes terminaban usando el encuentro como una pantalla para encubrir un audaz plan de fuga.

Además de actuar como asesor técnico para las escenas de fútbol, interpreté al cabo Luis Fernández, y durante el transcurso de la filmación entraba al campo de juego con la misma pasión que había llevado a los encuentros reales. John Huston solía gritarme: «¡Relájate, Pelé! Es una película, tienes que ser coherente con la escena, debes controlar tu emoción». Era un genio del cine y aprendí mucho de él. También aprendí que las estrellas no siempre son democráticas. Stallone, por ejemplo, no permitía que nadie más se sentara en su silla en el plató, y se comentaba que había insistido en que fuera su personaje el que marcara el gol de la victoria. Como él era el guardameta del equipo, Hatch, esto no pudo ser. De ahí la escena en la que Stallone detiene un penalti al final.

Gran parte de la película se filmó en Hungría, porque había un estadio en Budapest que servía para el propósito: era lo suficientemente grande como para alojar el encuentro decisivo y no tenía reflectores modernos. En el rodaje participaron también muchos otros futbolistas: Osvaldo Ardiles, integrante del equipo argentino recientemente ganador de la Copa del Mundo; Bobby Moore, otro ganador de Copa del Mundo que había estado en mi partido de despedida en el Cosmos y que no me pareció un mal actor; y un grupo de jugadores del Ipswich Town contratados como extras. Yo me luzco un poco al final. Mi personaje, tras ser lesionado por un jugador alemán, vuelve, renqueante, al campo de juego para transformar el tanto del empate ¡con una espectacular chilena!

Hablé con Freddie Fields, el productor de *Evasión o victoria*, cuando estuve en Los Ángeles el año pasado y me mencionó la idea de filmar una secuela. Stallone dijo que estaba dispuesto a ello. Le pedí a Freddie que me enviara el guión, pero no volví a oír de él desde entonces. No faltan propuestas sobre la mesa, es sólo cuestión de elegir la más apropiada. Benedito Ruy Barbosa, que escribió mi primer libro hace más de cuarenta años, tenía una buena idea acerca de un futbolista retirado que guardaba cierto rencor hacia la profesión. Dijo que quería que yo interpretara el papel principal, pero que debería teñirme el cabello de blanco. Veremos… Las películas siempre serán parte de mi vida, ya sea haciéndolas, mirándolas o simplemente observando la película de mis recuerdos.

A pesar de todas estas actividades extracurriculares, el fútbol seguía siendo una constante en mi vida. Mi participación en los talleres de fútbol terminó en 1983, pero, por supuesto, seguía con la mirada atenta sobre el escenario local y la suerte de Brasil, que en el transcurso de los ochenta fue variada. Durante la Copa del Mundo de 1982 en España hubo algunas actuaciones excelentes, especialmente por parte de un brillante centro del campo, que incluía a Sócrates y a Junior, pero parecía que el equipo se limitaba únicamente a aquél; no estaba equilibrado como los equipos en los que yo había participado. La defensa fue superada en el encuentro final de la segunda ronda frente a Italia, en el que Brasil sólo necesitaba empatar para llegar a las semifinales: apareció Paolo Rossi en todo su esplendor y anotó los tres goles de su equipo. Perdimos por 3 a 2 y nos quedamos fuera.

En 1986, como ya he mencionado, consideré fugazmente volver a la primera categoría del fútbol, ya que los años transcurridos lejos de la emoción de vestir la camiseta brasileña habían cobrado su peaje. Pero el torneo de ese año perdió para mí parte de su atractivo debido a una diferencia que tuve con João Havelange, el presidente de la FIFA. Durante mi temporada en los Estados Unidos con el Cosmos, uno de los objetivos a largo plazo había sido llevar la disputa de la Copa del Mundo a los Estados Unidos, dado que ésa sería la mejor manera de dar el puntapié inicial al desarrollo del juego allí. Y pareció existir una fuerte posibilidad de concretarlo después de 1982, cuando se hizo evidente que Colombia, el anfitrión designado, no se encontraba en una situación financiera ni política como para llevar adelante un torneo tan grande. Cuando Colombia renunció a ser la sede del Mundial de 1986, tuve la esperanza de que lo fuera Estados Unidos. Muchos de los que habíamos estado trabajando en pos de tal objetivo confiábamos en esa posibilidad. Hasta Henry Kissinger, en conversaciones con Havelange, llegó a creer que esa posibilidad existía.

Pero no fue así. Los Estados Unidos fueron descartados en favor de México, que había sido sede del torneo apenas doce años antes. Por supuesto que no tengo nada contra los amigos mexicanos; simplemente le habíamos asegurado a la gente que una Copa del Mundo provocaría un desarrollo significativo del fútbol en los Estados Unidos y ése parecía el momento perfecto para que dieran este importante paso adelante.

Havelange negó enérgicamente haber recibido presión por parte de poderosos grupos de los medios de comunicación mexicanos, pero a muchos de nosotros nos resultó sorprendente que la propuesta estadounidense ni siquiera fuera considerada cuando el Comité de la FIFA se reunió en Estocolmo en mayo de 1983. Los estadounidenses debieron esperar otros once años para tener su oportunidad.

La segunda Copa del Mundo mexicana será recordada siempre como el torneo de Maradona. Sin embargo, también hubo una buena actuación de los brasileños, especialmente de Josimar, aunque tuvimos la mala suerte de quedar fuera por penaltis en los cuartos de final ante Francia en un partido impresionante. El año 1990 fue peor aún, ya que el defensivo equipo brasileño dirigido por Sebastião Lazaroni no logró causar una gran impresión y fue eliminado en la segunda ronda cuando perdió por 1 a 0 ante Argentina en Turín. Desde el encuentro ante Suecia en la primera ronda fue evidente que el equipo tenía problemas y yo sabía que quedarían expuestos en cuanto se enfrentaran a cualquier oposición decente. Por otro lado, disfruté con la exuberancia de Camerún y, en cierta forma, envidié a su veterano goleador Roger Milla, que continuaba jugando a los treinta y ocho años. Espero con ansias el día en que el torneo se realice en África, y un equipo africano alce el trofeo. Sorprendentemente, Milla jugaría otra vez cuatro años más tarde, en las finales de la Copa del Mundo de 1994, en los Estados Unidos.

Cuando Assíria y yo decidimos casarnos, lo hicimos dos veces. Tuvimos una ceremonia en Las Vegas y luego otra ante la Iglesia Episcopal Anglicana en Recife. La religión siempre fue importante para ella. Ha sido cristiana practicante desde niña, a pesar de tener antepasados judíos. Recientemente descubrió que tiene sangre judía tanto por el lado de su familia paterna como por el de la materna. Ambas familias habían emigrado a Nueva York, en aquel entonces llamada Nueva Amsterdam, tras la expulsión de los judíos de Brasil por parte la Inquisición portuguesa. Le encantó descubrirlo, ya que siempre se había sentido atraída por los judíos y el judaísmo, y estaba fascinada con la comunidad judía de Nueva York. Me contó que en un momento de su vida realmente había deseado vivir en Israel, pero en aquel entonces no tenía el dinero suficiente para lograrlo.

Assíria siempre vivió para la Iglesia y para el canto. Su madre, Gemima, fue cantante solista en la iglesia durante su infancia y a ella le encantaba escuchar su voz y solía imitarla al cantar. Ella misma cantó por primera vez en el coro de la iglesia a los siete años, y luego, como solista, a los trece. Cantar era tan necesario para ella como el aire que respiraba. Mi esposa dice que nunca tuvo la intención de cantar profesionalmente, que cantar era simplemente una manifestación de la presencia de Dios en su vida. Pero esto es lo que hace ahora y su trabajo es maravilloso: canta gospel realmente bien y ha viajado por todo el mundo para realizar actuaciones en público. Ello me hace sentir muy orgulloso.

Comenzó a cantar nuevamente después de un viaje que hicimos a Brasilia, a la iglesia evangélica de la ciudad. Cuando la gente supo que ella estaba allí le pidió que cantara y, desde entonces, no ha dejado de hacerlo. Su mayor audiencia fue en el Maracaná; y en el exterior ha cantado ante más de 70.000 espectadores. Este año fue nominada para un premio GMA, el equivalente de la música gospel a los Premios Grammy. Todavía se pone nerviosa antes de salir a escena, pero prefiere las grandes audiencias: «¡Cantar para cuatro personas, cuando puedes verles hasta el blanco de los ojos, es terrible! Es más fácil hacerlo ante mucho público, cuando no puedes distinguir los rostros individualmente», suele decir.

Me encanta escucharla cantar gospel. Ha grabado dos CD y me ha pedido que participe en uno de ellos. Nunca vi nada malo en esto; todos le hablamos y cantamos a Dios de alguna u otra manera. No creo que nadie pueda permanecer agnóstico durante toda su vida. La verdad es que, a medida que envejeces, comienzas a creer más. Es un derecho que todos tenemos, dado que Dios nos ha otorgado a cada uno de nosotros el libre albedrío para que hagamos lo que queramos. Creer en Dios y practicar la religión sólo me ha hecho bien.

Nos casamos hace doce años y sé que el cambio no fue fácil para ella. Dejó la ciudad que su corazón había elegido para vivir, para casarse con un brasileño, y con uno muy famoso. ¡Todo lo que no hubiera querido! De hecho, los planes que ella tenía para su vida eran muy diferentes. Cuando una princesa se casa con un rey, se va a vivir a su castillo, vive con sus sirvientes, sus amigos..., ¡todo!

Como ella misma dice, durante seis años vivió en un desierto: «Fue un cambio radical en mi vida. En Brasil no tenía a nadie. Toda mi familia estaba en Nueva York». Pasó buena parte del tiempo sintiéndose aislada, deprimida. No sabía en quién confiar. No le fue fácil salir adelante. No hubo mucha gente que la recibiera bien; muchos creían que ella había venido a arruinarlo todo, a tomar el control de la casa del *rey* y de su vida, y no les gustaba. Su fe en la naturaleza humana sufrió varios desengaños en esa época: «Los verdaderos amigos son pocos y están lejos; con el tiempo comencé a ir nuevamente a la iglesia, algo que siempre me ha hecho feliz».

Después de dos años de casados y para que pudiéramos tener hijos, me hice revertir la vasectomía que me había sido practicada; y ella quedó embarazada de nuestros mellizos, Joshua y Celeste. La niña recibió su nombre como homenaje a mi madre. Ahora tienen diez años y son encantadores; se llevan realmente bien con Gemima, la hija del primer matrimonio de Assíria. Celeste está intrigada acerca de su hermano y su hermana, y viceversa. «Gemima es hija de Edson, ¿verdad?», pregunta. Gemima ha estado conmigo desde que tenía dos años. Me llama papá y nos amamos como padre e hija.

Cuando vivíamos en Nueva York hablábamos solamente en inglés. Ahora que estamos en Brasil lo hacemos en portugués. Toda la familia es bilingüe. Trato de ser un buen padre y un buen compañero de mis mellizos. Ahora soy un hombre maduro. Durante mi primer matrimonio era muy joven y viajaba mucho. Cada vez que puede, Assíria me acompaña en mis viajes, pero le dedica más tiempo a los niños y a su carrera de cantante. Y yo también voy con ella siempre que puedo. Nos respetamos mutuamente.

Con el objetivo de mejorar mi seguridad financiera decidí implicarme más formalmente en el negocio de los deportes. En 1990 establecí la empresa Pelé Sports & Marketing con Celso Grellet y Hélio Viana. Celso era un experto en administración deportiva y había contribuido decisivamente a la introducción de las modernas técnicas de mercado en el fútbol brasileño. Cuando nos conocimos, ambos pensamos que podría hacer lo mismo para mí. A Viana lo conocí cuando él trabajaba en la oficina del alcalde de Río y desarrollamos juntos un proyecto comunitario. La idea de PS&M era administrar mi imagen y también fomentar el interés por el fútbol en Brasil. Además de manejar mis contratos personales con empresas multinacionales, como MasterCard, la compañía invertiría en torneos y en derechos de televisión.

Sonaba sencillo. Desgraciadamente, fue cualquier cosa menos eso. Comenzamos una negociación con la Confederación Brasileña de Fútbol (CBF) por los derechos de televisión del campeonato de fútbol de Brasil de 1994. No estuve presente en las reuniones, pero Hélio me dijo que la CBF había pedido un soborno de un millón de dólares. Me sentí indignado y, por supuesto, no lo pagué. Le dije a la prensa lo que había pasado en una famosa entrevista a fondo para la revista *Playboy*, en la que acusé a la CBF de corrupción. Ahora sé que la acusación no era cierta, pero para cuando lo supe ya había creado una tormenta política que se descontroló completamente. Ricardo Teixeira, el presidente de CBF, estaba enfurecido, y cuando lo llamé para darle explicaciones se negó a atenderme.

El escándalo estalló un año antes de la Copa del Mundo de 1994 en los Estados Unidos. João Havelange, el presidente de la FIFA, se puso del lado de Ricardo, y no fui invitado a la ceremonia del sorteo de la

Copa (Ricardo estaba casado con una de las hijas de Havelange, de manera que tenían una relación familiar además de la administrativa). Me sentí muy decepcionado porque había trabajado mucho para que los Estados Unidos fueran sede del evento. También estaba triste porque Havelange actuaba sin tener un conocimiento pleno de la situación. Yo lo consideraba un padre. Era sabido que teníamos una larga relación mutuamente beneficiosa. Le había demostrado mi gratitud a principios de los setenta cuando viajé con él a África para ayudarlo en su campaña por la presidencia de la FIFA. La prensa, como era de esperar, armó un gran revuelo acerca de nuestras desavenencias; pero la verdad es que todo se basó en un malentendido.

Una vez pasado el furor del sorteo, recibí una invitación a la Copa del Mundo. Actué como comentarista y también hice mucha publicidad para MasterCard. Era su embajador y participé en 126 actos, lo que me generó unas ganancias de más de ocho millones de dólares. Esto fue muy bueno para mí, y la Copa del Mundo resultó ser muy buena en otro aspecto muy importante. Para mi gran alegría, Brasil ganó el título por cuarta vez, con mi viejo amigo Zagallo como coordinador técnico y Carlos Alberto Parreira como director técnico. Al principio no había tenido mucha confianza en las posibilidades del equipo, pero jugaron bien —especialmente Romário—, y lograron salir con vida de un partido clásico: el encuentro por los cuartos de final ante Holanda, el cual ganaron por 3 a 2, con los cinco goles anotados en un frenético segundo tiempo. Después de una actuación más cautelosa ante Suecia, el equipo estaba listo para otra final de Copa del Mundo. Italia, nuestro adversario, también había tenido que luchar para llegar hasta ahí debido a los goles que había sufrido por parte de Bulgaria, España y Nigeria en sus tres últimos partidos. Tenían a uno de los mejores jugadores del mundo de ese momento: Roberto Baggio. Lamentablemente para él, pasó de héroe a villano al fallar un penalti, en la tanda habida tras la prórroga de un partido que había terminado 0 a 0. No fue una final clásica, sino una manera atroz de decidir quién sería el campeón, pero salté de alegría cuando Dunga, el capitán de Brasil, alzó el trofeo en sus manos.

Muchos grandes jugadores, al retirarse, siguen en el fútbol como directores técnicos. Esa carrera no era para mí. Aunque fui jugador durante veinte años y trabajé con muchos entrenadores de talento, nunca tuve interés en seguir esa senda. Creo que pude haber sido un buen director técnico debido a mi experiencia, conocimiento del juego y dedicación; pero, por otra parte, no estoy seguro de que hubiera tenido la misma suerte que tuve como jugador y tampoco estoy seguro de cómo hubiera reaccionado ante jugadores que cometieran errores. Creo que soy demasiado perfeccionista.

Sin embargo, quería devolver algo al fútbol, especialmente en Brasil, donde es tan importante y al mismo tiempo está tan desorganizado. Es una jungla tan grande como la del Amazonas; y pensé que podía utilizar mi rango como una fuerza beneficiosa.

Al nivel de clubes, el Santos me sumó a su equipo. Por un tiempo fui asesor de relaciones internacionales, un trabajo del que disfruté, aunque el club estaba pasando por un mal momento financiero. A finales de 1994, sin embargo, el entonces presidente del Santos, Miguel Kodja Neto, me relevó de este puesto después de que yo criticara su manejo de las finanzas del club. Se había perdido más de un millón de dólares en el juego «Telebingo» creado por él, y había gran cantidad de comisiones por traspasos y aumentos de salarios exorbitantes. Pero el Consejo Directivo del club, a su vez, despidió a Neto, y yo regresé cuando Samir Abdul Hak vino a ocupar su lugar. En un periodo difícil se las arregló para pagar los dos millones de dólares de deuda que tenía el club y construir un centro de entrenamiento. Hice todo lo posible por ayudar al Santos durante esa época tan complicada.

Estas peleas internas me dejaron anonadado. No estoy interesado en políticas partidarias de ningún tipo. Sin embargo, entendía lo suficiente acerca de cómo se manejaba el fútbol para darme cuenta de que la única forma de cambiarlo era desde el nivel más alto: desde el Gobierno.

El problema con los clubes de fútbol en Brasil es que viven en un limbo legal, entre el fútbol aficionado y el profesionalismo. Por un lado, son tan burocráticos que para vender una lata de refresco en el restaurante del club hace falta una autorización; pero, por otro, pueden vender a un jugador por millones y nadie se entera de adónde va a parar el dinero. Esta situación es terreno fértil para la corrupción, y ésa es una de las razones por las cuales la Liga Nacional está en tan mal estado y los mejores jugadores se van a Europa.

Cuando finalizó la dictadura, fui sondeado por la mayoría de los presidentes brasileños para ser ministro de Deportes: primero por Tancredo Neves en 1985; luego, por su sucesor José Sarney; y más tarde por Fernando Collor, cuando ganó las elecciones de 1989. Siempre me negué. Sin embargo, cuando Fernando Henrique Cardoso fue elegido en 1994, la llamada llegó nuevamente y decidí que era el momento de aceptar el cargo.

Puse algunas condiciones: necesitaba una garantía de independencia política. Como podrás imaginar, cada partido quería tenerme en su lista. No quise aliarme con nada excepto con la tarea que tenía entre manos. Cuando anunció mi designación, Fernando Henrique dijo: «Nuestro héroe nacional ha sido escogido para el ministerio. Él es un símbolo de Brasil, una persona que ha crecido fiel a sus raíces y ha triunfado». Mi vida cambió completamente. Asumí el cargo en 1995 y me mudé a Brasilia, siendo, en la historia de Brasil, el primer hombre negro en llegar a ministro del Gobierno.

Bien, ya dije que me mudé a Brasilia. Mi familia se mudó a un apartamento en esa ciudad, y yo estaba en la oficina de lunes a miércoles. El resto de la semana estaba viajando. Cualquiera que fuese la vida que escogiera, parecía que cada vez viajaba más y más. Brasilia es un lugar muy diferente a cualquier otro en el que haya vivido. No hay realmente lugares adonde ir; y está lleno de políticos. Cuando era futbolista, me rodeaba de futbolistas; éramos todos amigos. Pero en Brasilia no sabes quiénes son tus amigos y quién te está utilizando para sus propios fines. Puede ser un sitio peligroso.

De recién llegado, yo era la *gran novedad*. Todo el mundo quería hacerse una fotografía conmigo. Sin embargo, en cuanto se dieron cuenta de que yo quería sacudir el sistema, la vida se volvió mucho más complicada. Había dos pilares sobre los que debía apoyar las reformas que quería hacer: primero, quería que los clubes fueran empresas legítimas, para que su gestión fuera ética y transparente; en segundo lugar, quería que los futbolistas fueran agentes libres, de manera que, por ejemplo, una vez terminado su contrato con un club, éste no tuviera ningún derecho residual sobre ellos. En Europa, éste era el tema de moda, gracias a Jean-Marc Bosman, un futbolista belga al que se le impedía dejar su club aunque su contrato ya había terminado y que llevó su caso a la justicia. Bosman finalmente ganó el pleito, y la ley se modificó para otorgar a los jugadores en Europa una mayor participación en sus propios destinos. Yo quería introducir una legislación similar en Brasil.

Fui un ingenuo al pensar que sería sencillo. En cuanto sugerí que los presidentes de los clubes debían mostrar balances anuales auditados, se volvieron en mi contra. Por supuesto, no querían hacerlo, ya que la falta de transparencia era lo que explicaba cómo los millones de dólares resultantes de la venta de jugadores desaparecían en cuentas bancarias en el exterior. Los presidentes de los clubes tenían muchísimo dinero y mucha influencia política. Los grupos de presión del fútbol se convirtieron en mi mayor enemigo. Los presidentes tenían vínculos muy cercanos con muchos congresistas…; de hecho, ¡uno de ellos era congresista! Fue perturbador ir contra el sistema que gobernaba el fútbol; eso significó que comenzaran a decir cosas negativas acerca de mí. Hicieron ver que yo estaba en contra del fútbol, pero eso era exactamente lo opuesto a la verdad: ellos eran los que estaban destruyendo el fútbol brasileño; yo simplemente intentaba fortalecer nuestro deporte nacional. Si los clubes estuvieran bien administrados podrían retener a la mayoría de los jugadores; aquí, en cambio, cada día se van más.

También tuve mis diferencias con el presidente de la CBF, Ricardo Texeira, y con el jefe de la FIFA, João Havelange. Yo quería que la Liga Nacional se manejara independientemente, como la Premiership de Inglaterra, pero ellos estaban en contra, porque eso significaría una limitación de su poder. Yo no deseaba herir a nadie, no había ninguna intención de venganza personal; solamente quería crear estructuras que beneficiaran a los jugadores y a los seguidores del fútbol.

No me había dado cuenta de que en la política debes librar una batalla tras otra. Fue un camino de aprendizaje muy empinado. Hubo denuncias de corrupción en mi ministerio y tuve que despedir a catorce personas. Eso fue duro. Pero creo que marqué una diferencia. Una de las mejores cosas que iniciamos fue un programa conjunto con los gobiernos locales para crear centros para la práctica de deportes: los llamamos «Villas Olímpicas». El Gobierno central las construía y las autoridades locales suministraban los profesores. La primera de ellas fue en la *favela* Mangueira, en Río. Estos lugares funcionaban maravillosamente: los niños dejaban de cometer delitos porque tenían una mejor manera de pasar el tiempo.

Tal vez creas que esto fue muy bien recibido en los pasillos del poder... Después de todo, estábamos invirtiendo dinero en proyectos públicos que beneficiaban a las comunidades pobres. Pero no. De hecho, sucedió lo contrario. Estábamos construyendo decenas de estos centros en todo Brasil cuando el Congreso comenzó a recortar nuestro presupuesto, que ya era bastante reducido de por sí. Yo lo atribuyo a prebendas políticas y celos. Lo que más me deprimía de Brasilia era que los políticos estaban más interesados en ayudarse a sí mismos que en ayudar a los jóvenes.

Yo era un ex jugador, por lo que también quería mejorar la suerte de los futbolistas. En Brasil, la mayoría de los jugadores casi no ganan dinero, mientras que a los famosos se les pagan millones en Europa. Los futbolistas son un grupo de trabajadores y, como tales, las leyes laborales que rigen sus derechos deben ser justas. Dediqué mis energías a ayudar a los abogados del ministerio a redactar una versión brasileña de la Ley Bosman. Pero esto también fue una lucha. Los clubes estaban en contra debido a que les preocupaba gastar muchísimo dinero en formar a un jugador y luego perderlo en el caso de que pudiese ser traspasado de forma gratuita tan pronto como su contrato expirara. Una muestra de a qué me estaba enfrentando fue el hecho de que, durante mi estancia en Brasilia, el Sindicato de Atletas Profesionales nunca organizó un solo acto en mi apoyo. Por otro lado, los grupos de presión del fútbol instalaron una oficina en Brasilia y tenían una fuerza formidable. Los futbolistas brasileños aún no han aprendido a actuar en conjunto para mejorar su suerte. Es una pena.

No quiero parecer demasiado sombrío: también había buenas personas en el Gobierno. Durante mis tres años en el ministerio hubo momentos de verdadera unidad en la lucha común por hacer realidad nuestra visión de un Brasil mejor. Y también momentos de humor. Recuerdo que un día el ministro de Salud, Adib Jatene, me preguntó:

—¿Cómo va el Ministerio de Deportes?

—No, estás equivocado —le dije—; el mío es el Ministerio de Salud; el tuyo es el de Enfermedad.

Él se rió a carcajadas. Había buena gente en ese lugar.

También viajé mucho, a menudo al lado del presidente. Fuimos cálidamente recibidos por líderes mundiales y por la realeza. En Inglaterra, en 1998, fui nombrado «caballero honorario» por la reina Isabel II, en el Palacio de Buckingham. Fue verdaderamente emocionante ser honrado de esa manera. Al igual que en 1968, cuando la conocí en el Maracaná, todo el mundo me decía que tenía que comportarme siguiendo el protocolo, pero nuevamente importó poco. La reina y su esposo estaban completamente relajados. Tanto que, en cuanto nos acercamos, lo primero que me preguntó fue si podría ir a jugar para el Liverpool, que deduje que sería su equipo favorito. Cuando nos fuimos de allí, toda la comitiva (que incluía al presidente Cardoso, a su esposa Ruth y a mí) se dirigió a Stamford Bridge, la sede del Chelsea, para apoyar el lanzamiento de una nueva iniciativa de fútbol en las escuelas. Fuimos afectuosamente recibidos por el duque de Kent y miembros del Gobierno británico. Estaban entusiasmados por el respaldo que habían recibido para su proyecto; eso era precisamente lo mismo que yo esperaba poder hacer por los niños en Brasil. Era obvio que mi renombre mundial resultaba útil para establecer acuerdos entre Brasil y otros gobiernos.

Después de mucho debate, mi ley fue finalmente aprobada por el Congreso y el 29 de abril de 1998 Fernando Henrique ratificó formalmente lo que se conoce como la «Ley Pelé». No estoy seguro de que la ley merezca mi nombre, ya que la mayoría de las cosas que incluí en ella las eliminaron cuando pasó por el Parlamento. No se exige a los clubes que sean empresas y, por lo tanto, la falta de transparencia (y la corrupción) continúan. La cláusula más importante que permaneció, y de la cual me siento muy orgulloso, es la *regla Bosman de Brasil*, que entró en vigencia tres años después. Tengo la sensación de que ayudé a liberar a los futbolistas de la esclavitud.

Dejé el ministerio en 1998 para poder desempeñar mi función como comentarista en la Copa del Mundo de Francia de ese año. Brasil llegó a la final —su segunda final consecutiva por primera vez desde 1962—, donde se enfrentaría al país anfitrión. Nuevamente mi viejo amigo Zagallo era el director técnico. La final, que perdimos por 3 a 0, se vio ensombrecida por lo que sucedió con Ronaldo. Yo no estuve allí, pero me dijeron que se había sentido indispuesto poco antes del partido y tuvieron que trasladarlo a un hospital. Le hicieron algunos exámenes y le dieron el alta. Pienso que fue un error ponerlo a jugar. Se lo dije a

Zagallo. Ellos pensaron que podría recuperarse del malestar, pero en mi opinión, si el doctor del equipo dice que alguien no está en condiciones, no debe jugar. Había otros buenos jugadores que podrían haber salido, como Edmundo, que se encontraba en muy buena forma.

La derrota desembocó en dos investigaciones del Congreso sobre el estado del fútbol brasileño. Hasta llamaron a Ronaldo para que explicara qué le había sucedido. Si bien yo aplaudí la intención de las investigaciones —arrojar luz sobre el lado oscuro y corrupto del juego (que es lo mismo que yo había intentado hacer desde el ministerio)—, éstas terminaron siendo una vergüenza nacional: los políticos sólo querían atraer la atención de los medios de comunicación; y lo que pretendían investigar no se investigó en absoluto.

En esa época fui muy criticado por la prensa por abrazarme con Ricardo Teixeira. Quiero dejar las cosas en claro: nunca tuve nada personal contra Ricardo. Ciertamente tuvimos nuestros desacuerdos, pero ese día fui convocado a una reunión con João Havelange, Ricardo y el nuevo ministro de Deportes. Una vez terminado el encuentro, nos abrazamos de la manera en que acostumbran los brasileños. Como hay voces poderosas en los medios que no quieren a Ricardo Teixeira, me acusaron de dormir con el enemigo. Pero ¿por qué no podría yo estrechar su mano debido a que unos cuantos periodistas no lo quieren? Ése no es mi problema. No tengo objeción personal alguna respecto de él. Lo que es importante para mí es que mi conciencia está tranquila.

CAPÍTULO X

Familia

Los padres siempre hacen lo mejor que pueden por sus hijos, y él ciertamente lo ha hecho. Pero aun así cometemos errores.

Assíria, acerca de Pelé y la paternidad

Cuando nació mi primer hijo, Edinho, me pregunté —como lo hacen todos los padres— si él seguiría mis pasos (y los de su abuelo también, en este caso) para convertirse en un jugador profesional de fútbol. De niño fue un buen deportista, aunque, por el hecho de crecer en Nueva York, pasó más tiempo practicando deportes que eran populares en los Estados Unidos, como el baloncesto y el béisbol. Esto no quiere decir que no nos entretuviéramos jugando al fútbol como lo hacen todos los padres e hijos —especialmente los brasileños—. Edinho era un buen jugador de campo. Un día, en un partido improvisado, fue a la portería. Pensé que lo había hecho por pura diversión, pero en una oportunidad que viajamos a Brasil para las fiestas de fin de año fue a probarse en el Santos como guardameta. ¡Y lo contrataron!

Edinho estuvo en el Santos durante cinco años. Era bueno. Lo que le faltaba en altura (mide 1,78 m, lo cual es poco para un guardameta), lo compensaba con agilidad, fuerza y velocidad. Era el portero del Santos en 1995 cuando quedó segundo en la Liga Nacional Brasileña. (¡Éste fue un puesto en la tabla de clasificación mejor que el que había logrado el Santos cuando yo estaba en el equipo!, si bien es cierto que la Liga Nacional no se inició hasta 1971, de manera que yo no tuve muchas posibilidades en ese torneo). Siempre pensé que era muy irónico que mi hijo fuera guardameta profesional. Toda mi carrera giró en torno a humillar a quienes vestían la camiseta número uno. ¿Acaso Dios me estaba gastando algún tipo de broma?

Mis amigos solían decirme que Edinho había elegido esa posición para evitar que lo compararan con su padre. Eso tiene sentido; puedo entender sus motivos. Mi hermano Zoca tuvo el mismo dilema y, como resultado, terminó abandonando el fútbol. Aunque no creo que eso fuera todo: creo que él realmente quería ser guardameta. Yo también fui un portero bastante bueno. Siempre fui el portero reserva para Brasil y para el Santos; y me encantaba jugar en ese puesto. Hacer una buena parada puede ser tan satisfactorio como marcar un gol.

Hay un juego que me gustaba practicar con Edinho: yo tiraba diez penaltis y luego él hacía lo mismo ante mí. Nunca perdí con él. De hecho, acostumbraba a jugar a este juego cuando entrenaba con la selección nacional de Brasil. Les ganaba a todos. Sólo una persona me venció, y solamente en una ocasión: Carlos Alberto, que era un maestro en eso de tirar penaltis. Los demás siempre perdían.

Desgraciadamente, la carrera de Edinho sufrió un giro a peor en 1996. Se fracturó la rodilla y no pudo jugar durante un año y medio. Solía bromear conmigo y decía que yo había jugado veinticinco años sin sufrir ninguna lesión seria y él, en apenas cuatro, ya se había lesionado la rodilla. Yo le replicaba: «Hijo, yo maltraté a los porteros durante toda mi carrera. Solía lastimarlos terriblemente. Ahora tú eres uno de ellos y estás cosechando lo que yo sembré».

Durante su recuperación, Edinho fue al Ponta Preta en calidad de cedido. Sin embargo, su convalecencia no fue fácil y nunca recuperó por completo su estado físico. Se retiró en 1999. Fue una pena, porque realmente pienso que él tenía suficiente talento como para llegar a la selección nacional. Sólo necesitaba más experiencia y un poco de suerte. Pero, al igual que mi padre, una lesión en la rodilla truncó su carrera cuando estaba en su apogeo.

Tras dejar el fútbol, Edinho comenzó a competir en carreras de motocross. Durante un tiempo llegó a producir un programa sobre motocross para la televisión digital terrestre de Brasil. Pero el destino le tendría reservadas otras cosas.

En 1970, el año en que nació Edinho, escribí unas palabras que luego regresarían a mí como una obsesión:

> *Los jóvenes siempre piensan que son mejores que sus mayores. Esto a veces los lleva a cometer actos que no deberían. Quiero advertirles a los jóvenes de que cualquier tipo de exceso es dañino, incluso por lo que se refiere a fumar y beber. Creo que los jóvenes pueden pertenecer a diversos grupos y al mismo tiempo conservar su individualidad sin dejarse influir o llevar por la imitación. Los malos muchachos llevan a los buenos a la ruina a través del vicio y de las drogas... Los jóvenes deben hacer lo que les agrade, sin dejarse influir por sus pares. Dondequiera que vayas en el mundo encontrarás niños que han sido arrastrados al vicio por las malas compañías. Es importante que puedas mantenerte alejado de esta gente.*

Han pasado treinta y seis años desde que escribí estas palabras; nunca imaginé cuán pertinentes se volverían, cuán premonitorias. Edinho también ha sufrido las consecuencias de mezclarse con las personas equivocadas.

Ignoro cómo sucedió esto, pero me gustaría saberlo. No sé hasta qué punto su educación influyó en el camino que tomó su vida, aunque debe de haberlo hecho de alguna manera. Ya escribí acerca de lo mucho que lamento haber estado tanto tiempo ausente de casa en los años setenta y de qué manera esto contribuyó a la ruptura de mi primer matrimonio. Sé que, en aquel entonces, fue duro para mi familia vivir en Nueva York, aprender inglés, adaptarse a su nuevo entorno. Como un varón criado entre tres mujeres —su madre y sus dos hermanas—, Edinho siempre se comportó de manera diferente a los otros chicos estadounidenses con los que se rodeaba. Sin embargo, era un chico normal: dulce, a veces ansioso, otras obstinado; un adolescente típico. Creció, se casó, tuvo dos hijas, tenía amigos y jugaba al fútbol. Siempre lo apoyé en todo lo que hizo —mientras fuera razonable— y nunca lo obligué a hacer nada que él no quisiera.

En octubre de 1992, sin embargo, estuvo implicado en una carrera de coches ilegal. Ésta tuvo lugar una madrugada en las calles de la ciudad, poniendo así en peligro la vida de conductores y peatones inocentes, al igual que la de quienes participaban de esta actividad estúpida y sin sentido. Inevitablemente, sucedió un terrible accidente. Un hombre llamado Pedro Simões Neto, un motociclista, fue atropellado y murió.

Finalmente, el caso llegó a juicio y Edinho fue sentenciado a un año y medio en régimen de prisión abierta, pese a que él no había sido directamente responsable del hecho, ya que no era quien conducía el vehículo. En el año 2005 hubo un nuevo juicio y el jurado aceptó unánimemente la evidencia y los testimonios que demostraban que él no había tenido una participación activa en la muerte del señor Neto. Estábamos todos locos de contentos. Yo había estado seguro desde el comienzo de que Edinho no había sido el responsable: él había estado ahí, es verdad, había estado en el automóvil, pero era otra la persona que conducía. Aprendió una dura lección, pero, aun así, esto no evitó que hiciera algunas amistades indeseables que únicamente querían utilizarlo a él y a las conexiones que tenía por ser el hijo de Pelé. Hay muy pocos amigos desinteresados en el mundo.

Una de las personas que Edinho frecuentaba, o que se acercaban a él, era un hombre llamado Naldinho. Este muchacho es el hijo de Pitico, un ex compañero de equipo en el Santos a quien también llevé a jugar en el Cosmos conmigo. Naldinho fue acusado de estar relacionado con las drogas y el blanqueo de dinero, y un día fue arrestado en una gran operación que abarcó todo el Estado. Edinho también fue arrestado en calidad de cómplice de Naldinho. El 6 de junio de 2005 los agentes de narcóticos allanaron su casa, donde vivía con su esposa Jéssica y sus dos hijas.

No pudieron hallar nada ilegal, pero alegaron una infracción del artículo 14 de la Ley 6368 de Tráfico de Narcóticos, y la policía consideró que también era necesario detener a Edinho. El arresto se basó en conversaciones telefónicas casuales que no probaban ninguna asociación y mucho menos un delito. No se pudo presentar ninguna evidencia de que Edinho estuviera involucrado en alguna actividad ilegal. ¿Por qué tendría que haberla? ¿Qué necesidad tendría él de blanquear dinero?

Cuando me dijeron lo que había pasado sentí que estaba sufriendo una pesadilla, una pesadilla de la cual no podía despertar. Pero la tristeza de todos los que me rodeaban y la preocupación que sentíamos era demasiado real para ser una pesadilla. Me di cuenta de que estaba pasando por algo que nunca imaginé posible: que tenía un hijo que había sido arrestado por tráfico de drogas. ¡Qué ironía que me sucediera justo a mí, alguien que había pasado su vida entera haciendo campaña en contra de las drogas!

Después de unos días de confusión, Edinho fue llevado a una prisión de máxima seguridad en Presidente Bernardes, una ciudad en el interior del estado de São Paulo. Permaneció allí durante dos meses. Los días que transcurrieron mientras Edinho estuvo en esa prisión fueron definitivamente los peores de mi vida. Lo trataban como a un monstruo, lo habían separado de la sociedad como si fuera alguna clase de ser perverso que podría hacer daño al mundo. Así de grandes eran mi sufrimiento y mi dolor. Sentía vergüenza, temor, fracaso, duda, tristeza y odio. Tenía pensamientos alocados, deseaba poseer los superpoderes de Spiderman o de Superman para cambiar el curso de esta historia desgraciada y poder verlo cuando quisiera, hablarle, decirle algo más acerca de la vida y de la gente. A menudo vemos a nuestros hijos como si fueran adultos y luego nos damos cuenta de que aún no son nada más que niños, que aún necesitan la palabra de alguien mayor, de su verdadero padre. Añoré a Dondinho, mi padre, durante este periodo tan extraño. Él había fallecido en 1998, y yo sentía que ahora lo necesitaba más que nunca, como si yo mismo fuera todavía un niño. Quería que sostuviera mi mano y caminara junto a mí para señalarme el camino que debía seguir a lo largo de esta nueva y desgraciada experiencia.

Mi madre, doña Celeste, era fuerte como siempre, pero a causa de su edad debíamos ser cuidadosos con ella por el disgusto que le causaba toda la situación, incluyendo ver a su hijo Pelé, que siempre había sido tan seguro de sí mismo, ahora tan enojado, vulnerable, impotente. Existen cosas que simplemente no podemos hacer por los demás y ésta era una de ellas. El dolor de mi madre era doble: por su hijo y por su nieto. Era horrible. Todos estábamos pasando por un momento muy difícil, nos preocupábamos los unos por los otros, y Edinho estaba muy lejos.

Mi corazón de padre fue expuesto a su prueba más exigente. Lloré mucho en esa época. No podía dormir y me preguntaba si era justo que esto me sucediera precisamente a mí. Nunca bebí, nunca fumé, siempre luché contra las drogas. ¿Por qué debía enfrentarme a estas tribulaciones? De nada servía ser famoso; al contrario, sólo complicaba las cosas. Todo el mundo se cuidaba de no sobreproteger a Edinho o, al menos, de ser justo. De haber sido liberado, la gente habría dicho que se debía a que era mi hijo, el hijo de Pelé. Si le hubiese pasado algo en prisión, la policía habría sido culpada. Fue una situación muy delicada para ellos. Yo pensaba que lo correcto era ponerlo en libertad, no tenía ninguna duda. Pasaba por momentos de disgusto, de tristeza, de amargura, de culpa, desesperación, furia; todas, emociones opuestas a las que había experimentado en los maravillosos momentos de mi vida como deportista. A mi lado, Assíria, nuestra familia y algunos amigos me daban la fuerza para continuar adelante, para luchar contra el peor oponente al que debí enfrentarme en mi vida.

Contraté abogados y me puse a mí mismo en primera línea. Pero no tenía experiencia en este tipo de cosas; mis batallas siempre habían tenido lugar en el campo de juego. Ahora debía defender a mi hijo. Era un duro desafío a afrontar, pero no había otra alternativa. Yo seguía siendo Pelé, pero en ese momento sólo era el padre de Edinho. Me puse frente a las cámaras y di la entrevista que Brasil y el mundo esperaban.

Escuchar lo que tenía que decir acerca de lo que había sucedido parecía tan importante como el momento en que convertí el gol número mil. No todo en la vida es tan fácil como parece: lo único que deseaba ese día era esconderme, huir de todo, llorar en brazos de mi madre, apoyarme en el hombro de mi esposa. Quería a todos mis hijos cerca de mí. Deseaba desesperadamente que Edinho estuviera allí para poder abrazarlo y mostrarle que sí, que a menudo cometemos errores, pero que creía en él y quería guiarlo para superar todo esto.

Tuve que reunir todo mi coraje para defender a Edinho y, antes de enfrentarme a la prensa, pensé en cuán maravillosa había sido mi vida, en la frecuencia con la que había hablado con la prensa acerca de todas las buenas noticias que había dado a Brasil, un país tan amante del fútbol que siempre me apreció como a un ídolo. Vi correr en mi mente una película y enseguida me di cuenta de que eso era justamente lo que debía hacer, era importante y coherente con mi lucha de toda la vida en contra del consumo de drogas y de alcohol. He luchado contra eso sin descanso, y aún lo hago, con la esperanza de que algún día pueda ganarse esta batalla. El consumo de drogas es un tema realmente delicado y complicado que está generando en el mundo una especie de cáncer incurable que está destruyendo a nuestra sociedad. Creo que es posible evitarlo y lucharé por esto hasta el día en que muera.

Finalmente Edinho fue trasladado a la penitenciaría de Tremembé, lo cual era mejor, ya que estaba más cerca de casa. Yo continué viajando, aunque no sólo para cumplir con mis exigentes contratos y difundir el mensaje en contra de las drogas en todo el mundo; sentía la necesidad de mantenerme ocupado. Pensaba que las cosas pasarían más rápido de esa forma y me di cuenta de que no había manera de detener mi vida habitual. No podía ceder y darme por vencido. Comprendí que nadie podía vivir mi vida por mí, como tampoco yo la de ninguna otra persona, por más que lo deseara.

Conocí el Centro de Evaluación de la penitenciaría de Tremembé tan pronto como Edinho fue trasladado allí. Me reconfortó que estuviera más cerca de nosotros, en un lugar que era más agradable y con mejores actividades para los internos. Sus hijas podían visitarlo sin experimentar el trauma de una prisión de máxima seguridad. Nunca, por expresa petición de Edinho, lo habían visto allí. Si bien no era lo ideal, me sentí un poco mejor al ver a Edinho en un lugar más adecuado.

Después de culparme durante un tiempo por lo sucedido llegué a la conclusión de que no debía cargar con todo el peso de la culpa yo solo. Me había alejado de mi familia a causa de mi profesión, en busca de mi realización, por un objetivo y un sueño. Me había entregado completamente en todo lo que había hecho. Lo único que les faltó a Edinho y a mis otros hijos fue la presencia constante que se espera de todo padre dedicado. Es algo que lamento, pero fue una consecuencia inevitable de lo que hacía para ganarme la vida. Fue mi decisión, es cierto, pero no por ello es más sencillo. Yo sé que, aparte de esto, no les faltó ninguna otra cosa.

No pienso juzgar a mi hijo. Siento un ferviente anhelo de que él sea declarado inocente y puesto en libertad y de que pueda rehacer su vida, pero eso no está en mis manos; ni en las de Pelé ni en las de Edson. Solamente el sistema judicial puede examinar la evidencia y determinar que él no es culpable, que él no está asociado con amigos oportunistas que están implicados en las drogas —aunque tener amigos que lo estén no es una razón en sí misma como para mantenerlo encarcelado—. Sólo ruego a Dios que lo proteja, como siempre hizo conmigo.

¡Hay tanta amargura en mí por esta triste historia, tantos cuestionamientos! Pero no tengo dudas de que Dios continuará iluminando mi camino como siempre lo ha hecho. Si Él me ha dado este dolor, es porque sabe que de alguna forma podré soportarlo. Sabe que tengo el corazón de un deportista, el triple corazón de Três Corações que puede soportar este sufrimiento. También creo que debemos aceptar estas pruebas cuando se nos presentan y sobrellevarlas de la mejor manera posible. Os aseguro que es la única manera de lograr que pasen más fácilmente. No tiene sentido perder el sueño, llorar desconsoladamente, odiar al mundo entero.

Por mi parte, ¿cuántas veces creí en personas que resultaron ser menos que amigas? ¿Cuántas veces compartí mi hogar, mi familia, mi mesa y mi tiempo libre con gente que luego comprendí que me envidiaba, deseaba que me fuera mal y hasta me hizo daño económicamente? Es tan triste experimentar esta clase de decepciones, pero son cosas que pasan. Muchas veces estuve equivocado al depositar mi fe de manera absoluta en algunas personas, pero la vida nunca deja de enseñarte. Cuando pienso de esta manera, me doy cuenta de que él y yo, y todos, cometemos errores.

En diciembre de 2005, con gran alegría por nuestra parte, Edinho fue puesto en libertad. El ministerio emitió una orden provisional que permite a Edinho permanecer en libertad hasta la finalización del juicio. Tenerlo de vuelta en casa para Navidad fue el mejor regalo que tuve en mi vida. Pasamos mucho tiempo juntos, conversando. Se le veía frágil y muy emotivo. Lloró mucho. Sabe que hay mucho que resolver con respecto al juicio, pero está seguro de haber aprendido una dolorosa lección; tiene absolutamente claro lo que ha hecho y dejado de hacer. Está preparado para colaborar con el Ministerio de Justicia y dice que hay mucho de esta historia que aún no se ha dicho tal cual es. Quiere demostrar que es inocente del cargo de asociación delictiva con Naldinho, a quien la policía identificó como uno de los principales traficantes de drogas de la costa sur de São Paulo.

Justo antes de Año Nuevo, fuimos con Edinho a visitar una clínica para el tratamiento de personas con problemas de abuso de drogas. Está en las afueras de São Paulo, aproximadamente a una hora de viaje. Fue a petición suya: quería retomar el control de su vida y reconoció que necesitaba enfrentarse a su problema con la marihuana. Comprendí que esto era lo que él quería y me pareció que lo correcto sería acompañarlo a ver el lugar, que observamos cuidadosamente antes de comprometernos. Edinho acepta que quiere vivir una vida mejor y más saludable. Está preparado para iniciar su cura, y su voluntad ya representa en sí ganar la mitad de la batalla.

Pero a pesar de nuestras esperanzas de que esto fuera el principio del fin de sus problemas, en febrero de 2006 la historia dio un nuevo giro y Edinho fue arrestado nuevamente junto con otras seis personas. Sólo tengo la esperanza de que sea hallado inocente y de que una vez que el caso se resuelva de una manera u otra, madure de una vez por todas; y de que a través de su dolor físico, moral y espiritual comprenda que es afortunado al tenernos a nosotros, su familia y sus únicos amigos verdaderos.

A pesar de los problemas de Edinho, o tal vez debido a ellos, como familia tratamos de vernos tan a menudo como podemos. Tengo la suerte de poseer varias casas en donde podemos reunirnos. En Nueva York tengo un apartamento, una oficina y una casa en las afueras, en East Hampton. Mis dos hijas mayores aún viven allí. Kelly Cristina tiene ahora treinta y nueve años y está casada con Arthur Deluca. Trabaja en el teatro y habla varios idiomas. Ella me dio mi primer nieto, Malcolm Edson. Jennifer, que tiene veintiocho, también vive allí. Trabaja como auditora en una empresa de películas digitales. Todavía disfruto de Nueva York: después de vivir en aquella ciudad de forma permanente durante diez años y de ir y venir durante otros dos es realmente mi segundo hogar. Trato de pasar allí los veranos.

Cuando hace frío en el hemisferio norte me gusta estar en Brasil, que es siempre cálido. Assíria, los niños y yo nos mudamos nuevamente a São Paulo, donde también tengo una oficina y un apartamento. Aquí, Joshua y Celeste asisten a la escuela. Durante los fines de semana vamos al lugar que yo considero mi verdadero hogar: Guarujá, en la costa cercana a Santos.

Sigo viajando mucho, pero trato de organizar mis viajes de manera que esté alejado de mi familia el menor tiempo posible. Actualmente no hay nada que pueda reemplazar la felicidad de estar con ellos; no solamente es maravilloso, sino que aprendo mucho y lo disfruto mucho también. Creo que la familia es la raíz de todo. Sé que, a medida que envejezco, veo las cosas de manera diferente. Ahora soy yo la persona que los necesita a ellos más que a nada.

Mi familia es el centro de todo. De no haber sido por ellos no habría alcanzado lo que logré, no tengo ninguna duda de esto. Mis padres fueron perfectos; mi tío, mi hermano y mi hermana: todos los que pasaron por mi vida fueron importantes. Siempre pienso en ellos con inmenso afecto.

Tengo siete hijos y siete nietos (tres de Kelly, dos de Edinho y dos de Sandra). También está Gemima, la hija de Assíria de su primer matrimonio, a quien considero igualmente mi hija. Asimismo, tengo decenas de ahijados. Perdí la cuenta de las veces que me han pedido que fuera padrino de algún niño en todas partes de América; no siempre pude conservar el contacto con el niño o con sus padres, pero hay niños en Chile, Perú, Colombia y México, al igual que en Brasil, que me llaman padrino.

Hay otra propiedad mía acerca de la cual quiero contaros. Es mi finca en el interior del Estado de São Paulo, entre Registro y Juquiá, a unos ciento sesenta kilómetros al sudoeste de la capital. Compré el terreno en 1960. Fue Macedo, el masajista del Santos, quien me habló de ese lugar. Tenemos mil cien hectáreas, cuatrocientas cabezas de ganado francés y mil cerdos. Hice construir un lago artificial, en el que criamos carpas y otros peces para la venta. Producimos unas setenta toneladas por año, el equivalente a cuarenta mil peces. Es un lugar maravilloso, un verdadero refugio.

Me siento más tranquilo que en ninguna otra parte cuando estoy allí. En ese lugar me olvido de las presiones de ser Pelé, y por un tiempo puedo ser simplemente Edson. Allí descanso, me relajo. Los pensamientos acerca de la vida, de mis obligaciones y de las responsabilidades que asumí desaparecen. Me gusta ocuparme de los peces, de los caballos y hasta de los cerdos. Estoy en contacto con la naturaleza y disfruto enormemente de la paz y la quietud. Me siento a la sombra de un árbol y mi mirada vaga entre los campos, los animales y los matorrales. Otras veces, me siento allí con mi guitarra y ensayo una o dos canciones.

Mis mellizos Joshua y Celeste aman ese lugar. La casa que construí tiene seis habitaciones y un ala para huéspedes, amigos y el personal.

Cada vez que podemos, la familia se reúne allí el fin de semana para disfrutar de carne asada y cerveza. Tengo dos vehículos que funcionan a batería, como los que se utilizan en los campos de juego para retirar a los jugadores lesionados. Suelo cabalgar con mis dos hijos más pequeños, cada uno en su poni. Una de mis cosas favoritas en la vida son nuestras conversaciones durante estas cabalgadas. Yo voy en el medio, con uno de ellos a cada lado. Sé que no pude pasar tanto tiempo con Kelly, Edinho y Jennifer. Cuando ellos eran niños mi carrera no me lo permitió, por lo que supongo que de alguna manera estoy tratando de recuperar ese tiempo perdido.

También me gusta jugar al fútbol con mi hijo Joshua, quien ya se está convirtiendo en un hombre. Me recuerda el tiempo que yo pasaba con mi querido padre, Dondinho, quien hacía lo mismo conmigo. El tiempo pasa volando y casi no nos damos cuenta. En poco tiempo Joshua estará haciendo lo mismo con su propio hijo. Joshua es mi compañía casi permanente durante el tiempo libre.

Cumplí sesenta y seis años en 2006, y aún me siento joven. En mi familia son todos longevos, por lo que espero tener muchos años por delante. Ambrosina, mi abuela, falleció a los noventa y siete años, en 1976; y mi padre tenía ochenta y ocho cuando murió en 1998. Cuando yo me vaya, seré sepultado en una torre. Santos tiene el cementerio vertical más alto del mundo, una torre de muchos pisos con tumbas en cada uno de ellos. Compré un piso entero para mi familia. Allí se encuentran mi padre, mi tía Maria, quien murió a los noventa años, y mi abuela. Lo compré porque fue construido por un antiguo socio de negocios. Puedes ver el campo de juego de Vila Belmiro desde la ventana; ésta no fue una razón para decidir ser enterrado en ese lugar, pero supongo que es una feliz coincidencia.

Pero todavía hay mucho por hacer —si bien espero ansiosamente el día en que pueda reducir un poco mi actividad—. La fama tiene muchas recompensas, y estoy muy agradecido por ella, pero no significaría nada sin mi familia.

CAPÍTULO XI

El icono

Pelé es una de las pocas personas que contradicen mi teoría: en lugar de tener quince minutos de fama, él tendrá quince siglos.

ANDY WARHOL

Siempre digo que soy un brasileño de Três Corações: un brasileño con tres corazones. Estoy muy orgulloso de la contribución que mi país ha hecho a la cultura del mundo. Somos un crisol de razas, un país donde todas las razas se han mezclado de una manera especial. A pesar de las injusticias que describí en capítulos anteriores, también existe aquí un hermoso sentido de la igualdad. Somos un pueblo musical y creyente. Somos optimistas por naturaleza. Sin importar las dificultades, el sufrimiento y las desilusiones, siempre pensamos que las cosas van a mejorar. Tenemos fe.

Yo sé que mis compatriotas aman a Pelé, pero al mismo tiempo son duros con él. Explicaré esta contradicción con dos relatos. Hace unos años, circulaba por las calles de São Paulo cuando nos detuvimos ante un semáforo y dos ladrones armados se abalanzaron sobre nuestro coche. Uno de los ladrones apuntó su arma hacia el chófer y le ordenó que abriera la ventanilla, pero cuando vieron quién iba dentro me hicieron un gesto de simpatía con los pulgares hacia arriba, se disculparon y se alejaron. No se animaban a atracar a un héroe.

Pero a veces causo el efecto contrario. He pasado por inmigración en muchos aeropuertos alrededor del mundo sin mostrar el pasaporte.

La gente me reconoce y me deja pasar. Hasta en los Estados Unidos ha habido oportunidades en las que me han permitido pasar sin mostrar los documentos, y eso no sucede con casi nadie. Y, una vez en la aduana, nadie mira en mi equipaje. En cambio aquí, en Brasil, cada poco los funcionarios de aduana abren mis maletas y escudriñan el contenido. En el resto del mundo me tratan con más consideración que en mi propio país.

¿Por qué sucede esto? Yo creo que los brasileños son muy exigentes con sus ídolos. A veces pareciera que están más interesados en derribarte que en ensalzarte. Les gusta apoyar al más débil en lugar de al ganador. Es una cuestión cultural, algo arraigado y de orden psicológico. Cuando esto me causa tristeza pienso en doña Celeste, quien suele recordarme: «No puedes complacer a todo el mundo todo el tiempo».

A menudo me pregunto si en otros países sucede lo mismo con sus héroes. No estoy seguro. He viajado mucho y he visto muchas cosas. En Estados Unidos, por ejemplo, Elvis Presley y Martin Luther King tienen hermosos museos conmemorativos. Pero en Brasil no existe un museo de Pelé. Hay algo que no está bien, me parece. Pelé está en el Museo de Cera de Madame Tussauds, pero aquí en Brasil no hay nada para recordarlo.

Mis esfuerzos por crear un Museo de Pelé reflejan algunos de los problemas a los que me enfrento aquí en Brasil. Hace unos pocos años existió un proyecto para construir dicha institución sobre un terreno desocupado en Santos. Era un proyecto fantástico que podría haber creado 4.500 puestos de trabajo y, al mismo tiempo, incrementado el turismo, ya que la ciudad no ofrece más que sus playas para atraer a los visitantes. El gobernador del Estado de São Paulo aprobó las propuestas y teníamos todo listo para comenzar, pero entonces entró en escena un concejal local y desbarató el proyecto. Argumentó razones medioambientales, pero en realidad se trataba de meras mezquindades de la política local. El concejal y el alcalde pertenecían a partidos políticos opuestos y, aunque el museo era en beneficio de todos, el concejal no quiso que el alcalde pudiera atribuirse el éxito del proyecto.

Una situación similar sucedió en Guarujá. Queríamos levantar una escuela de fútbol en una zona empobrecida en donde ya existían algunos campos de fútbol. Los políticos locales lo impidieron al insistir en una enorme lista de requisitos burocráticos sin sentido e imposibles de cumplir. Esta clase de estrechez mental me hace sentir verdaderamente frustrado.

Siempre le dije a mi madre que me dio tres corazones: uno para mi familia, uno para mis admiradores y el tercero para aquellos que me envidian. Sé que en ocasiones he enojado a más de uno porque hablo con sinceridad, como cuando mencioné a los niños de Brasil después del gol número mil y se me acusó de demagogo. También sé que me llené de enemigos cuando fui ministro de Deportes, porque quise cambiar las cosas y a mucha gente poderosa le convenía que nada cambiara. También hay sectores de la prensa que gustan de atacarme. Es una relación de amor-odio.

Por ser una celebridad, todo lo que digo es profundamente analizado. Sé que esto es parte del juego. Los escándalos que resultan de ello no siempre reflejan lo que dije realmente, pero en general venden periódicos. Hacia finales de 1970 dije que los brasileños debían votar en conciencia. Esto provocó un gran revuelo. Me acusaron de insultar al pueblo brasileño, de decir que no sabía cómo votar, de tratarlo de inepto. En resumen, desvirtuaron mis palabras de una forma desproporcionada. Todavía estábamos bajo una dictadura, sin elecciones presidenciales directas. Nuestros dirigentes nos eran impuestos. Lo que dije era que había transcurrido un largo tiempo sin elecciones verdaderas y que estaba a favor de un cambio en dirección a una mayor participación popular en el proceso político. A los periodistas les encanta crear una tormenta de la nada.

He aprendido a poner tanto cuidado como me es posible en cada paso que doy. Aunque a veces el cuidado que tengo no es suficiente. Esto les sirve a los periodistas para agitar las cosas: el sensacionalismo vende más periódicos. Perdí la cuenta de las veces que dije algo para favorecer a una persona y la prensa se dirigió a ésta informando justamente de lo contrario. Un ejemplo: en 2006, cuando estaba en China, un periodista me preguntó si creía que Ronaldo iba a recuperar su estado físico para la Copa del Mundo de ese mismo año. Respondí que sí lo haría. Faltaban tres meses para la Copa. Se había lesionado y había tenido problemas personales, como el fin de su matrimonio. Cuando el fútbol no está en el centro de tu atención, eso, por supuesto, afecta a tu rendimiento. Pero dije que todas esas cosas eran temporales, que él no había olvidado cómo jugar al fútbol y que se recuperaría a tiempo para Alemania.

Había sido positivo y alentador hacia una de las grandes estrellas del fútbol brasileño. Aun así, cuando se le pidió que comentara mis declaraciones, Ronaldo dijo que debería haber mantenido la boca cerrada con respecto a su vida privada; que yo sólo hablaba tonterías.

Algo similar había sucedido unos años antes con Romário. Sin embargo, cuando él se enteró de lo que yo había dicho realmente me llamó y se disculpó. Ronaldo también debió haberme llamado para preguntarme qué había dicho en realidad..., pero lo perdono.

Aprendí que la gente, a menudo, tiene recuerdos selectivos. Hace unos años, mientras Ronaldo se recuperaba de una grave lesión en la rodilla, lo visité en su casa. Recuerdo que él tenía una imagen de Buda en la pared, ya que su mujer en aquel entonces, Milene Domingues, era budista. Le dije que yo también había tenido una lesión grave en 1966, por la que estuve tres meses bajo tratamiento, y que aun así mi mejor Copa del Mundo había sido la de 1970. En esa oportunidad conocí al padre de Ronaldo y pasamos toda la tarde rezando. Y él se convirtió en campeón del mundo. ¿Alguna vez le dijo algo a la prensa acerca de esto?

Desde 1956 he sido el protagonista de libros, artículos, películas, documentales y demás. La gente ya me conoce. Saben cómo soy. Saben que no me gusta la ambigüedad. Hago predicciones. Y si predigo algo que luego no sucede, que así sea. En 1961 dije que nunca me casaría y en 1965 que probablemente me retiraría a Bauru. Bien, ¡eso quiere decir que no siempre tenemos el control de nuestro destino! Más importante aún: yo no soy el dueño de ninguna verdad absoluta. Y es mucho mejor tener una opinión que no contestar a las preguntas —la gente no aceptaría esto último; sería tildado de arrogante.

Una de las formas en que trato de mantener la perspectiva respecto de las cosas es recordándome a mí mismo que la gente no reacciona necesariamente contra mí, sino contra esta figura mítica en la que «Pelé» se ha transformado. Por eso me refiero a Pelé en tercera persona. Sé que a mucha gente no le gusta, pero, para mis adentros, siento que debo darle más espacio a Edson para reducir el que ocupa Pelé.

Por más esfuerzos que haga, no es fácil separar psicológicamente a Edson de Pelé y, por supuesto, ambos están inextricablemente unidos. A menudo me encuentro atrapado en este conflicto entre las dos personalidades. Recuerdo la dramática ocasión de mi partido de despedida en el Giants Stadium, en 1977. Por un momento pensé: «Ya está, ahora me voy a casa y en adelante volveré a ser simplemente Edson». Gran error: en mi interior sabía que ya no quería jugar más y que tampoco necesitaba hacerlo. Pero Pelé había tomado vida propia; estaba al mando de todo. Todo el mundo futbolístico lo quería presente. Y de esta manera yo seguí siendo «Pelé». Tal vez el hecho de que el nombre sea tan fácil de pronunciar (aunque en inglés lo deforman un poco) ayudó a que se hiciera tan conocido en todas partes.

Estoy orgulloso de que Pelé siga aquí. Después de todo, Pelé el futbolista fue a todas partes, convirtió muchos goles, ganó muchos trofeos. Lo que hice en los campos de fútbol se mostró en todo el mundo por televisión, en los periódicos, revistas, fotos, en todos los medios existentes. He sido honrado de cientos de maneras distintas, en diversos países; cuanto más recibes, más se fortalece el mito. Pelé no puede detenerse —tiene compromisos en todo el mundo y cumplirá con ellos—. Sé que como Pelé puedo marcar la diferencia.

A veces me preguntan por qué nunca cambié mi corte de cabello. En la década de los setenta nunca tuve un corte estilo afro *black power* ni nunca me lo he afeitado, como hacen hoy en día muchos futbolistas. Mi peinado siempre fue un homenaje a mi padre. Él se cortaba el cabello de esta manera y, cuando yo era niño, me lo cortaba igual. Salvo cuando volví a los estudios, nunca lo cambié y nunca lo haré. Creo que el peinado ayudó a consolidar la imagen de Pelé. Como no soy canoso ni calvo, ha sido una constante a lo largo de toda mi carrera. Mientras muchos jugadores cambian su imagen con frecuencia, yo, excepto por unas pocas arrugas, casi siempre tuve el mismo aspecto desde que tenía dieciséis años.

Sin embargo, a medida que envejezco realmente deseo vivir mi vida un poco más como Edson, y que Edson y Pelé sean mejores amigos. A medida que me acerco a mi octava década tengo que encontrar el equilibrio que haga a Edson y a Pelé fuertes y felices. Edson es lo simple: la familia, la paz, la tranquilidad, el campo, pescar, montar a caballo, observar a mis hijos, crecer y disfrutar de mis nietos...; Pelé..., bueno, ya sabes cómo es Pelé.

Siento la dicotomía entre Edson y Pelé cada vez que saco mi Master-Card —¡por favor, no pienses que ésta es una publicidad barata!—. En una cara de la tarjeta está mi imagen haciendo una chilena junto a la firma de Pelé; y en la otra está mi verdadera firma de Edson Arantes do Nascimento. Es una representación perfecta de lo que soy: ambas identidades están separadas y ambas son parte de mí. Son las dos caras de lo que soy.

Esto es también un buen ejemplo de cómo Pelé se ha convertido en algo más que un buen deportista. El nombre es una marca internacional. Mi oficina recibe a diario peticiones de empresas de todo el mundo para que yo avale sus productos, todo tipo de artículos —hasta me han ofrecido anunciar papel higiénico, pero no acepté.

Muchas empresas han deseado asociarse conmigo desde que yo era un adolescente. La primera vez que se acercaron a mí para que diera mi nombre a un producto fue cuando apenas había comenzado en el Santos. Una empresa de bebidas del interior de São Paulo le preguntó a mi padre si podrían utilizar mi nombre para una línea de *cachaça*, la bebida alcohólica de caña de azúcar que es la bebida nacional de Brasil y el principal ingrediente de las caipiriñas. Mi padre estaba muy interesado en la oferta porque, a cambio, nos comprarían una casa. Pero cuando Dondinho me lo dijo yo quedé consternado. «Papá, ¿cómo puedo hacerlo si ni siquiera bebo? Soy un deportista, un atleta», le dije. Lo entendió inmediatamente y canceló el contrato.

Me gusta avalar productos pero tengo reglas: nada de alcohol, tabaco ni religión. Como podrás imaginar, las empresas de cerveza y de cigarrillos permanentemente tratan de hacerme cambiar de idea. Me han ofrecido cantidades exorbitantes de dinero, pero siempre me negué. Un fabricante de whisky me ofreció poner mi cara en uno de sus productos. ¿Puedes creerlo?

Las compañías de cigarrillos han intentado convencerme con los ardides más creativos. En una ocasión me invitaron a participar en una reunión con ejecutivos del tabaco. Me preguntaron si querría participar en una publicidad de su compañía en la que yo diría claramente que fumar es «malo». Me sentí un poco perplejo, pero les dije que continuaran. Habían preparado un anuncio piloto. En el mismo, yo corría delante de la cámara diciendo que era una persona saludable porque cuidaba mi dieta, porque era un atleta y porque no fumaba ni bebía. Luego era rodeado por un gran número de niños y me dirigía a ellos para decirles: «Prestad atención, ninguno de vosotros debería fumar. El cigarrillo no es bueno para ti ni es bueno para los deportistas. Pero si algún día decidiera adoptar el hábito, entonces fumaría "estos" cigarrillos».

¡Me quedé boquiabierto! ¿Hablaban en serio? Su concepto era que, aunque fumar es malo, su marca era la *menos* mala. Me pareció una locura absoluta. Me habían mostrado la publicidad con la esperanza de obtener mi aprobación y me dijeron que pusiera el precio. Les dije que no, gracias. De ninguna manera haría algo así.

Cuando avalo un producto solamente digo cosas en las que creo. No me preocupa generar controversias. De hecho, muchos enarcaron las cejas cuando decidí hablar de la disfunción eréctil para el laboratorio Pfizer, fabricante de Viagra. Esto surgió porque la gente de Pfizer se puso en contacto conmigo y me dijo que muchos jóvenes morían por usar Viagra incorrectamente. Lo tomaban como diversión, como una droga de placer, incluso mezclándola con alcohol, lo que podía ocasionar problemas cardíacos. Pfizer quería que convenciera a los hombres de que tomaran ese medicamento en la forma indicada, previa visita a un doctor. Me dijeron que habían hecho un gran estudio de mercado acerca de qué atleta transmitiría mejor el mensaje, y que yo era su primera opción. Una vez que me explicaron de qué se trataba, estuve feliz de hacerlo.

El aval es una cosa, pero hay un solo producto al que le di mi nombre: café Pelé. Esto surgió después de que ayudara al Instituto del Café de Brasil a promover el café brasileño en Europa, a finales de los sesenta. Se sugirió la idea de crear un café con la marca Pelé. Pensé que era una buena idea porque el café es un importante producto de exportación de Brasil, y me pareció que yo era un embajador perfecto para ese producto. El café Pelé fue un gran éxito y todavía existe. De hecho, en Rusia y otros países que estuvieron detrás del Telón de Acero es la marca de café número uno en ventas.

Recientemente, el café Pelé me dio una sorpresa. Sabía que era popular en Medio Oriente, pero no sabía hasta qué punto. Cuando las tropas norteamericanas capturaron a Sadam Husein en 2003, aparentemente lo encontraron escondido en un pozo con solamente tres posesiones: una ametralladora, una maleta repleta de dólares y ¡un paquete de café Pelé!

Hace poco decidí lanzar la marca Pelé como corresponde. Hay muchos deportistas que están haciendo esto mismo y creo que es una nueva y emocionante posibilidad de hacer negocios. Poseo una cadena de gimnasios llamados Pelé Club, y la marca Pelé se ampliará para abarcar licencias para productos tales como perfumes, indumentaria y relojes. También estoy creando la Fundación Pelé, una sociedad de beneficencia destinada a los niños, que recibirá un porcentaje de todas las ganancias.

El logotipo de la marca Pelé puede ser solamente una cosa: mi firma. La primera vez que concedí un autógrafo, a finales de los cincuenta, apenas si podía escribir correctamente, pero creo que funcionó bien. Solía firmar como Edson Pelé. Luego, la primera parte de la firma desapareció. Mi firma casi no ha cambiado desde entonces. En realidad, creo que el nombre devino en una marca hace décadas; el estilo de la firma, aunque no fue ésa la intención, es icónico: una gran P y un pequeño círculo sobre la segunda e. Pero, en verdad, el círculo sobre la e es un error. Me dijeron que debía ser un acento agudo, no un pequeño círculo. Dije que era una pequeña bola, un pequeño balón de fútbol, y entonces se hizo popular.

A veces me pregunto qué hubiera dicho de todo esto Bilé, el guardameta de São Lourenço que jugó con mi padre. ¿Habría existido yo si no hubiera existido él? Hace poco supe que había muerto unos años atrás, a la edad de cincuenta y tres años. Sus amigos dicen que estaba orgulloso de que el nombre Pelé se hubiera basado en el suyo. Él es, indudablemente, parte de mi vida, de mi historia. Espero que descanse en paz.

¿Qué clase de persona soy? Siempre digo que Pelé no tiene color, ni raza, ni religión. Es bien recibido en todas partes. ¿Y Edson? Bueno, soy brasileño y somos gente tranquila y de buen talante. Siempre estoy de buen humor. Mis amigos podrán deciros que cuando no estaba jugando al fútbol, en general, estaba haciendo bromas.

También soy muy competitivo —creo que es necesario tener una vena competitiva para rendir al más alto nivel en el deporte—. No me cuesta nada aceptar un desafío. Recuerdo una ocasión, en 1968, mientras participaba en una gira con el Santos por los Estados Unidos. Una noche, después de cenar, estábamos sentados junto a la piscina de nuestro hotel en Kansas City, disfrutando del hermoso aire fresco. Con nosotros estaba Clayton Espinhel, uno de los directivos del Santos, quien súbitamente me desafió: «Te daré cincuenta dólares si cruzas la piscina nadando». No me hizo falta pensarlo dos veces, y lo sorprendí tardando en zambullirme tan sólo lo que me llevó quitarme los zapatos. La gente que estaba con nosotros también se quedó atónita. Creo que no estaban seguros de si yo necesitaba tanto el dinero o si simplemente no podía resistir el desafío.

Odio perder en cualquier cosa. Cuando era niño jugaba al *fútbol botón*. Es un juego, algo parecido al Subbuteo, en el que formas un equipo de fútbol con botones, o pequeños discos del estilo de las fichas de póquer y les das golpecitos con los dedos, para que se desplacen sobre una mesa. En el capítulo 3 mencioné que mi equipo de botones era el Corinthians. Zoca y yo siempre jugábamos al *fútbol botón* en casa. Todo lo que se necesitaba eran 22 botones y una superficie plana. ¿Y saben qué? Siempre me ganaba. Me volvía loco. Aún lo jugamos cuando podemos y todavía me gana. Me causa una enorme frustración. Realmente me altera. No debería molestarme después de todo lo que he logrado, pero no puedo evitarlo.

A medida que envejecemos nos volvemos un poco impacientes y nuestros deseos comienzan a tornarse exigencias. Sé que mi mayor defecto es el empecinamiento: si le preguntan a Assíria cómo soy en casa, ella les dirá algunas cosas buenas y algunas cosas malas. No creo ser diferente a los demás: soy una persona normal, de carne y hueso, con emociones, amores, dolor, con valor y con pecados. ¿Por qué habría de ser diferente? Nací sin saber nada acerca de la vida. Ahora sé un poco más y seguiré aprendiendo hasta el día de mi muerte.

En casa me gusta que todo esté limpio y ordenado. Soy un poco mandón en este aspecto. En el trabajo soy implacable con los horarios:

cuando no puedo cumplirlos me pongo de mal humor. Y me sucede lo mismo cuando la gente me malinterpreta. Confío en las personas hasta que cometen un error grave, momento en que las elimino de mi agenda, de mi lista de amigos... No creo que esto tenga que ver con mi temperamento, sino más bien con querer que no se aprovechen de mí.

Creo que mi empecinamiento es un aspecto de otro de mis rasgos: el perfeccionismo. Siempre quiero hacer todo de la manera correcta. Y, por otra parte, sólo me convenzo de que algo está mal cuando lo veo por mí mismo. Esto me ha causado problemas y me los sigue causando. La primera vez que quise hacer negocios con un amigo salió todo mal y terminé hundido hasta el cuello. La segunda vez me pasó lo mismo: lo hice para ayudar a un amigo y eso también me costó una fortuna.

Cuando estaba en Nueva York, Steve Ross, el jefe de Warner, me dijo que nunca debía mezclar los negocios con la amistad. Me dijo: «No puedes usar tu corazón en cuestiones de dinero; negocios son negocios». Sé que soy muy confiado —llámalo ingenuidad o como prefieras— y siempre termino cometiendo los mismos errores.

Fundé la compañía Pelé Sports & Marketing con un amigo, Hélio Viana, con la intención de influir de manera positiva en los deportes. Una vez más, la sociedad resultó un desastre. Uno de los proyectos de la compañía estaba relacionado con un espectáculo a beneficio de Unicef, que planeábamos realizar en el Maracaná. La propuesta era realizar un encuentro de fútbol entre un equipo europeo y uno sudamericano de estrellas, y presentar también a algunos cantantes y grupos musicales famosos. Un socio argentino consiguió un préstamo bancario de setecientos mil dólares para comenzar a trabajar en el proyecto, pero el espectáculo no se llevó a cabo y hubo problemas para recuperar el dinero. Cuando me enteré de esto, ordené una auditoria en mi empresa. Se descubrió que había existido una mala administración; así que cerré la compañía. La prensa se aprovechó de ello y la publicidad negativa fue terrible.

No estaba al tanto de los detalles de lo que estaba sucediendo en la compañía porque había depositado mi confianza en la gente. El fiasco de PS&M me costó muchísimo dinero; y me sigue costando tiempo y dinero, debido a las acciones legales que emprendí contra Hélio Viana. Una de las razones por las que aún trabajo tanto es porque tengo que pagar a muchos abogados.

A pesar de todo, aprendí lecciones importantes y creo que me volví más fuerte a causa de mis desilusiones. Todavía siento que estoy aquí en pleno aprendizaje, creciendo espiritualmente y como ser humano. Sé que cuando muera habrá muchas cosas acerca de la vida que aún no conoceré porque la vida tiene mucho para enseñarnos. Pero sigo teniendo fe en mis semejantes, y continuaré teniéndola.

Otra cosa importante que hay que saber acerca de mí, que tal vez explique por qué siempre estoy dispuesto a creer en la gente, es que soy una persona muy sentimental. Más que eso, soy un completo llorón: lloro mucho. ¿Recuerdas la imagen de 1958, cuando Brasil acababa de ganar la Copa del Mundo? Yo apoyaba mi cabeza sobre el hombro de Gilmar y lloraba como una Magdalena. Bueno, pues no he dejado de llorar desde entonces.

Siempre soy muy emotivo. Lloro cuando canto una canción triste, lloro cuando veo niños pobres en la calle. A veces me entristezco por cómo es el mundo y le pregunto a Dios por qué es así. En mi época en el Ministerio de Deportes, cuando tenía problemas le preguntaba a Dios por qué me había puesto ahí si no era para hacer el bien. ¿Por qué millones de brasileños se levantan temprano cada mañana y viajan durante horas para llegar a trabajos extenuantes y mal remunerados, cuando los que están en el poder son un hatajo de ladrones? He viajado por todo el mundo y he visto países con menos recursos naturales que los que tenemos en Brasil y con verdaderos sistemas de salud y educación. ¡Brasil es tan rico en tantos aspectos!... Pero el país está lleno de *favelas*, la salud pública está en estado calamitoso, lo mismo que la educación, y aun así mucha gente roba a los pobres. ¿Por qué debe ser de esta manera? Me pone muy triste.

Cuando pienso en los problemas de mi país, pienso en qué puedo hacer para ayudar. En 2005 se creó en Curitiba, en el sur de Brasil, el Instituto Pelé El Principito. Esto sucedió después de que los doctores del hospital El Principito me hablasen sobre su lucha por recaudar dinero para una unidad pediátrica, destinada a la atención de niños y adolescentes. Me comprometí con su causa de inmediato y les ayudaré a reunir los 20 millones de dólares necesarios para construir el edificio de 12.000 metros cuadrados que se necesita para llevar a cabo el trabajo del instituto. Mi propósito principal es continuar ayudando a los jóvenes. No he olvidado lo que dije después del gol número mil.

En 1999 tuve la oportunidad de comenzar a entrenar niños. Volví al Santos, esta vez para supervisar los niveles inferiores. Era algo que siempre había querido hacer y aproveché la oportunidad. Fue maravilloso —trabajaba con Clodoaldo, Manoel Maria y Ramos Delgado, mis compañeros de equipo de los viejos tiempos—. Asistía dos veces por semana para participar en las sesiones. Inmediatamente nos dimos cuenta de que teníamos un grupo de jóvenes con talento. Manoel Maria me pidió que observara a un jugador en particular. «Hay un niño que es endiabladamente bueno, muy delgado pero maravilloso con el balón», me dijo. Su nombre: Robinho. Lo escogí y le dije a la prensa que él tenía muchas posibilidades de tener éxito como profesional.

Mi papel allí no era solamente técnico. De hecho, pagué de mi propio bolsillo la instalación de un vestuario en el lugar de entrenamiento, porque los niños no tenían dónde cambiarse. También pedí hablar con el padre de Robinho. Es importante asegurarse de que los futbolistas tengan una vida familiar estable. Luego buscamos un dentista para él. Había otros muchachos con talento: Diego, que ahora juega en Portugal; Alex, actualmente en el PSV Eindhoven, y Paulo Almeida. La gente dice que Robinho les recuerda a mí porque comenzamos en el mismo club y somos físicamente parecidos. No fui yo quien hizo esta comparación. Cuando lo vi, vi a un gran jugador por sus propios méritos.

Mis otros compromisos me impidieron continuar con el trabajo en el Santos, pero establecí un equipo de fútbol infantil en la ciudad, llamado Litoral, que está a cargo de Clodoaldo y Manoel Maria. Actualmente, unos 500 niños juegan y se entrenan allí.

La gente me pregunta cuándo me retiraré. Nunca lo haré. No me convertiré en ese tipo de persona que pasa el resto de sus días con una caña de pescar a la orilla del río. En primer lugar, me siento responsable por las cien personas que trabajan para mí, repartidas entre mis casas y mis oficinas en São Paulo y en Nueva York. Lo que sí quiero es calmarme, hacer menos publicidad y pasar menos tiempo en los aviones. El año pasado debo de haber estado el 60 por ciento del tiempo viajando. Eso sí se va a terminar.

Mi energía estará más dirigida a entrenar jugadores jóvenes. Estaré más volcado en el Litoral y me gustaría establecer más escuelas de fútbol, no solamente para los más talentosos, sino abiertas a todos los niños.

Ya no juego al fútbol profesionalmente; esto ya lo sabes, por supuesto. Sin embargo, en mi finca tengo un campo de fútbol 5 y no me niego a un partido, un peloteo como los que teníamos de niños, con familiares, con amigos o con gente que viene a visitarnos. En verano, cuando el clima puede llegar a ser realmente caluroso en Brasil, a veces jugamos de noche, hasta el amanecer —me gusta poder ejercitarme sin tener que sufrir el calor del sol—. El fútbol, en Brasil, atraviesa todas las capas sociales.

En casa también me gusta jugar al tenis, aunque hace un año me rompí la muñeca cuando fallé un golpe y di en el suelo con mi raqueta. Un deporte al que nunca jugué es el golf, pero no por falta de oportunidades, pues debo de haber recibido más de 500 invitaciones para ello: muchos ex jugadores, como Beckenbauer, Platini o Bobby Charlton, están siempre tratando de convencerme de que lo intente. Tal vez algún día lo haga.

Además de jugar al tenis, me gusta verlo. Y, por supuesto, trato de ver tantos encuentros de fútbol como pueda. Todavía soy un gran aficionado al fútbol y tengo un verdadero interés por los progresos del juego. La FIFA me tiene en uno de sus comités —al igual que a unos cuarenta ex jugadores más—. Tengo una mente activa y creativa y siempre estoy pensando en formas de mejorar el espectáculo deportivo. Tengo algunas sugerencias al respecto, las que ya mencioné en las reuniones de la FIFA.

Primero, modificaría el reglamento con respecto a la barrera en los libres directos. La manera en que esto funciona ahora es muy injusta. Imaginemos que eludo a un jugador, dos, tres, que hasta eludo a todo el equipo y quedan solamente un defensor y el guardameta delante de mí. Si el último defensor me hace falta y yo consigo un tiro libre directo, todos sus compañeros pueden formar una barrera que se interponga entre la meta y yo. Ellos estaban todos detrás de mí y, sin embargo, ahora se les permite volver a ponerse delante. ¿Es esto justo?

Mi solución es que o la barrera consista en un solo jugador (digamos, el defensor que cometió la falta) o que no haya ninguno; de este modo un libre directo sería como un tiro de penalti desde fuera del área. Pienso que es una buena idea, ya que además de ser más justa estimula el juego ofensivo. Habría deseado que esta regla hubiera estado en práctica en mi época de jugador. ¡De hecho, esta regla sólo podía ocurrírsele a un jugador ofensivo!

Segundo, no veo por qué los saques de banda no se pueden realizar indistintamente con las manos o con el pie. Cuando un portero hace un saque de meta, puede golpear el balón con el pie o impulsarlo con la mano. ¿Por qué los jugadores de campo no pueden hacer lo mismo desde las bandas? El argumento en contra de mi propuesta es que los jugadores podrían enviar el balón directamente al área. Pero yo pienso que esto es algo positivo. Digamos que un partido está en sus minutos finales y un equipo está tratando de perder tiempo sacando el balón por los laterales. Si tuvieras un saque lateral no podrías amenazar la meta, pero si pudieras llevar el balón directamente dentro del área, ¡quién sabe!...

Mi tercera propuesta para cambiar el fútbol es que haya cinco jueces en cada partido, incluyendo uno detrás de cada arco, para definir controversias acerca de la línea de meta.

A menudo me preguntan qué pienso sobre otros jugadores. ¿Habrá otro Pelé? (Mi respuesta es siempre no; Dondinho y Celeste ya cerraron la fábrica.) ¿Quiénes son los mejores? Lo que siempre digo es que, en todos mis años de jugador, observé a miles de futbolistas, incluyendo a los mejores del mundo. ¿Cómo podría escoger sólo a uno? Sería groseramente injusto. Encuentro especialmente difícil decir quiénes son los mejores futbolistas brasileños. Siempre menciono a unos pocos, sin entrar en muchos detalles. En cambio, prefiero decir que jugamos el mejor fútbol del mundo, lo que seguirá siendo de esta manera —los brasileños aman el fútbol; los niños comparten el mismo sueño que yo tuve—. Si la administración del fútbol brasileño estuviera organizada como corresponde, ganaríamos todas las Copas del Mundo en todos los niveles de edad, todos los años.

Sí puedo escribir acerca de los jugadores que conocí y me gustaron, y ha habido muchos. Tuve la suerte de conocer a Puskas, por ejemplo. Jugué contra el húngaro en una sola oportunidad, para el Santos, cuando él estaba en el Real Madrid, pero puedo decir que era un jugador dotado. Alemania tuvo a Vogts, Müller, Seeler... ¿Y cómo podría dejar de mencionar al Káiser, Franz Beckenbauer? Él hizo de todo en el fútbol alemán: fue jugador, capitán, entrenador y campeón. Recuerdo haberle aconsejado que permaneciera como director técnico de Alemania en un momento en que tenía dudas acerca de si debía continuar —él quiso saber qué pensaba yo al respecto, ya que habíamos sido amigos desde los días del Cosmos.

Italia también ha tenido grandes equipos y excelentes jugadores. Los nombres que vienen a mi mente incluyen a Trapattoni, Fachetti, Rivera, Burgnich, Zoff, Baresi y Roberto Baggio. Los primeros grandes futbolistas franceses que conocí fueron los integrantes de aquel maravilloso trío de la Copa del Mundo de 1958: Piantoni, Fontaine y Kopa. Luego fueron sucedidos por otros talentos, entre ellos Platini, Giresse y Tigana. Francia también ha exportado buenos jugadores, incluyendo a Zidane y a Thierry Henry. En Portugal, Eusébio y Coluna fueron muy buenos, y ese país también nos dio a Luis Figo. Y debo mencionar a los brillantes jugadores argentinos que he visto, como Maradona, Batistuta, Ramos Delgado y el sorprendente Di Stéfano.

Todo el mundo siempre está pendiente de la rivalidad entre Maradona y yo. Somos amigos, no enemigos. Cuando me pidió que participara en su programa de televisión, acepté con todo gusto. A la prensa, como siempre, le encanta subrayar las diferencias —especialmente en cuanto a la eterna discusión de café acerca de quién fue el mejor futbolista—. Si sirve de algo, yo creo que cuando se juzga a los futbolistas hay que tomar todo en cuenta: quién le pega mejor con la pierna derecha, quién lo hace mejor con la izquierda, quién cabecea mejor, quién corre más, etcétera, etcétera. Y en ese nivel de análisis, no hay comparación posible. Ésa es la realidad. Pero a los hinchas del fútbol no les interesa la realidad, están atrapados por la pasión.

En cuanto a los ingleses, Stanley Matthews fue un jugador ejemplar —un deportista con una técnica sorprendente—. Él ponía todo su esfuerzo y no recurría a trucos. Su habilidad ayudó a Inglaterra a vencer a Brasil por 4 a 2 en Wembley, cuando él tenía cuarenta y un años. Mi antiguo compañero de equipo Nilton Santos lo marcó ese día, y aun cuando Nilton tenía fama de imbatible tuvo que reconocer al final del partido que Matthews lo había superado, diciendo: «Señor Matthews, usted es el rey». También admiré a Gordon Banks, a Bobby Charlton y a Jimmy Greaves en mis días de jugador, y ahora el testigo lo han recogido Owen, Rooney y Beckham; todos ellos son jugadores del más alto nivel.

Y cuando hablo de los ingleses, debo mencionar a otro amigo, ya fallecido: Bobby Moore. Él jugaba como un lord y marcaba limpiamente; siempre tuve un gran respeto por él. Nunca olvidaré el famoso encuentro en el que nos enfrentamos en Guadalajara durante la Copa del Mundo de 1970. Una vez que finalizó el partido, recuerdo haber esperado mi turno para estrechar la mano de los jugadores ingleses. Intenté expresarme con el escaso vocabulario inglés que conocía. Me salió todo junto: «*I'm happy, you play good, yes, good luck...*» («Estoy feliz, tú juegas bueno, sí, buena suerte...»). Intercambiamos camisetas como recuerdo. Durante ese partido, unos ladrones lograron entrar en mi habitación en el campo de entrenamiento y se llevaron las diez camisetas que me habían asignado para toda la Copa, lo que nos causó algunos problemas: hasta consideramos la idea de pedirle a Bobby que me devolviera la que le había dado, para tener algo que ponerme para el partido frente a Rumania. Finalmente no fue necesario, aunque las camisetas robadas nunca fueron halladas.

El fútbol es imprevisible; ése es uno de sus encantos. Sin embargo, si se basara puramente en el mérito, Holanda debería haber ganado tanto en 1974 como en 1978. El fantástico Cruyff encabeza la lista de holandeses, aunque Marco van Basten fue uno de los mejores jugadores que haya visto. Ruud Gulit, que luego se convirtió en un buen director técnico, también fue uno de mis favoritos. Pluskal, Masopust y Lala de Checoslovaquia me impresionaron igualmente. Me enfrenté a ellos, y a otros, en Chile y en México; lo más destacable de esos jugadores checos era su espíritu deportivo.

Quiero reiterar que no estoy haciendo una lista de los *mejores* jugadores; eso es algo que la gente confunde. Prefiero decir que los jugadores que he nombrado *me gustan*, y que también me gustan un par de cientos más que no he mencionado.

Como dije, me resulta difícil señalar a los jugadores brasileños, porque aunque hiciera cientos de listas no dejaría conforme ni a uno de nuestros hinchas; pero sí me gusta hablar de generaciones. Pienso que, individualmente, nuestro mejor equipo fue el de 1958: además de mí, teníamos a Garrincha, Nilton Santos, Didi, Vavá... Sin embargo, desde el punto de vista colectivo, el de 1970 los superó. Las únicas estrellas éramos Jairzinho, Tostão y yo, pero el equipo estaba mucho mejor organizado. La generación actual también es muy especial, con grandes jugadores como Ronaldinho, Juninho Pernambucano y Kaká.

El mundo ha cambiado, pero creo que Brasil aún juega el mismo fútbol de siempre, aunque tal vez el juego sea un poco más rápido ahora. Y, contrariamente a lo que mucha gente piensa, Brasil puede jugar defensivamente. En los setenta éramos vistos como un equipo ofensivo por la cantidad de goles que anotábamos, pero, en realidad, cuando el balón iba hacia nuestro propio campo todos retrocedíamos. Solamente Tostão se quedaba delante. Brasil todavía juega defensivamente hoy en día. Una diferencia técnica es que en esos días teníamos a maravillosos lanzadores como Rivelino y Gerson. Ya no tenemos jugadores como ésos, y en nuestros días el balón simplemente avanza desde el centro del campo a ras del suelo.

Cuando Brasil ganó la Copa del Mundo por primera vez fue una gran sorpresa. Para mí no sería una sorpresa si la Copa del Mundo de 2006 quedara en poder de un equipo africano o de algún país sin trayectoria internacional. Los Estados Unidos llegaron a cuartos de final en la última Copa y Corea del Sur llegó a semifinales. Ronaldo tiene este año la posibilidad de superar mi récord brasileño de goles marcados en Copas del Mundo. Si eso sirve para que Brasil retenga el trofeo, ¡que haga todos los que pueda!

A lo largo de mi carrera he tenido el privilegio de conocer a gente de todas las profesiones y clases sociales. Cuando, no hace mucho tiempo, mi esposa Assíria y yo nos encontramos en Alemania con el papa Benedicto XVI, caí en la cuenta de que era el tercer Sumo Pontífice que había conocido personalmente. Anteriormente había sido recibido en más de una ocasión por el papa Pablo VI, una de ellas en la mismísima biblioteca del Vaticano: la biblioteca se reserva para jefes de Estado, miembros de la realeza y otras personalidades destacadas, y estar allí me hizo sentir como uno más de ellos. Sabía mucho de fútbol y quería hablar de ello. Otra persona que amaba el fútbol y lo había practicado de joven en Polonia era el papa Juan Pablo II. Nunca olvidaré la genuina calidez que demostró cuando le entregué una reproducción de la estatua del Cristo Redentor de Río de Janeiro.

No soy un político, pero he conocido a muchos de ellos. Me he reunido con cada uno de los presidentes brasileños, desde Juscelino hasta Lula, y con cada presidente estadounidense, desde Nixon en adelante. Jimmy Carter me recibió en la Oficina Oval y le regalé un balón autografiado. Lo mismo sucedió con Ronald Reagan, quien se presentó diciendo: «Es un placer conocerlo. Soy el presidente de los Estados Unidos; usted no tiene que decirme quién es: sé que es Pelé, ¡todo el mundo lo sabe!».

A menudo los jefes de Estado desean conocerme. Y no siempre digo que sí. Cuando Bill Clinton me invitó a cenar en la Casa Blanca, en 1997, decliné la invitación porque tenía otro compromiso. Mi amigo Celso Grellet estaba horrorizado. «¡Nadie rechaza una invitación del presidente de los Estados Unidos!», me dijo. «Tómalo con calma, Celso», le contesté, recordándole que mi compromiso era con la escuela de samba Mangueira, en Río de Janeiro, la cual quería que participara de su proyecto para alentar a los niños a que practiquen deportes. En ese momento, era ministro de Deportes y sabía que el presidente Clinton vendría pronto a Río y también los visitaría a ellos. Cuando vino, quiso practicar sus habilidades con el balón e hicimos un peloteo. Debo decir que no demostró grandes condiciones, pero era evidente que se estaba divirtiendo. Cuando finalizó la ceremonia, el presidente Clinton me invitó a una cena informal, sin periodistas ni asesores. En esta ocasión acepté y pasamos un buen rato.

Además de presidentes de países en los cinco continentes, he conocido a gran número de estrellas de cine y atletas famosos. ¿La persona que más me impresionó? Probablemente fue Nelson Mandela, un verdadero icono. Igualmente importante es que he conocido a decenas —si no a cientos— de miles de admiradores. Algo que siempre trato de hacer cuando estoy en público es mantener una actitud amistosa y educada cuando la gente se acerca para saludarme. Después de todo, yo también tengo mis ídolos, como mi padre, o Zizinho, el gran jugador brasileño de los cincuenta, del que ya hablé, y sé qué bueno es estar cerca de aquellos a los que admiramos. Por esa razón, cuando alguien se me acerca en un aeropuerto o en una fiesta, en un evento o en un avión, trato de brindarle la atención que espera de mí. La gente que es idolatrada no debe defraudar a su público. No seríamos ni la mitad de lo que somos si no fuera por ellos. Esto lo tengo muy claro.

Sin embargo, en ocasiones he defraudado a algunos admiradores, como es el caso del griego que se presentó en mi hotel y me ofreció a su hija en matrimonio. (Esto mismo me sucedió en Nigeria.) Le dije que me sentía muy honrado, pero que debía rechazarlo. Recuerdo una oportunidad en que estaba en Inglaterra y un admirador me pidió que fuera hasta su casa donde tenía una pared firmada por gente famosa. Me disculpé y le dije que no podría ir. Al día siguiente, regresó con un trozo de mampostería. «Ya que no pudo venir hasta mi pared, le traje un pedazo de ella», me dijo. En Yugoslavia, un admirador convirtió su casa en un museo de Pelé.

Cuando llego a algún sitio en visita oficial, generalmente la prensa local se entera o está avisada de mi llegada y me recibe en el aeropuerto en medio de una total confusión. La gente me espera y están los fotógrafos para registrarlo todo. Lo disfruto, aunque tengo que confesar que en ciertas ocasiones, cuando el viaje no fue especialmente bueno o fue demasiado largo, o estoy cansado o desesperado por una ducha o por descansar en una cama limpia, sería maravilloso poder llegar como una persona normal e ir directamente a mi hotel. Sin embargo, en cuanto he recargado mis baterías, entonces sí, estoy listo para lo que sea.

La regla por la que uno debe guiar su vida es la del respeto hacia los demás, quienesquieran que sean. Cuando jugaba para el Santos, siempre respeté a sus seguidores. Siempre traté de dar lo mejor de mí. Siempre hice mi mayor esfuerzo por entretener, por asegurarme de que la muchedumbre se retirara del estadio feliz por haber gozado de un buen espectáculo. Le rezaba a Dios pidiendo: «Si vas a hacer que este partido termine en un empate, por favor que sea 3 a 3 o 2 a 2, y no 0 a 0. ¡El resultado es el mismo y a Ti no te cuesta nada!».

La vida de un futbolista de primer nivel ha cambiado mucho desde mis días de jugador. En aquella época no había tantos coches lujosos, relojes o ropa caros. La única cosa moderna que podías encontrar en Santos era un par de pantalones vaqueros. De todas maneras, siempre fui enemigo de la ostentación de riqueza. Aún hoy en día conduzco un automóvil normal, un Vauxhall Zafira. Mis dos Mercedes Benz —me dieron uno en 1973 y otro en 1986— están en mi garaje. Hay personas a las que les gusta comprar arte, helicópteros o yates. A mí no me interesa el consumo conspicuo. Me han regalado cientos de relojes costosos, pero no los uso. Para mí, el lujo consiste en vivir bien, en tener comodidad en tu hogar. No disfruto de placeres caros que me puedan hacer sentir culpable.

No me gusta atraer la atención hacia mí cuando no es necesario. Rara vez viajo con un guardaespaldas. Simplemente lo hago con algún colega de negocios o con mi esposa. El presidente Lula me dio un pasaporte diplomático rojo, pero nunca lo utilizo. Si lo hiciera, siempre habría una comitiva esperándome, con personal de la embajada, policía, seguridad y todo lo demás. Cuando llego a un aeropuerto me gusta hacerlo en calma, sin anuncios previos, como cualquier persona común.

Recorrer mi vida pasada me ha hecho recordar muchas experiencias maravillosas. Hace exactamente medio siglo que dejé Bauru siendo apenas un niño con su primer par de pantalones largos. Desde ese momento he sido objeto de muchísima admiración, afecto y respeto por parte de gran cantidad de gente en todo el mundo. Mi familia siempre ha sido mi cable a tierra. Mi vida ha sido la misma vorágine desde que tenía quince años. ¡Ahora ya me acostumbré a ella! Siempre estoy rodeado de gente. Nunca me siento solo.

A pesar de eso, a veces añoro ser el niño del interior de São Paulo que nunca había visto el mar. Extraño la simplicidad de una vida donde la felicidad era jugar al fútbol en la calle con amigos. Extraño el sabor del mango maduro recién arrancado de la planta en el jardín. Tengo vívidos y maravillosos recuerdos de mi etapa de crecimiento.

Una parte de la infancia que aún sigue conmigo es mi *pião*, mi peonza de madera. Siempre llevo una en mi maletín, junto a mis papeles y estilográficas. Cuando me encuentro solo en mi habitación de hotel saco la peonza, enrosco el cordel sobre ella y la arrojo para que gire sobre el suelo. Mientras está girando, la levanto con la mano y sigue girando sobre ella. En esto soy muy bueno. (¡Puede que Zoca me venza al *fútbol botón*, pero yo soy mejor que él con la peonza!) Me encanta ver la peonza girando sobre mi mano. Me permite reflexionar, y me recuerda la inocencia del niño que una vez fui.

Pero ahora soy un hombre en su séptima década. He logrado más de lo que nunca hubiera imaginado. He tenido todo lo que un hombre puede desear. La mía ha sido una vida emocionante. Las alegrías superaron en gran número a las tristezas. Quiero agradecer a todos los que me han ayudado a ser lo que soy, lo que he sido, como Pelé y como Edson. Sin la energía que he obtenido de vosotros, nunca hubiera llegado a donde estoy ahora.

Historial de goles anotados por Pelé en su carrera futbolística

Nota

El siguiente resumen cubre, encuentro por encuentro, el historial de goles anotados por Pelé durante su carrera como jugador profesional, hasta su retiro en el Cosmos, el primero de octubre de 1977. Incluye varios partidos «perdidos» que sólo han salido a la luz recientemente, como resultado de la investigación de proyectos como el de *Pelé Eterno*, y un trabajo actualmente en curso sobre la historia del fútbol brasileño. Esta última investigación sugiere que Pelé marcó su gol número mil antes del famoso encuentro frente a Vasco da Gama el 19 de noviembre de 1969, si bien éste aún hoy es descrito en el texto como el verdadero, y así es como fue percibido y celebrado en aquel momento.

En forma similar, el partido número mil en la carrera de Pelé fue celebrado en su momento durante el partido de Santos frente a Transvaal, el 28 de enero de 1971, pero hoy en día parece más probable que ese hito fuese alcanzado nueve días (y tres partidos) antes.

Después de retirarse del Cosmos, Pelé también jugó en ocho partidos de exhibición:

22 de abril de 1978	Fluminense vs. Nigeria	3–1
26 de abril de 1978	Fluminense vs. Racca Rovers (Nigeria)	2–1
6 de abril de 1979	Flamengo vs. Atlético Mineiro	5–1
24 de septiembre de 1980	Cosmos vs. NASL All-Stars[1]	3–2
21 de julio de 1983	Sudeste XI vs. Sul XI	1–1
9 de mayo de 1984	Cosmos All-Stars vs. Cosmos	2–6
4 de enero de 1987	Brazil Seniors vs. Italy Seniors	3–0
31 de octubre de 1990	Amigos de Pelé XI vs. Brasil	2–1

---

1. Partido de despedida de Franz Beckenbauer.

Pdo.	Año	Fecha	Equipo de Pelé	Goles a favor	Rival	Goles en contra	Goles marcados por Pelé	Total de goles
1	1956	7 de septiembre	Santos	7	Corinthians (Santo André)	1	1	1
2	1956	15 de noviembre	Santos	4	Jabaquara	2	1	2
3	1957	12 de enero	Santos	1	AIK (Suecia)	0	0	2
4	1957	9 de febrero	Santos	2	Portuguesa de Desportos	4	1	3
5	1957	17 de febrero	Santos	5	América (Joinville)	0	0	3
6	1957	19 de febrero	Santos	3	América (Joinville)	1	0	3
7	1957	12 de marzo	Santos	2	Grêmio (Porto Alegre)	3	0	3
8	1957	14 de marzo	Santos	5	Grêmio (Porto Alegre)	0	0	3
9	1957	17 de marzo	Santos	5	Rio Grandense	3	0	3
10	1957	19 de marzo	Santos	3	Pelotas	2	0	3
11	1957	22 de marzo	Santos	2	E. Club Brasil (Alagoas)	2	0	3
12	1957	24 de marzo	Santos	1	Guarani / Bagé XI	1	1	4
13	1957	27 de marzo	Santos	3	Renner (Porto Alegre)	5	0	4
14	1957	31 de marzo	Santos	4	Flamengo / Juventude XI	1	1	5
15	1957	7 de abril	Santos	4	Vasco da Gama	2	0	5
16	1957	11 de abril	Santos	5	Corinthians (São Paulo)	3	1	6
17	1957	14 de abril	Santos	6	Guarani (Campinas)	1	2	8
18	1957	26 de abril	Santos	3	São Paulo FC	1	1	9
19	1957	1 de mayo	Santos	1	Corinthians (São Paulo)	1	0	9
20	1957	5 de mayo	Santos	0	Flamengo (Río)	4	0	9
21	1957	9 de mayo	Santos	2	Portuguesa de Desportos	4	0	9
22	1957	11 de mayo	Santos	5	Botafogo (Río)	1	0	9
23	1957	13 de mayo	Santos	1	Botafogo (Ribeirão Preto)	3	0	9
24	1957	15 de mayo	Santos	3	Palmeiras (São Paulo)	0	2	11
25	1957	19 de mayo	Santos	7	Londrina (Paraná)	1	2	13
26	1957	26 de mayo	Santos	2	Fluminense (Río)	2	0	13
27	1957	29 de mayo	Santos	4	América (Río)	0	1	14
28	1957	1 de junio	Santos	2	Vasco da Gama (Río)	3	1	15
29	1957	9 de junio	Santos	7	Lavras (Minas Gerais)	2	4	19
30	1957	19 de junio	Santos / Vasco XI	6	Belenenses (Portugal)	1	3	22
31	1957	20 de junio	Santos	3	Rio Branco	2	0	22
32	1957	22 de junio	Santos / Vasco XI	1	Dinamo (Yugoslavia)	1	1	23
33	1957	26 de junio	Santos / Vasco XI	1	Flamengo (Río)	1	1	24
34	1957	29 de junio	Santos / Vasco XI	1	São Paulo FC	1	1	25
35[2]	1957	7 de julio	Brasil	1	Argentina	2	1	26
36	1957	10 de julio	Brasil	2	Argentina	0	1	27

2. Debut de Pelé con la selección de Brasil.

Pdo.	Año	Fecha	Equipo de Pelé	Goles a favor	Rival	Goles en contra	Goles marcados por Pelé	Total de goles
37	1957	14 de julio	Santos	5	XV de Novembro (Piracicaba)	3	1	28
38	1957	21 de julio	Santos	1	Corinthians (São Paulo)	2	0	28
39	1957	23 de julio	Santos	3	Benfica (Portugal)	2	1	29
40	1957	25 de julio	Santos	7	Ponte Preta (Campinas)	2	3	32
41	1957	28 de julio	Santos	3	Arapongas (Paraná)	1	0	32
42	1957	31 de julio	Santos	4	Jabaquara	6	0	32
43	1957	4 de agosto	Santos	2	Ferroviária (Araraquara)	3	0	32
44	1957	11 de agosto	Santos	4	Botafogo (Ribeirão Preto)	2	0	32
45	1957	15 de agosto	Santos	8	Guarani (Campinas)	1	4	36
46	1957	18 de agosto	Santos	5	Portuguesa de Desportos	2	0	36
47	1957	20 de agosto	Santos	2	Salvador XI (Bahia)	2	0	36
48	1957	8 de septiembre	Santos	1	Palmeiras (São Paulo)	2	1	37
49	1957	11 de septiembre	Santos	7	Nacional (São Paulo)	1	4	41
50	1957	15 de septiembre	Santos	2	São Paulo FC	3	1	42
51	1957	22 de septiembre	Santos	1	AA Portuguesa	1	1	43
52	1957	25 de septiembre	Santos	9	Ypiranga	1	3	46
53	1957	29 de septiembre	Santos	6	Juventus (São Paulo)	1	1	47
54	1957	2 de octubre	Santos	1	Esporte (Recife)	1	0	47
55	1957	4 de octubre	Santos	0	Náutico (Recife)	0	0	47
56	1957	6 de octubre	Santos	2	Sampaio Correia (Maranhão)	1	2	49
57	1957	8 de octubre	Santos	2	Esporte (Recife)	1	1	50
58	1957	10 de octubre	Santos	1	Canto do Rio	0	0	50
59	1957	20 de octubre	Santos	2	Botafogo (Ribeirão Preto)	4	0	50
60	1957	23 de octubre	Santos	2	AA Portuguesa	2	0	50
61	1957	26 de octubre	Santos	4	Palmeiras (São Paulo)	3	1	51
62	1957	3 de noviembre	Santos	3	Corinthians (São Paulo)	3	3	54
63	1957	4 de noviembre	Santos	0	Bandeirantes (São Paulo)	3	0	54
64	1957	6 de noviembre	Santos	3	Portuguesa de Desportos	1	0	54
65	1957	10 de noviembre	Santos	3	XV de Novembro (Piracicaba)	0	1	55
66	1957	17 de noviembre	Santos	2	São Paulo FC	6	0	55
67	1957	24 de noviembre	Santos	5	Jabaquara	1	3	58
68	1957	27 de noviembre	Santos	6	XV de Novembro (Piracicaba)	2	2	60
69	1957	1 de diciembre	Santos	6	AA Portuguesa	2	4	64
70	1957	3 de diciembre	Santos	2	São Paulo FC	2	0	64
71	1957	8 de diciembre	Santos	2	Ponte Preta (Campinas)	1	1	65
72	1957	15 de diciembre	Santos	6	Portuguesa de Desportos	0	2	67
73	1957	22 de diciembre	Santos	1	Corinthians (São Paulo)	0	0	67
74	1957	28 de diciembre	Santos	4	Palmeiras (São Paulo)	1	0	67
75	1957	29 de diciembre	Santos	10	Nitro Química	3	1	68

Pdo.	Año	Fecha	Equipo de Pelé	Goles a favor	Rival	Goles en contra	Goles marcados por Pelé	Total de goles
76	**1958**	19 de enero	Santos	4	Bragantino	1	1	69
77	1958	26 de enero	Santos	4	Prudentina	0	1	70
78	1958	30 de enero	Santos	2	Atlético (Minas Gerais)	5	1	71
79	1958	2 de febrero	Santos	2	Atlético (Minas Gerais)	0	1	72
80	1958	5 de febrero	Santos	2	Atlético (Minas Gerais)	2	0	72
81	1958	7 de febrero	Santos	4	Botafogo (Ribeirão Preto)	2	2	74
82	1958	26 de febrero	Santos	5	América (Río)	3	4	78
83	1958	2 de marzo	Santos	2	Botafogo (Río)	2	0	78
84	1958	6 de marzo	Santos	7	Palmeiras (São Paulo)	6	1	79
85	1958	9 de marzo	Santos	2	Flamengo (Río)	3	1	80
86	1958	13 de marzo	Santos	2	Portuguesa de Desportos	3	1	81
87	1958	16 de marzo	Santos	2	São Paulo FC	4	0	81
88	1958	22 de marzo	Santos	0	Vasco da Gama (Río)	1	0	81
89	1958	23 de marzo	Santos	2	Noroeste (Bauru)	3	0	81
90	1958	27 de marzo	Santos	1	Corinthians (São Paulo)	2	1	82
91	1958	4 de mayo	Brasil	5	Paraguay	1	2	84
92	1958	14 de mayo	Brasil	4	Bulgaria	0	0	84
93	1958	18 de mayo	Brasil	3	Bulgaria	1	2	86
94	1958	21 de mayo	Brasil	5	Corinthians (São Paulo)	0	0	86
95[3]	1958	15 de junio	Brasil	2	URSS	0	0	86
96	1958	19 de junio	Brasil	1	Gales	0	1	87
97	1958	24 de junio	Brasil	5	Francia	2	3	90
98[4]	1958	29 de junio	Brasil	5	Suecia	2	2	92
99	1958	16 de junio	Santos	7	Jabaquara	3	2	94
100	1958	20 de julio	Santos	2	Juventus (São Paulo)	0	1	95
101	1958	23 de julio	Santos	6	XV de Novembro (Piracicaba)	0	4	99
102	1958	27 de julio	Santos	2	Botafogo (Ribeirão Preto)	2	2	101
103	1958	31 de julio	Santos	1	Comercial (São Paulo)	1	1	102
104	1958	3 de agosto	Santos	0	América (Rio Preto)	0	0	102
105	1958	6 de agosto	Santos	4	Portuguesa de Desportos	3	1	103
106	1958	10 de agosto	Santos	0	Noroeste (Bauru)	1	0	103
107	1958	13 de agosto	Santos	4	Ferroviária (Araraquara)	3	1	104
108	1958	17 de agosto	Santos	1	São Paulo	0	1	105
109	1958	20 de agosto	Santos	4	Ponte Preta (Campinas)	0	1	106
110	1958	24 de agosto	Santos	1	Palmeiras (São Paulo)	0	0	106

3. Primer partido de Pelé en una fase final de la Copa del Mundo.
4. Final de la Copa del Mundo, estadio Solna, Estocolmo.

Pdo.	Año	Fecha	Equipo de Pelé	Goles a favor	Rival	Goles en contra	Goles marcados por Pelé	Total de goles
111	1958	28 de agosto	Santos	5	XV de Novembro (Jaú)	2	1	107
112	1958	31 de agosto	Santos	2	AA Portuguesa	1	0	107
113	1958	4 de septiembre	Santos	3	Taubaté	0	1	108
114	1958	7 de septiembre	Santos	4	Ypiranga (São Paulo)	1	0	108
115	1958	11 de septiembre	Santos	10	Nacional (São Paulo)	0	4	112
116	1958	14 de septiembre	Santos	1	Corinthians (São Paulo)	0	1	113
117	1958	17 de septiembre	Santos	8	Guarani (Campinas)	1	1	114
118	1958	21 de septiembre	Santos	2	Prudentina	2	1	115
119	1958	25 de septiembre	Santos	1	Internacional (Porto Alegre)	5	0	115
120	1958	28 de septiembre	Santos	0	Grêmio (Porto Alegre)	4	0	115
121[5]	1958	1 de octubre	Santos	8	Ypiranga (São Paulo)	1	5	120
122	1958	5 de octubre	Santos	2	Taubaté	3	0	120
123	1958	11 de octubre	Santos	3	Noroeste (Bauru)	0	0	120
124	1958	15 de octubre	Santos	6	AA Portuguesa	1	3	123
125	1958	19 de octubre	Santos	5	XV de Novembro (Piracicaba)	0	2	125
126	1958	20 de octubre	Santos	6	Jabaquara	2	3	128
127	1958	26 de octubre	Santos	4	Botafogo (Ribeirão Preto)	0	3	131
128	1958	29 de octubre	Santos	1	Portuguesa de Desportos	1	0	131
129	1958	1 de noviembre	Santos	0	XV de Novembro (Jaú)	0	0	131
130	1958	5 de noviembre	Santos	3	América (Rio Preto)	1	1	132
131	1958	9 de noviembre	Santos	1	Ferroviária (Araraquara)	2	0	132
132	1958	16 de noviembre	Santos	2	Palmeiras (São Paulo)	1	1	133
133	1958	19 de noviembre	Santos	9	Comercial (São Paulo)	1	4	137
134	1958	23 de noviembre	Santos	2	Ponte Preta (Campinas)	1	0	137
135	1958	27 de noviembre	Santos	4	AA Portuguesa	3	1	138
136	1958	30 de noviembre	Santos	4	Nacional (São Paulo)	3	1	139
137	1958	7 de diciembre	Santos	6	Corinthians (São Paulo)	1	4	143
138	1958	10 de diciembre	Santos	7	Juventus (São Paulo)	1	3	146
139	1958	14 de diciembre	Santos	7	Guarani (Campinas)	1	4	150
140	1958	18 de diciembre	Santos	2	São Paulo FC	2	2	152
141	1958	21 de diciembre	Santos	1	Coritiba	1	1	153
142	1958	23 de diciembre	Santos	4	Cruzeiro (Minas Gerais)	2	3	156
143	1958	30 de diciembre	Santos	3	Paulista XI	0	2	158
144	**1959**	4 de enero	Santos	3	Sports Boys (Perú)	0	2	160
145	1959	6 de enero	Santos	4	Sporting Cristal (Perú)	0	2	162
146	1959	9 de enero	Santos	5	Deportivo Municipal (Perú)	1	0	162

5. La primera vez en que Pelé anotó cinco goles como profesional.

Pdo.	Año	Fecha	Equipo de Pelé	Goles a favor	Rival	Goles en contra	Goles marcados por Pelé	Total de goles
147	1959	11 de enero	Santos	3	Emelec (Ecuador)	1	2	164
148	1959	15 de enero	Santos	3	Saprissa (Costa Rica)	1	2	166
149	1959	18 de enero	Santos	2	Comunicaciones (Guatemala)	1	1	167
150	1959	21 de enero	Santos	2	Costa Rica	1	0	167
151	1959	29 de enero	Santos	4	Guadalajara (México)	2	3	170
152	1959	5 de febrero	Santos	2	León (México)	0	0	170
153	1959	8 de febrero	Santos	4	Atlas (México)	1	1	171
154	1959	12 de febrero	Santos	5	América (México)	0	2	173
155	1959	15 de febrero	Santos	3	Uda Duklas (Checoslovaquia)	4	0	173
156	1959	17 de febrero	Santos	3	Curaçao	2	0	173
157	1959	19 de febrero	Santos	4	Deportivo Español (Venezuela)	0	0	173
158	1959	22 de febrero	São Paulo[6]	1	Rio	5	1	174
159	1959	25 de febrero	São Paulo	0	Rio	1	0	174
160	1959	10 de marzo	Brasil	2	Perú	2	1	175
161	1959	15 de marzo	Brasil	3	Chile	0	2	177
162	1959	21 de marzo	Brasil	4	Bolivia	2	1	178
163	1959	26 de marzo	Brasil	3	Uruguay	1	0	178
164	1959	29 de marzo	Brasil	4	Paraguay	1	3	181
165	1959	4 de abril	Brasil	1	Argentina	1	1	182
166	1959	9 de abril	Santos	4	Botafogo (Río)	2	1	183
167	1959	12 de abril	Santos	3	Flamengo (Río)	2	1	184
168	1959	15 de abril	Santos	2	Colo Colo (Chile)	6	0	184
169	1959	18 de abril	Santos	1	Fluminense (Río)	1	0	184
170	1959	21 de abril	Santos	2	Portuguesa de Desportos	0	0	184
171	1959	23 de abril	Santos	2	Bahia	1	0	184
172	1959	26 de abril	Santos	4	São Paulo FC	3	2	186
173	1959	30 de abril	Santos	3	Corinthians (São Paulo)	2	1	187
174	1959	13 de mayo	Brasil	2	Inglaterra	0	0	187
175	1959	17 de mayo	Santos	3	Vasco da Gama (Río)	0	1	188
176	1959	19 de mayo	Santos	5	Santa Cruz (Recife)	1	3	191
177	1959	23 de mayo	Santos	3	Bulgaria 'B'	3	2	193
178	1959	24 de mayo	Santos	2	Bulgaria 'A'	0	1	194
179	1959	26 de mayo	Santos	1	Royal Standard (Bélgica)	0	0	194
180	1959	27 de mayo	Santos	4	Anderlecht (Bélgica)	2	2	196
181	1959	30 de mayo	Santos	1	Gantoise (Bélgica)	2	0	196
182	1959	3 de junio	Santos	3	Feyenoord (Holanda)	0	1	197

6. El equipo del Estado de São Paulo, no el São Paulo Fútbol Club.

Pdo.	Año	Fecha	Equipo de Pelé	Goles a favor	Rival	Goles en contra	Goles marcados por Pelé	Total de goles
183	1959	5 de junio	Santos	2	Internazionale (Italia)	3	2	199
184	1959	6 de junio	Santos	6	Fortuna (Alemania Occidental)	4	1	200
185	1959	7 de junio	Santos	3	Nuremberg (Alemania Occidental)	3	0	200
186	1959	9 de junio	Santos	4	Servette (Suiza)	1	1	201
187	1959	11 de junio	Santos	6	Hamburg (Alemania Occidental)	0	1	202
188	1959	13 de junio	Santos	7	Niedersachsen (Alem. Occidental)	1	3	205
189	1959	15 de junio	Santos	5	Enschede (Holanda)	0	3	208
190	1959	17 de junio	Santos	3	Real Madrid (España)	5	1	209
191	1959	19 de junio	Santos	2	Sporting (Portugal)	2	1	210
192	1959	21 de junio	Santos	4	Botafogo (Río)	1	1	211
193	1959	24 de junio	Santos	4	Valencia (España)	4	1	212
194	1959	26 de junio	Santos	7	Internazionale (Italia)	1	4	216
195	1959	28 de junio	Santos	5	Barcelona (España)	1	2	218
196	1959	30 de junio	Santos	4	Genoa (Italia)	2	0	218
197	1959	2 de julio	Santos	0	Vienna (Austria)	3	0	218
198	1959	5 de julio	Santos	2	Real Betis (España)	2	1	219
199	1959	18 de julio	Santos	2	Fortaleza (Ceará)	2	2	221
200	1959	19 de julio	Santos	0	Pernambuco	0	0	221
201	1959	23 de julio	Santos	7	Jabaquara	0	1	222
202	1959	26 de julio	Santos	8	XV de Novembro (Jaú)	2	3	225
203	1959	2 de agosto	Santos	4	Juventus (São Paulo)	0	3	228
204	1959	16 de agosto	Santos	1	Taubaté	1	1	229
205	1959	19 de agosto	Santos	0	Ferroviária (Araraquara)	0	0	229
206	1959	21 de agosto	6 GAC[7]	9	Docas	0	3	232
207	1959	23 de agosto	Santos	4	Noroeste (Bauru)	3	3	235
208	1959	26 de agosto	Santos	3	Corinthians (São Paulo)	2	1	236
209	1959	27 de agosto	6 GAC	7	QG 2a RM Coy (Ejército)	0	3	239
210	1959	30 de agosto	Santos	3	América (Rio Preto)	2	1	240
211	1959	5 de septiembre	6 GAC	0	AA Portuguesa	0	0	240
212	1959	7 de septiembre	Santos	5	Portuguesa de Desportos	0	3	243
213	1959	10 de septiembre	Santos	4	Guarani (Campinas)	1	2	245
214	1959	11 de septiembre	6 GAC	8	Santos	4	3	248
215	1959	13 de septiembre	Santos	3	Botafogo (Ribeirão Preto)	1	1	249
216	1959	17 de septiembre	Brasil	7	Chile	0	3	252
217	1959	20 de septiembre	Brasil	1	Chile	0	0	252

7. El Sexto Grupo de Artillería Costera Motorizada (el equipo del Ejército en el que jugó Pelé).

Pdo.	Año	Fecha	Equipo de Pelé	Goles a favor	Rival	Goles en contra	Goles marcados por Pelé	Total de goles
218	1959	27 de septiembre	Santos	1	São Paulo FC	2	0	252
219	1959	28 de septiembre	6 GAC	4	Armed Forces XI	2	1	253
220	1959	1 de octubre	Santos	3	Comercial (São Paulo)	1	0	253
221	1959	3 de octubre	Santos	7	Palmeiras (São Paulo)	3	3	256
222	1959	6 de octubre	6 GAC	3	Armed Forces XI	2	0	256
223	1959	11 de octubre	Santos	1	Coritiba	0	0	256
224	1959	12 de octubre	Army 'A'	4	Army 'B'	3	0	256
225	1959	14 de octubre	Santos	8	América (Rio Preto)	0	4	260
226	1959	25 de octubre	Santos	5	XV de Novembro (Piracicaba)	2	2	262
227	1959	27 de octubre	Army	6	Navy	1	3	265
228	1959	29 de octubre	Santos	6	Noroeste (Bauru)	1	0	265
229	1959	1 de noviembre	Santos	6	Comercial (Ribeirão Preto)	2	1	266
230	1959	4 de noviembre	Santos	4	Comercial (São Paulo)	2	1	267
231	1959	5 de noviembre	Army (Brasil)	4	Army (Uruguay)	3	0	267
232	1959	8 de noviembre	Santos	0	XV de Novembro (Jaú)	1	0	267
233	1959	11 de noviembre	Santos	5	Juventus (São Paulo)	1	2	269
234	1959	15 de noviembre	Santos	4	Nacional (São Paulo)	0	2	271
235	1959	17 de noviembre	Santos	4	Grêmio (Porto Alegre)	1	0	271
236	1959	18 de noviembre	Brasil	4	Uruguay	1	1	272
237	1959	22 de noviembre	Santos	5	Portuguesa de Desportos	1	3	275
238	1959	24 de noviembre	Army (Brasil)	2	Army (Argentina)	1	0	275
239	1959	25 de noviembre	Santos	0	Grêmio (Porto Alegre)	0	0	275
240	1959	29 de noviembre	Santos	1	Palmeiras (São Paulo)	5	1	276
241	1959	6 de diciembre	Santos	5	Ferroviária (Araraquara)	2	2	278
242	1959	10 de diciembre	Santos	2	Bahia	3	1	279
243	1959	13 de diciembre	Santos	4	São Paulo FC	3	2	281
244	1959	20 de diciembre	Santos	2	Guarani (Campinas)	3	0	281
245	1959	23 de diciembre	Santos	2	Taubaté	0	0	281
246	1959	27 de diciembre	Santos	4	Corinthians (São Paulo)	1	2	283
247	1959	30 de diciembre	Santos	2	Bahia	0	1	284
248	**1960**	5 de enero	Santos	1	Palmeiras (São Paulo)	1	1	285
249	1960	7 de enero	Santos	2	Palmeiras (São Paulo)	2	0	285
250	1960	10 de enero	Santos	1	Palmeiras (São Paulo)	2	1	286
251	1960	19 de enero	São Paulo	2	Bahia	0	0	286
252	1960	24 de enero	São Paulo	7	Bahia	1	3	289
253	1960	27 de enero	São Paulo	4	Minas Gerais	3	1	290
254	1960	31 de enero	São Paulo	2	Pernambuco	4	0	290
255	1960	3 de febrero	São Paulo	4	Rio	1	0	290
256	1960	10 de febrero	São Paulo	3	Pernambuco	1	2	292

Pdo.	Año	Fecha	Equipo de Pelé	Goles a favor	Rival	Goles en contra	Goles marcados por Pelé	Total de goles
257	1960	14 de febrero	São Paulo	2	Rio	1	0	292
258	1960	16 de febrero	Santos	2	Universitario (Perú)	2	0	292
259	1960	18 de febrero	Santos	3	Sporting Cristal (Perú)	3	0	292
260	1960	24 de febrero	Santos	2	Alianza (Perú)	1	0	292
261	1960	26 de febrero	Santos	2	Universitario (Perú)	3	0	292
262	1960	6 de marzo	Santos	2	Medellin (Colombia)	1	1	293
263	1960	9 de marzo	Santos	1	América (Colombia)	0	0	293
264	1960	12 de marzo	Santos	1	Milionários (Colombia)	2	0	293
265	1960	13 de marzo	Santos	4	Cali (Colombia)	0	1	294
266	1960	16 de marzo	Santos	1	América (Colombia)	0	0	294
267	1960	20 de marzo	Santos	6	Liga Universitaria (Ecuador)	2	0	294
268	1960	19 de abril	Santos	2	Portuguesa	2	0	294
269	1960	21 de abril	Santos	1	São Paulo FC	1	0	294
270	1960	24 de abril	Santos	0	Vasco da Gama (Río)	0	0	294
271	1960	29 de abril	Brasil	5	United Arab Republic (Egipto)	0	0	294
272	1960	1 de mayo	Brasil	3	United Arab Republic (Egipto)	1	3	297
273	1960	6 de mayo	Brasil	3	United Arab Republic (Egipto)	0	0	297
274	1960	8 de mayo	Brasil	7	Malmö (Suecia)	1	2	299
275	1960	10 de mayo	Brasil	4	Dinamarca	3	0	299
276	1960	12 de mayo	Brasil	2	Internazionale (Italia)	2	2	301
277	1960	16 de mayo	Brasil	5	Sporting (Portugal)	0	0	301
278	1960	19 de mayo	Santos	4	Royal Standard (Bélgica)	3	1	302
279	1960	25 de mayo	Santos	5	Polonia	2	2	304
280	1960	27 de mayo	Santos	9	TSV Múnich (Alemania Occidental)	1	3	307
281	1960	28 de mayo	Santos	6	Anderlecht (Bélgica)	0	0	307
282	1960	31 de mayo	Santos	10	Royal Neerschot (Bélgica)	1	4	311
283	1960	1 de junio	Santos	3	Roma (Italia)	2	1	312
284	1960	3 de junio	Santos	0	Fiorentina (Italia)	3	0	312
285	1960	7 de junio	Santos	5	Stade Reims (Francia)	3	1	313
286	1960	9 de junio	Santos	4	Racing (Francia)	1	1	314
287	1960	11 de junio	Santos	5	Gantoise (Bélgica)	2	2	316
288	1960	12 de junio	Santos	3	Antwerp (Bélgica)	1	0	316
289	1960	14 de junio	Santos	4	Eintracht (Alemania Occidental)	2	2	318
290	1960	15 de junio	Santos	4	Berlin (Alemania Occidental)	2	1	319
291	1960	17 de junio	Santos	3	Stade Reims (Francia)	1	1	320
292	1960	19 de junio	Santos	2	Deportivo Español (España)	2	0	320
293	1960	23 de junio	Santos	3	Toulouse (Francia)	0	2	322
294	1960	25 de junio	Santos	1	Valencia (España)	0	0	322
295	1960	2 de julio	Santos	3	Barcelona (España)	4	1	323

Pdo.	Año	Fecha	Equipo de Pelé	Goles a favor	Rival	Goles en contra	Goles marcados por Pelé	Total de goles
296	1960	9 de julio	Brasil	0	Uruguay	1	0	323
297	1960	12 de julio	Brasil	5	Argentina	1	1	324
298	1960	17 de julio	Santos	6	Ponte Preta	3	1	325
299	1960	21 de julio	Santos	1	Portuguesa de Desportos	1	0	325
300	1960	24 de julio	Santos	2	Guarani (Campinas)	2	0	325
301	1960	27 de julio	Santos	8	Jabaquara	3	3	328
302	1960	31 de julio	Santos	1	Corinthians (São Paulo)	1	1	329
303	1960	3 de agosto	Santos	5	Botafogo (Ribeirão Preto)	1	1	330
304	1960	7 de agosto	Santos	0	Comercial (Ribeirão Preto)	2	0	330
305	1960	10 de agosto	Santos	4	Noroeste (Bauru)	1	3	333
306	1960	14 de agosto	Santos	1	Corinthians (Pres. Prudente)	0	1	334
307	1960	15 de agosto	Santos	3	Jaú	2	1	335
308	1960	21 de agosto	Santos	3	Palmeiras (São Paulo)	1	1	336
309	1960	31 de agosto	Santos	1	São Paulo FC	1	0	336
310	1960	4 de septiembre	Santos	0	Ferroviária (Araraquara)	4	0	336
311	1960	8 de septiembre	Santos	0	AA Portuguesa	0	0	336
312	1960	11 de septiembre	Santos	0	XV de Novembro (Piracicaba)	0	0	336
313	1960	15 de septiembre	Santos	5	Juventus (São Paulo)	2	3	339
314	1960	17 de septiembre	Santos	0	América (Rio Preto)	1	0	339
315	1960	21 de septiembre	Santos	3	Jabaquara	2	0	339
316	1960	24 de septiembre	Santos	3	Juventus (São Paulo)	1	2	341
317	1960	28 de septiembre	Santos	3	Portuguesa de Desportos	4	1	342
318	1960	23 de octubre	Santos	4	Ponte Preta (Campinas)	1	1	343
319	1960	6 de noviembre	Santos	2	XV de Novembro (Piracicaba)	0	2	345
320	1960	9 de noviembre	Santos	1	AA Portuguesa	0	1	346
321	1960	13 de noviembre	Santos	3	Noroeste (Bauru)	1	2	348
322	1960	15 de noviembre	Santos	6	Goiânia	1	0	348
323	1960	20 de noviembre	Santos	4	Botafogo (Ribeirão Preto)	2	1	349
324	1960	23 de noviembre	Santos	5	Corinthians (Pres. Prudente)	0	1	350
325	1960	30 de noviembre	Santos	6	Corinthians (São Paulo)	1	1	351
326	1960	4 de diciembre	Santos	6	Taubaté	1	2	353
327	1960	7 de diciembre	Santos	5	Ferroviária (Araraquara)	0	3	356
328	1960	11 de diciembre	Santos	1	São Paulo	2	0	356
329	1960	16 de diciembre	Santos	2	Palmeiras (São Paulo)	1	1	357
330	1961	8 de enero	Santos	6	Uberlândia	1	1	358
331	1961	10 de enero	Santos	10	Guarani (Campinas)	2	2	360
332	1961	14 de enero	Santos	3	Colo Colo (Chile)	1	2	362
333	1961	18 de enero	Santos	2	Colombia	1	2	364
334	1961	22 de enero	Santos	7	Saprissa (Costa Rica)	3	1	365

Pdo.	Año	Fecha	Equipo de Pelé	Goles a favor	Rival	Goles en contra	Goles marcados por Pelé	Total de goles
335	1961	25 de enero	Santos	3	Herediano (Costa Rica)	0	1	366
336	1961	29 de enero	Santos	4	Guatemala	1	2	368
337	1961	2 de febrero	Santos	3	Necaxa (México)	4	0	368
338	1961	19 de febrero	Santos	6	Guadalajara (México)	2	0	368
339	1961	22 de febrero	Santos	6	América (México)	2	2	370
340	1961	24 de febrero	Santos	2	Atlas de Guadalajara (México)	0	0	370
341	1961	26 de febrero	Santos	3	América (Guanabara)	3	0	370
342	1961	2 de marzo	Santos	5	Vasco da Gama (Río)	1	0	370
343	1961	5 de marzo	Santos	3	Fluminense (Río)	1	2	372
344	1961	11 de marzo	Santos	7	Flamengo (Río)	1	3	375
345	1961	15 de marzo	Santos	1	São Paulo FC	0	0	375
346	1961	1 de abril	Santos	4	Botafogo (Río)	2	2	377
347	1961	5 de abril	Santos	3	Atlético (Minas Gerais)	1	2	379
348	1961	10 de abril	Santos	6	América (Guanabara)	1	1	380
349	1961	13 de abril	Santos	1	Vasco da Gama (Río)	2	0	380
350	1961	1 de junio	Santos	8	Basel (Suiza)	2	3	383
351	1961	3 de junio	Santos	6	Wolfsburg (Alemania Occidental)	3	2	385
352	1961	4 de junio	Santos	4	Antwerp (Bélgica)	4	0	385
353	1961	7 de junio	Santos	6	Racing (Francia)	1	1	386
354	1961	9 de junio	Santos	6	Olympique Lyonnaise (Francia)	2	2	388
355	1961	11 de junio	Santos	3	Israel	1	1	389
356	1961	13 de junio	Santos	5	Racing (Francia)	4	1	390
357	1961	15 de junio	Santos	6	Benfica (Portugal)	3	2	392
358	1961	18 de junio	Santos	2	Juventus (Italia)	0	1	393
359	1961	21 de junio	Santos	5	Roma (Italia)	0	2	395
360	1961	24 de junio	Santos	4	Internazionale (Italia)	1	1	396
361	1961	26 de junio	Santos	8	Karlsruhe (Alemania Occidental)	6	3	399
362	1961	28 de junio	Santos	3	AEK (Grecia)	0	1	400
363	1961	30 de junio	Santos	3	Panathinaikos (Grecia)	2	2	402
364	1961	4 de julio	Santos	1	Olimpiakos (Grecia)	2	0	402
365	1961	23 de julio	Santos	0	Taubaté	0	0	402
366	1961	30 de julio	Santos	2	Palmeiras (São Paulo)	1	0	402
367	1961	6 de agosto	Santos	4	Jabaquara	0	1	403
368	1961	9 de agosto	Santos	3	Guarani (Campinas)	1	1	404
369	1961	13 de agosto	Santos	7	Noroeste (Bauru)	1	3	407
370	1961	16 de agosto	Santos	5	Corinthians (São Paulo)	1	1	408
371	1961	19 de agosto	Santos	6	XV de Novembro (Piracicaba)	1	3	411
372	1961	25 de agosto	Santos	0	Nacional (Uruguay)	1	0	411
373	1961	30 de agosto	Santos	8	Olimpico (Blumenau)	0	5	416

Pdo.	Año	Fecha	Equipo de Pelé	Goles a favor	Rival	Goles en contra	Goles marcados por Pelé	Total de goles
374	1961	3 de septiembre	Santos	6	São Paulo FC	3	4	420
375	1961	6 de septiembre	Santos	10	Juventus (São Paulo)	1	5	425
376	1961	10 de septiembre	Santos	3	Botafogo (Ribeirão Preto)	0	1	426
377	1961	13 de septiembre	Santos	5	Guaratinguetá	1	4	430
378[8]	1961	17 de septiembre	Santos	6	Portuguesa de Desportos	1	4	434
379	1961	20 de septiembre	Santos	2	Londrina (Paraná)	1	0	434
380	1961	28 de septiembre	Santos	4	Racing (Argentina)	2	2	436
381	1961	1 de octubre	Santos	1	Newell's Old Boys (Argentina)	1	1	437
382	1961	4 de octubre	Santos	3	Colo Colo (Chile)	2	1	438
383	1961	8 de octubre	Santos	3	Colo Colo (Chile)	1	1	439
384	1961	15 de octubre	Santos	4	Botafogo (Ribeirão Preto)	1	1	440
385	1961	18 de octubre	Santos	5	AA Portuguesa	2	2	442
386	1961	22 de octubre	Santos	2	Guarani (Campinas)	1	0	442
387	1961	28 de octubre	Santos	3	Portuguesa de Desportos	1	2	444
388	1961	1 de noviembre	Santos	3	Juventus (São Paulo)	1	1	445
389	1961	4 de noviembre	Santos	4	Taubaté	2	1	446
390	1961	8 de noviembre	Santos	4	Guaratinguetá	0	3	449
391	1961	11 de noviembre	Santos	6	América (Guanabara)	2	2	451
392	1961	15 de noviembre	Santos	1	Flamengo (Río)	1	1	452
393	1961	19 de noviembre	Santos	0	América (Guanabara)	1	0	452
394	1961	21 de noviembre	Santos	6	América (Guanabara)	1	2	454
395	1961	26 de noviembre	Santos	4	Comercial (Ribeirão Preto)	1	1	455
396	1961	29 de noviembre	Santos	2	Palmeiras (São Paulo)	3	1	456
397	1961	3 de diciembre	Santos	1	Corinthians (São Paulo)	1	0	456
398	1961	6 de diciembre	Santos	4	Noroeste (Bauru)	2	2	458
399	1961	10 de diciembre	Santos	7	XV de Novembro (Piracicaba)	2	3	461
400	1961	13 de diciembre	Santos	6	Ferroviária (Araraquara)	2	2	463
401	1961	16 de diciembre	Santos	4	São Paulo FC	1	1	464
402	1961	19 de diciembre	AU (São Paulo)[9]	4	AU (Río)	1	1	465
403	1961	22 de diciembre	Santos	1	Bahia	1	0	465
404	1961	27 de diciembre	Santos	5	Bahia	1	3	468
405	**1962**	3 de enero	Santos	0	Botafogo (Río)	3	0	468
406	1962	7 de enero	Santos	6	Barcelona (Ecuador)	2	0	468
407	1962	14 de enero	Santos	6	Liga Universitaria (Ecuador)	3	3	471
408	1962	17 de enero	Santos	5	Alianza (Perú)	1	0	471

8. El último partido de una serie en la cual anotó veintitrés goles en seis partidos.
9. Athletes' Union (Sindicato de Atletas).

Pdo.	Año	Fecha	Equipo de Pelé	Goles a favor	Rival	Goles en contra	Goles marcados por Pelé	Total de goles
409	1962	20 de enero	Santos	5	Universitario (Perú)	2	1	472
410	1962	24 de enero	Santos	5	Sporting Cristal (Perú)	1	1	473
411	1962	27 de enero	Santos	3	Municipal (Perú)	2	1	474
412	1962	31 de enero	Santos	3	Nacional (Uruguay)	2	1	475
413	1962	3 de febrero	Santos	8	Racing (Argentina)	3	1	476
414	1962	6 de febrero	Santos	1	River Plate (Argentina)	2	0	476
415	1962	9 de febrero	Santos	2	Gimnasia y Esgrima (Argentina)	2	0	476
416	1962	14 de febrero	Santos	3	Brasil	1	1	477
417	1962	18 de febrero	Santos	4	Municipal (Bolivia)	3	0	477
418	1962	21 de febrero	Santos	6	Municipal (Bolivia)	1	0	477
419	1962	28 de febrero	Santos	9	Cerro Porteno (Paraguay)	1	2	479
420	1962	18 de marzo	Santos	5	Palmeiras (São Paulo)	3	2	481
421	1962	21 de abril	Brasil	6	Paraguay	0	1	482
422	1962	24 de abril	Brasil	4	Paraguay	0	2	484
423	1962	6 de mayo	Brasil	2	Portugal	1	0	484
424	1962	9 de mayo	Brasil	1	Portugal	0	1	485
425	1962	12 de mayo	Brasil	3	Gales	1	1	486
426	1962	16 de mayo	Brasil	3	Gales	1	2	488
427[10]	1962	30 de mayo	Brasil	2	México	0	1	489
428	1962	2 de junio	Brasil	0	Checoslovaquia	0	0	489
429	1962	25 de julio	Santos	2	VW (São Bernardo do Campo)	0	0	489
430	1962	5 de agosto	Santos	2	Prudentina	0	1	490
431	1962	8 de agosto	Santos	2	Juventus (São Paulo)	0	0	490
432	1962	12 de agosto	Santos	4	Palmeiras (São Paulo)	2	1	491
433	1962	19 de agosto	Santos	5	Jabaquara	1	3	494
434	1962	26 de agosto	Santos	1	Guarani (Campinas)	1	1	495
435	1962	30 de agosto	Santos	3	Peñarol (Uruguay)	0	2	497
436	1962	2 de septiembre	Santos	3	São Paulo FC	3	2	499
437	1962	5 de septiembre	Santos	5	Botafogo (Ribeirão Preto)	2	2	501
438	1962	16 de septiembre	Santos	7	Ferroviária (Araraquara)	2	4	505
439	1962	19 de septiembre	Santos	3	Benfica (Portugal)	2	2	507
440	1962	23 de septiembre	Santos	5	Corinthians (São Paulo)	2	1	508
441	1962	26 de septiembre	Santos	4	Noroeste (Bauru)	0	2	510
442	1962	30 de septiembre	Santos	3	Comercial (Ribeirão Preto)	1	1	511
443	1962	6 de octubre	Santos	2	Portuguesa de Desportos	3	1	512
444	1962	11 de octubre	Santos	5	Benfica (Portugal)	2	3	515

10. Primer partido de la Copa del Mundo de 1962, en Chile.

Pdo.	Año	Fecha	Equipo de Pelé	Goles a favor	Rival	Goles en contra	Goles marcados por Pelé	Total de goles
445	1962	17 de octubre	Santos	5	Racing (Francia)	2	2	517
446	1962	20 de octubre	Santos	3	Hamburg (Alemania Occidental)	3	2	519
447	1962	22 de octubre	Santos	4	Sheffield Wednesday (Inglaterra)	2	1	520
448	1962	27 de octubre	Santos	3	Taubaté	0	1	521
449	1962	31 de octubre	Santos	5	Guarani (Campinas)	0	3	524
450	1962	4 de noviembre	Santos	2	Corinthians (São Paulo)	1	1	525
451[11]	1962	7 de noviembre	Santos	3	Juventus (São Paulo)	0	1	526
452	1962	11 de noviembre	Santos	1	Noroeste (Bauru)	1	0	526
453	1962	14 de noviembre	Santos	3	Palmeiras (São Paulo)	0	1	527
454	1962	18 de noviembre	Santos	1	XV de Novembro (Piracicaba)	1	0	527
455	1962	21 de noviembre	Santos	4	Portuguesa de Desportos	1	2	529
456	1962	25 de noviembre	Santos	1	Ferroviária (Araraquara)	1	0	529
457	1962	28 de noviembre	Santos	6	Comercial (Ribeirão Preto)	2	2	531
458	1962	2 de diciembre	Santos	8	Jabaquara	2	4	535
459	1962	5 de diciembre	Santos	5	São Paulo FC	2	1	536
460	1962	10 de diciembre	Santos	2	URSS	1	1	537
461	1962	12 de diciembre	Santos	1	Botafogo (Ribeirão Preto)	0	0	537
462	1962	15 de diciembre	Santos	4	Prudentina	0	2	539
463	1962	19 de diciembre	AU (São Paulo)	4	AU (Río)	6	2	541
464	**1963**	9 de enero	Santos	3	Sergipe	2	2	543
465	1963	12 de enero	Santos	1	Recife	1	0	543
466	1963	16 de enero	Santos	4	Recife	0	0	543
467	1963	23 de enero	Santos	2	Colo Colo (Chile)	1	2	545
468	1963	30 de enero	Santos	8	Municipal (Perú)	3	3	548
469	1963	2 de febrero	Santos	2	Alianza (Perú)	1	1	549
470	1963	6 de febrero	Santos	3	Universidad (Chile)	4	2	551
471	1963	10 de febrero	Santos	5	Clube Naval (Chile)	0	2	553
472	1963	16 de febrero	Santos	2	Vasco da Gama (Río)	2	2	555
473	1963	20 de febrero	Santos	6	Portuguesa de Desportos	3	2	557
474	1963	3 de marzo	Santos	2	Corinthians (Río)	0	2	559
475	1963	7 de marzo	Santos	6	São Paulo FC	2	3	562
476	1963	13 de marzo	Santos	3	Palmeiras (São Paulo)	0	0	562
477	1963	16 de marzo	Santos	5	Olaria (Río)	1	3	565
478	1963	19 de marzo	Santos	4	Botafogo (Río)	3	0	565
479	1963	23 de marzo	Santos	2	Fluminense (Río)	4	1	566
480	1963	27 de marzo	Santos	3	Flamengo (Río)	0	1	567

11. El último partido de una serie en la cual Pelé anotó goles durante veinte encuentros seguidos.

Pdo.	Año	Fecha	Equipo de Pelé	Goles a favor	Rival	Goles en contra	Goles marcados por Pelé	Total de goles
481	1963	31 de marzo	Santos	1	Botafogo (Río)	3	0	567
482	1963	2 de abril	Santos	5	Botafogo (Río)	0	2	569
483	1963	13 de abril	Brasil	2	Argentina	3	0	569
484	1963	16 de abril	Brasil	4	Argentina	1	3	572
485	1963	21 de abril	Brasil	0	Portugal	1	0	572
486	1963	28 de abril	Brasil	3	Francia	2	3	575
487	1963	2 de mayo	Brasil	0	Holanda	1	0	575
488	1963	5 de mayo	Brasil	2	Alemania Occidental	1	1	576
489	1963	12 de mayo	Brasil	0	Italia	3	0	576
490	1963	29 de mayo	Santos	3	Niedersachsen (Alem. Occidental)	2	1	577
491	1963	2 de junio	Santos	2	Schalke (Alemania Occidental)	1	1	578
492	1963	5 de junio	Santos	5	Eintracht (Alemania Occidental)	2	4	582
493	1963	8 de junio	Santos	3	Stuttgart (Alemania Occidental)	1	1	583
494	1963	12 de junio	Santos	0	Barcelona (España)	2	0	583
495	1963	15 de junio	Santos	4	Roma (Italia)	3	2	585
496	1963	19 de junio	Santos	0	Internazionale (Italia)	2	0	585
497	1963	22 de junio	Santos	0	Milan (Italia)	4	0	585
498	1963	26 de junio	Santos	3	Juventus (Italia)	5	1	586
499	1963	21 de julio	Santos	4	Noroeste (Bauru)	3	4	590
500	1963	24 de julio	Santos	1	Portuguesa de Desportos	1	0	590
501	1963	28 de julio	Santos	5	Jabaquara	2	1	591
502	1963	31 de julio	Santos	2	Guaratinguetá	2	1	592
503	1963	4 de agosto	Santos	2	Guarani (Campinas)	1	1	593
504	1963	7 de agosto	Santos	1	Palmeiras (São Paulo)	1	0	593
505	1963	15 de agosto	Santos	1	São Paulo FC	4	1	594
506	1963	18 de agosto	Santos	0	XV de Novembro (Piracicaba)	0	0	594
507	1963	22 de agosto	Santos	1	Botafogo (Río)	1	1	595
508	1963	28 de agosto	Santos	4	Botafogo (Río)	0	3	598
509	1963	1 de septiembre	Santos	1	Ferroviária (Araraquara)	4	1	599
510	1963	4 de septiembre	Santos	3	Boca Juniors (Argentina)	2	0	599
511	1963	11 de septiembre	Santos	2	Boca Juniors (Argentina)	1	1	600
512	1963	18 de septiembre	Santos	2	Prudentina	2	1	601
513	1963	22 de septiembre	Santos	3	Corinthians (São Paulo)	1	3	604
514	1963	25 de septiembre	Santos	2	Juventus (São Paulo)	1	0	604
515	1963	29 de septiembre	Santos	3	Botafogo (Ribeirão Preto)	1	1	605
516	1963	2 de octubre	Santos	4	Noroeste (Bauru)	2	1	606
517	1963	5 de octubre	Santos	4	Prudentina	0	3	609
518	1963	16 de octubre	Santos	2	Milan (Italia)	4	2	611
519	1963	24 de octubre	Santos	2	Portuguesa de Desportos	3	1	612

Pdo.	Año	Fecha	Equipo de Pelé	Goles a favor	Rival	Goles en contra	Goles marcados por Pelé	Total de goles
520	1963	27 de octubre	Santos	3	Comercial (Ribeirão Preto)	0	2	614
521	1963	30 de octubre	Santos	2	São Bento (Sorocaba)	3	1	615
522	1963	2 de noviembre	Santos	0	Juventus (São Paulo)	0	0	615
523	1964	16 de enero	Santos	3	Grêmio (Porto Alegre)	1	1	616
524	1964	19 de enero	Santos	4	Grêmio (Porto Alegre)	3	3	619
525	1964	25 de enero	Santos	6	Bahia	0	2	621
526	1964	28 de enero	Santos	2	Bahia	0	2	623
527	1964	1 de febrero	Santos	1	Independiente (Argentina)	5	0	623
528	1964	6 de febrero	Santos	0	Peñarol (Uruguay)	5	0	623
529	1964	22 de febrero	Santos	3	Sport Boys (Perú)	2	2	625
530	1964	25 de febrero	Santos	3	Alianza (Perú)	2	0	625
531	1964	28 de febrero	Santos	2	Colo Colo (Chile)	3	0	625
532	1964	1 de marzo	Santos	3	Godoy Cruz (Argentina)	2	0	625
533	1964	6 de marzo	Santos	4	Colo Colo (Chile)	2	0	625
534	1964	8 de marzo	Santos	2	Talleres (Argentina)	1	0	625
535	1964	18 de marzo	Santos	3	Corinthians (São Paulo)	0	1	626
536	1964	22 de marzo	Santos	1	Fluminense (Río)	0	0	626
537	1964	25 de abril	Santos	3	Botafogo (Río)	1	1	627
538	1964	1 de mayo	Santos	2	Flamengo (Río)	3	1	628
539	1964	5 de mayo	Santos	4	Boca Juniors (Argentina)	3	1	629
540	1964	7 de mayo	Santos	2	Racing (Argentina)	1	1	630
541	1964	10 de mayo	Santos	1	Colon (Argentina)	2	1	631
542	1964	30 de mayo	Brasil	5	Inglaterra	1	1	632
543	1964	3 de julio	Brasil	0	Argentina	3	0	632
544	1964	5 de julio	Santos	1	América (Rio Preto)	2	1	633
545	1964	7 de julio	Brasil	4	Portugal	1	0	633
546	1964	19 de agosto	Santos	6	Guarani (Campinas)	1	1	634
547	1964	23 de agosto	Santos	2	Palmeiras (São Paulo)	1	1	635
548	1964	23 de septiembre	Santos	1	São Bento	1	1	636
549	1964	27 de septiembre	Santos	3	Portuguesa de Desportos	4	2	638
550	1964	30 de septiembre	Santos	1	Corinthians (São Paulo)	1	1	639
551	1964	4 de octubre	Santos	3	América (Rio Preto)	1	1	640
552	1964	7 de octubre	Santos	1	Colo Colo (Chile)	3	1	641
553	1964	11 de octubre	Santos	3	São Paulo FC	2	0	641
554	1964	14 de octubre	Santos	3	Comercial (São Paulo)	2	1	642
555	1964	18 de octubre	Santos	4	Atlético (Minas Gerais)	1	1	643
556	1964	21 de octubre	Santos	0	Guaratingueta	2	0	643
557	1964	25 de octubre	Santos	5	Atlético (Minas Gerais)	1	2	645
558	1964	28 de octubre	Santos	8	Prudentina	1	4	649

Pdo.	Año	Fecha	Equipo de Pelé	Goles a favor	Rival	Goles en contra	Goles marcados por Pelé	Total de goles
559	1964	1 de noviembre	Santos	6	XV de Novembro (Piracicaba)	3	3	652
560	1964	4 de noviembre	Santos	3	Palmeiras (São Paulo)	2	1	653
561	1964	7 de noviembre	Santos	2	Palmeiras (São Paulo)	3	0	653
562	1964	10 de noviembre	Santos	4	Palmeiras (São Paulo)	0	0	653
563	1964	15 de noviembre	Santos	0	Ferroviária (Araraquara)	0	0	653
564	1964	18 de noviembre	Santos	1	Guarani (Campinas)	5	0	653
565[12]	1964	21 de noviembre	Santos	11	Botafogo (Ribeirão Preto)	0	8	661
566	1964	29 de noviembre	Santos	3	Noroeste (Bauru)	0	1	662
567	1964	2 de diciembre	Santos	5	Juventus (São Paulo)	2	2	664
568	1964	6 de diciembre	Santos	7	Corinthians (São Paulo)	4	4	668
569	1964	9 de diciembre	Santos	6	São Bento (Sorocaba)	0	3	671
570	1964	13 de diciembre	Santos	3	Portuguesa de Desportos	2	0	671
571	1964	16 de diciembre	Santos	4	Flamengo (Río)	1	3	674
572	1964	19 de diciembre	Santos	0	Flamengo (Río)	0	0	674
573	**1965**	10 de enero	Santos	2	Botafogo (Río)	3	0	674
574	1965	13 de enero	Santos	2	Universidad Católica (Chile)	1	1	675
575	1965	16 de enero	Santos	6	Checoslovaquia	4	3	678
576	1965	22 de enero	Santos	2	River Plate (Argentina)	3	1	679
577	1965	29 de enero	Santos	3	Colo Colo (Chile)	2	1	680
578	1965	2 de febrero	Santos	3	Universidad (Chile)	0	1	681
579	1965	4 de febrero	Santos	1	River Plate (Argentina)	0	0	681
580	1965	9 de febrero	Santos	4	River Plate (Argentina)	3	2	683
581	1965	13 de febrero	Santos	5	Universidad (Chile)	1	3	686
582	1965	19 de febrero	Santos	2	Universitario (Perú)	1	0	686
583	1965	21 de febrero	Santos	3	Galicia (Venezuela)	1	3	689
584	1965	23 de febrero	Santos	4	Independiente (Argentina)	0	2	691
585	1965	26 de febrero	Santos	1	Universidad (Chile)	0	1	692
586	1965	6 de marzo	Santos	2	Universitario (Perú)	1	1	693
587	1965	8 de marzo	Brasil	2	Gaúcha XI	0	0	693
588	1965	10 de marzo	Santos	4	Portuguesa de Desportos	1	0	693
589	1965	25 de marzo	Santos	5	Peñarol (Uruguay)	4	1	694
590	1965	28 de marzo	Santos	2	Peñarol (Uruguay)	3	0	694
591	1965	31 de marzo	Santos	1	Peñarol (Uruguay)	2	0	695
592	1965	4 de abril	Santos	0	Vasco da Gama (Río)	3	0	695
593	1965	11 de abril	Santos	2	Botafogo (Río)	3	0	695
594	1965	15 de abril	Santos	4	Corinthians (São Paulo)	4	4	699

12. Pelé anotó en este encuentro ocho de los once goles del Santos.

Pdo.	Año	Fecha	Equipo de Pelé	Goles a favor	Rival	Goles en contra	Goles marcados por Pelé	Total de goles
595	1965	18 de abril	Santos	5	Fluminense (Río)	2	1	700
596	1965	21 de abril	Santos	2	América (Guanabara)	0	0	700
597	1965	29 de abril	Santos	9	Clube do Remo (Para)	4	5	705
598	1965	2 de mayo	Santos	6	Bahia	1	1	706
599	1965	5 de mayo	Santos	3	Bahia	1	0	706
600	1965	8 de mayo	Santos	6	Dom Bosco (Cuiaba)	2	3	709
601	1965	11 de mayo	Santos	4	Comercial (Campo Grande)	1	3	712
602	1965	14 de mayo	Santos	2	Olimpia (Paraguay)	2	1	713
603	1965	16 de mayo	Santos	11	Maringa (Parana)	1	2	715
604	1965	2 de junio	Brasil	5	Bélgica	0	3	718
605	1965	6 de junio	Brasil	2	Alemania Occidental	0	1	719
606	1965	9 de junio	Brasil	0	Argentina	0	0	719
607	1965	17 de junio	Brasil	3	Algeria	0	1	720
608	1965	24 de junio	Brasil	0	Portugal	0	0	720
609	1965	30 de junio	Brasil	2	Suecia	1	1	721
610	1965	4 de julio	Brasil	3	URSS	0	2	723
611	1965	14 de julio	Santos	6	Noroeste (Bauru)	2	5	728
612	1965	18 de julio	Santos	3	Ferroviária (Araraquara)	1	2	730
613	1965	21 de julio	Santos	5	Comercial (Ribeirão Preto)	3	3	733
614	1965	25 de julio	Santos	6	E. Club Brasil (Alagoas)	0	2	735
615	1965	28 de julio	Santos	3	Santo Antonio (Vitoria)	1	1	736
616	1965	1 de agosto	Santos	1	São Paulo FC	1	0	736
617	1965	4 de agosto	Santos	2	AA Portuguesa	0	1	737
618	1965	8 de agosto	Santos	4	Boca Juniors (Argentina)	1	2	739
619	1965	12 de agosto	Santos	2	River Plate (Argentina)	1	0	739
620	1965	15 de agosto	Santos	3	Prudentina	1	3	742
621	1965	22 de agosto	Santos	4	Portuguesa de Desportos	0	3	745
622	1965	28 de agosto	Santos	4	Corinthians (São Paulo)	3	2	747
623	1965	4 de septiembre	Santos	7	Botafogo (Ribeirão Preto)	1	3	750
624	1965	8 de septiembre	Santos	3	Juventus (São Paulo)	1	2	752
625	1965	11 de septiembre	Santos	7	Guarani (Campinas)	0	4	756
626	1965	15 de septiembre	Santos	1	Minas Gerais	2	0	756
627	1965	19 de septiembre	Santos	0	Palmeiras (São Paulo)	1	0	756
628	1965	22 de septiembre	Santos	4	Ferroviária (Araraquara)	2	0	756
629	1965	3 de octubre	Santos	3	Noroeste (Bauru)	0	1	757
630	1965	7 de octubre	Santos	4	São Bento (Sorocaba)	2	1	758
631	1965	10 de octubre	Santos	2	Comercial (Ribeirão Preto)	0	1	759
632	1965	13 de octubre	Santos	3	AA Portuguesa	0	1	760
633	1965	16 de octubre	Santos	0	São Paulo FC	0	0	760

Pdo.	Año	Fecha	Equipo de Pelé	Goles a favor	Rival	Goles en contra	Goles marcados por Pelé	Total de goles
634	1965	24 de octubre	Santos	4	América (Rio Preto)	0	3	763
635	1965	27 de octubre	Santos	1	Portuguesa de Desportos	0	0	763
636	1965	31 de octubre	Santos	5	Prudentina	2	5	768
637	1965	3 de noviembre	Santos	4	Palmeiras (São Paulo)	2	0	768
638	1965	7 de noviembre	Santos	2	XV de Novembro (Piracicaba)	0	0	768
639	1965	10 de noviembre	Santos	1	Palmeiras (São Paulo)	1	1	769
640	1965	14 de noviembre	Santos	4	Corinthians (São Paulo)	2	1	770
641	1965	21 de noviembre	Brasil	2	URSS	2	1	771
642	1965	25 de noviembre	Santos	5	Botafogo (Ribeirão Preto)	0	4	775
643	1965	27 de noviembre	Santos	4	Juventus (São Paulo)	0	3	778
644	1965	1 de diciembre	Santos	5	Vasco da Gama (Río)	1	0	778
645	1965	4 de diciembre	Santos	1	Guarani (Campinas)	0	1	779
646	1965	8 de diciembre	Santos	1	Vasco da Gama (Río)	0	1	780
647	1965	12 de diciembre	Santos	0	Palmeiras (São Paulo)	5	0	780
648	**1966**	9 de enero	Santos	7	Stade Abidjan (Costa de Marfil)	1	2	782
649	1966	13 de enero	Santos	2	San Martín/Atlético XI (Argentina)	0	0	782
650	1966	16 de enero	Santos	1	Alianza (El Salvador)	2	1	783
651	1966	19 de enero	Santos	1	Botafogo (Río)	2	1	784
652	1966	22 de enero	Santos	0	Botafogo (Río)	3	0	784
653	1966	26 de enero	Santos	2	Universitario (Perú)	2	1	785
654	1966	29 de enero	Santos	4	Alianza (Perú)	1	1	786
655	1966	6 de febrero	Santos	1	Melgar de Arequipa (Perú)	1	0	786
656	1966	9 de febrero	Santos	6	Universidad (Chile)	1	3	789
657	1966	11 de febrero	Santos	1	Rosario Central (Argentina)	0	0	789
658	1966	13 de febrero	Santos	1	Sarmiento (Argentina)	1	0	789
659	1966	17 de febrero	Santos	2	Colo Colo (Chile)	2	1	790
660	1966	29 de marzo	Santos	3	Cruzeiro (Minas Gerais)	4	1	791
661	1966	31 de marzo	Santos	1	Atlético (Minas Gerais)	0	1	792
662	1966	19 de mayo	Brasil	1	Chile	0	0	792
663	1966	4 de junio	Brasil	4	Perú	0	1	793
664	1966	8 de junio	Brasil	2	Polonia	1	0	793
665	1966	12 de junio	Brasil	2	Checoslovaquia	1	2	795
666	1966	15 de junio	Brasil	2	Checoslovaquia	2	1	796
667	1966	21 de junio	Brasil	5	Atlético Madrid (España)	3	3	799
668	1966	25 de junio	Brasil	1	Escocia	1	0	799
669	1966	30 de junio	Brasil	3	Suecia	2	0	799
670	1966	4 de julio	Brasil	4	AIK (Suecia)	2	2	801
671	1966	6 de julio	Brasil	3	Malmö (Suecia)	1	2	803

Pdo.	Año	Fecha	Equipo de Pelé	Goles a favor	Rival	Goles en contra	Goles marcados por Pelé	Total de goles
672[13]	1966	12 de julio	Brasil	2	Bulgaria	0	1	804
673	1966	19 de julio	Brasil	1	Portugal	3	0	804
674	1966	17 de agosto	Santos	1	Juventus (São Paulo)	1	0	804
675	1966	21 de agosto	Santos	4	Benfica (Portugal)	0	1	805
676	1966	24 de agosto	Santos	1	AEK (Grecia)	0	0	805
677	1966	28 de agosto	Santos	1	Toluca (México)	1	0	805
678	1966	30 de agosto	Santos	2	Atlante (México)	2	1	806
679	1966	5 de septiembre	Santos	4	Internazionale (Italia)	1	1	807
680	1966	11 de septiembre	Santos	3	Prudentina	1	2	809
681	1966	14 de septiembre	Santos	0	Portuguesa de Desportos	2	0	809
682	1966	8 de octubre	Santos	3	Corinthians (São Paulo)	0	0	809
683	1966	13 de octubre	Santos	7	Comercial (Ribeirão Preto)	5	0	809
684	1966	16 de octubre	Santos	2	São Bento (Sorocaba)	2	1	810
685	1966	23 de octubre	Santos	3	Portuguesa de Desportos	0	1	811
686	1966	26 de octubre	Santos	4	Noroeste (Bauru)	1	2	813
687	1966	30 de octubre	Santos	1	São Paulo FC	2	1	814
688	1966	5 de noviembre	Santos	3	Juventus (São Paulo)	0	1	815
689	1966	9 de noviembre	Santos	2	Nautico (Recife)	0	1	816
690	1966	13 de noviembre	Santos	3	Bragantino	2	3	819
691	1966	17 de noviembre	Santos	3	Nautico (Recife)	5	0	819
692	1966	19 de noviembre	Santos	4	Nautico (Recife)	1	0	819
693	1966	23 de noviembre	Santos	2	Palmeiras (São Paulo)	0	1	820
694	1966	26 de noviembre	Santos	2	Guarani (Campinas)	1	0	820
695	1966	30 de noviembre	Santos	2	Cruzeiro (Minas Gerais)	6	0	820
696	1966	4 de diciembre	Santos	3	Botafogo (Ribeirão Preto)	1	1	821
697	1966	7 de diciembre	Santos	2	Cruzeiro (Minas Gerais)	3	1	822
698	**1967**	15 de enero	Santos	4	Mar Del Plata (Argentina)	1	0	822
699	1967	19 de enero	Santos	4	River Plate (Argentina)	0	1	823
700	1967	22 de enero	Santos	1	Millonarios (Colombia)	2	0	823
701	1967	25 de enero	Santos	3	Atlético Juniors (Colombia)	3	0	823
702	1967	29 de enero	Santos	2	River Plate (Argentina)	4	2	825
703	1967	1 de febrero	Santos	2	River Plate (Argentina)	1	1	826
704	1967	7 de febrero	Santos	1	Universidad (Chile)	1	0	826
705	1967	10 de febrero	Santos	2	Vazas (Hungría)	2	1	827
706	1967	17 de febrero	Santos	2	Peñarol (Uruguay)	0	0	827
707	1967	21 de febrero	Santos	6	Universidad Católica	2	4	831

13. Primer partido de la Copa del Mundo de 1966, en Inglaterra.

Pdo.	Año	Fecha	Equipo de Pelé	Goles a favor	Rival	Goles en contra	Goles marcados por Pelé	Total de goles
708	1967	25 de febrero	Santos	4	Alianza (Perú)	1	1	832
709	1967	28 de febrero	Santos	2	Colo Colo (Chile)	1	0	832
710	1967	8 de marzo	Santos	1	Atlético (Minas Gerais)	0	0	832
711	1967	12 de marzo	Santos	1	Grêmio (Porto Alegre)	1	1	833
712	1967	15 de marzo	Santos	5	Internacional (Porto Alegre)	1	1	834
713	1967	19 de marzo	Santos	1	Flamengo (Río)	0	0	834
714	1967	22 de marzo	Santos	0	Botafogo (Río)	0	0	834
715	1967	26 de marzo	Santos	1	Vasco da Gama (Río)	2	1	835
716	1967	1 de abril	Santos	1	São Paulo FC	1	1	836
717	1967	8 de abril	Santos	1	Palmeiras (São Paulo)	2	0	836
718	1967	15 de abril	Santos	2	Portuguesa de Desportos	2	2	838
719	1967	19 de abril	Santos	1	Cruzeiro (Minas Gerais)	3	0	838
720	1967	23 de abril	Santos	3	Bangu (Río)	0	1	839
721	1967	30 de abril	Santos	0	Fluminense (Río)	3	0	839
722	1967	3 de mayo	Santos	3	Ferroviario (Coritiba)	0	1	840
723	1967	7 de mayo	Santos	3	Ilhéus	1	1	841
724	1967	10 de mayo	Santos	5	Santa Cruz (Recife)	0	1	842
725	1967	13 de mayo	Santos	1	Corinthians (São Paulo)	1	1	843
726	1967	15 de mayo	Santos	0	Olimpia (Paraguay)	0	0	843
727	1967	23 de mayo	Santos	3	Portuguesa de Desportos	2	1	844
728	1967	25 de mayo	Santos	5	Brasilia	1	1	845
729	1967	28 de mayo	Santos	4	Senegal	1	3	848
730	1967	31 de mayo	Santos	4	Gabon	0	1	849
731	1967	2 de junio	Santos	2	Congo	1	1	850
732	1967	4 de junio	Santos	2	Costa de Marfil	1	1	851
733	1967	7 de junio	Santos	3	Congo	2	3	854
734	1967	13 de junio	Santos	5	TSV Múnich (Alemania Occidental)4	2	856
735	1967	17 de junio	Santos	2	Mantova (Italia)	1	1	857
736	1967	20 de junio	Santos	1	Venice (Italia)	0	0	857
737	1967	24 de junio	Santos	5	Lecce (Italia)	1	3	860
738	1967	27 de junio	Santos	1	Fiorentina (Italia)	1	0	860
739	1967	29 de junio	Santos	3	Roma (Italia)	1	1	861
740	1967	9 de julio	Santos	4	São Bento (Sorocaba)	3	2	862
741	1967	15 de julio	Santos	4	Juventus (São Paulo)	0	1	863
742	1967	23 de julio	Santos	2	Guarani (Campinas)	1	0	863
743	1967	6 de agosto	Santos	1	Palmeiras (São Paulo)	1	1	864
744	1967	19 de agosto	Santos	4	Comercial (Ribeirão Preto)	1	1	865
745	1967	22 de agosto	Santos	3	AA Portuguesa	1	0	865
746	1967	26 de agosto	Santos	0	Internazionale (Italia)	1	0	865

Pdo.	Año	Fecha	Equipo de Pelé	Goles a favor	Rival	Goles en contra	Goles marcados por Pelé	Total de goles
747	1967	28 de agosto	Santos	1	Deportivo Español (España)	4	0	865
748	1967	29 de agosto	Santos	2	Málaga (España)	1	0	865
749	1967	8 de octubre	Santos	3	América (Rio Preto)	2	1	866
750	1967	15 de octubre	Santos	2	São Paulo FC	2	1	867
751	1967	22 de octubre	Santos	3	Prudentina	1	2	869
752	1967	29 de octubre	Santos	4	Palmeiras (São Paulo)	1	1	870
753	1967	1 de noviembre	Santos	4	Juventus (São Paulo)	1	2	872
754	1967	4 de noviembre	Santos	1	Maranhão	0	0	872
755	1967	7 de noviembre	Santos	5	Fortaleza (Ceará)	0	1	873
756	1967	11 de noviembre	Santos	1	Comercial (Ribeirão Preto)	1	1	874
757	1967	19 de noviembre	Santos	1	São Bento (Sorocaba)	1	1	875
758	1967	26 de noviembre	Santos	0	Portuguesa de Desportos	0	0	875
759	1967	3 de diciembre	Santos	1	Guarani (Campinas)	1	1	876
760	1967	10 de diciembre	Santos	1	Corinthians (São Paulo)	1	1	877
761	1967	17 de diciembre	Santos	3	AA Portuguesa	1	1	878
762	1967	21 de diciembre	Santos	2	São Paulo FC	1	0	878
763	**1968**	13 de enero	Santos	4	Checoslovaquia	1	0	878
764	1968	23 de enero	Santos	4	Vazas (Hungary)	0	1	879
765	1968	2 de febrero	Santos	4	Colo Colo (Chile)	1	0	879
766	1968	3 de marzo	Santos	4	Ferroviária (Araraquara)	1	2	881
767	1968	6 de marzo	Santos	0	Corinthians (São Paulo)	2	0	881
768	1968	9 de marzo	Santos	5	Botafogo (Ribeirão Preto)	1	1	882
769	1968	16 de marzo	Santos	3	Portuguesa de Desportos	0	1	883
770	1968	19 de marzo	Santos	3	Goiás	3	1	884
771	1968	23 de marzo	Santos	4	Juventus (São Paulo)	0	2	886
772	1968	27 de marzo	Santos	5	São Paulo FC	2	2	888
773	1968	31 de marzo	Santos	4	América (Rio Preto)	3	2	890
774	1968	7 de abril	Santos	8	Comercial (Ribeirão Preto)	2	2	892
775	1968	10 de abril	Santos	2	Guarani (Campinas)	0	0	892
776	1968	13 de abril	Santos	1	Palmeiras (São Paulo)	0	0	892
777	1968	18 de abril	Santos	1	São Bento (Sorocaba)	0	0	892
778	1968	21 de abril	Santos	2	Corinthians (São Paulo)	0	1	893
779	1968	24 de abril	Santos	3	Juventus (São Paulo)	2	2	895
780	1968	28 de abril	Santos	1	XV de Novembro (Piracicaba)	0	0	895
781	1968	1 de mayo	Santos	0	Ferroviária (Araraquara)	0	0	895
782	1968	4 de mayo	Santos	1	Portuguesa de Desportos	0	0	895
783	1968	8 de mayo	Santos	0	Flamengo (Río)	0	0	895
784	1968	12 de mayo	Santos	3	Botafogo (Ribeirão Preto)	1	0	895
785	1968	15 de mayo	Santos	1	AA Portuguesa	2	0	895

Pdo.	Año	Fecha	Equipo de Pelé	Goles a favor	Rival	Goles en contra	Goles marcados por Pelé	Total de goles
786	1968	19 de mayo	Santos	3	Palmeiras (São Paulo)	1	1	896
787	1968	23 de mayo	Santos	0	Boca Juniors (Argentina)	1	0	896
788	1968	29 de mayo	Santos	5	Comercial (Ribeirão Preto)	0	1	897
789	1968	1 de junio	Santos	3	São Paulo FC	1	0	897
790	1968	9 de junio	Santos	2	Cagliari (Italia)	1	0	897
791	1968	12 de junio	Santos	2	Alessandria (Italia)	0	1	898
792	1968	15 de junio	Santos	4	Zúrich (Suiza)	5	1	899
793	1968	17 de junio	Santos	3	Saarbrücken (Alemania Occidental)	0	1	900
794	1968	21 de junio	Santos	4	Napoli (Italia)	2	1	901
795	1968	26 de junio	Santos	6	Napoli (Italia)	2	2	903
796	1968	28 de junio	Santos	5	Napoli (Italia)	2	2	905
797	1968	30 de junio	Santos	3	St Louis Stars (EE.UU.)	2	1	906
798	1968	4 de julio	Santos	4	Kansas City Spurs (EE.UU.)	1	1	907
799	1968	6 de julio	Santos	4	Necaxa (México)	3	1	908
800	1968	8 de julio	Santos	7	Boston Beacons (EE.UU.)	1	1	909
801	1968	10 de julio	Santos	1	Cleveland Stokers (EE.UU.)	2	0	909
802	1968	12 de julio	Santos	3	New York Generals (EE.UU.)	5	0	909
803	1968	14 de julio	Santos	3	Washington Whips (EE.UU.)	1	0	909
804	1968	17 de julio	Santos	4	Olimpic (Colombia)	2	1	910
805	1968	25 de julio	Brasil	4	Paraguay	0	2	912
806	1968	28 de julio	Brasil	0	Paraguay	1	0	912
807	1968	4 de agosto	Santos	0	Ferroviária (Ceará)	0	0	912
808	1968	6 de agosto	Santos	3	Paissandu (Pará)	1	1	913
809	1968	9 de agosto	Santos	3	Fast (Manaus)	0	1	914
810	1968	11 de agosto	Santos	2	Fast (Manaus)	1	2	916
811	1968	15 de agosto	Santos	2	River Plate (Argentina)	1	0	916
812	1968	18 de agosto	Santos	4	Benfica (Portugal)	2	0	916
813	1968	20 de agosto	Santos	2	Nacional (Uruguay)	2	1	917
814	1968	25 de agosto	Santos	1	Boca Juniors (Argentina)	1	0	917
815	1968	28 de agosto	Santos	6	Atlanta Chiefs (EE.UU.)	2	3	920
816	1968	30 de agosto	Santos	3	Oakland Clippers (EE.UU.)	1	2	922
817	1968	1 de septiembre	Santos	3	Benfica (Portugal)	3	0	922
818	1968	15 de septiembre	Santos	2	Flamengo (Río)	0	0	922
819	1968	18 de septiembre	Santos	0	Palmeiras (São Paulo)	0	0	922
820	1968	21 de septiembre	Santos	2	Fluminense (Río)	1	1	923
821	1968	25 de septiembre	Santos	1	Bangú (Río)	1	0	923
822	1968	29 de septiembre	Santos	2	Vasco da Gama (Río)	3	0	923
823	1968	6 de octubre	Santos	2	Corinthians (São Paulo)	1	1	924
824	1968	10 de octubre	Santos	9	Bahia	2	3	927

Pdo.	Año	Fecha	Equipo de Pelé	Goles a favor	Rival	Goles en contra	Goles marcados por Pelé	Total de goles
825	1968	13 de octubre	Santos	2	Cruzeiro (Minas Gerais)	0	1	928
826	1968	16 de octubre	Santos	2	Portuguesa de Desportos	0	0	928
827	1968	20 de octubre	Santos	0	São Paulo FC	0	0	928
828	1968	23 de octubre	Santos	3	Internacional (Porto Alegre)	1	1	929
829	1968	27 de octubre	Santos	3	Nautico (Recife)	0	1	930
830	1968	31 de octubre	Brasil	1	México	2	0	930
831	1968	3 de noviembre	Brasil	2	México	1	1	931
832	1968	6 de noviembre	Brasil	2	FIFA XI	1	0	931
833	1968	10 de noviembre	São Paulo	3	Rio	2	1	932
834	1968	13 de noviembre	Brasil	2	Paraná	1	0	932
835	1968	19 de noviembre	Santos	2	Racing (Argentina)	0	1	933
836	1968	21 de noviembre	Santos	1	Peñarol (Uruguay)	0	0	933
837	1968	24 de noviembre	Santos	2	Atlético (Minas Gerais)	2	1	934
838	1968	27 de noviembre	Santos	3	Grêmio (Porto Alegre)	1	1	935
839	1968	1 de diciembre	Santos	2	Botafogo (Río)	3	0	935
840	1968	4 de diciembre	Santos	2	Internacional (Porto Alegre)	1	1	936
841	1968	8 de diciembre	Santos	3	Palmeiras (São Paulo)	0	0	936
842	1968	10 de diciembre	Santos	2	Vasco da Gama (Río)	1	1	937
843	1968	14 de diciembre	Brasil	2	Alemania Occidental	2	0	937
844	1968	17 de diciembre	Brasil	3	Yugoslavia	3	1	938
845	**1969**	17 de enero	Santos	3	Pointe Noire (Congo)	0	1	939
846	1969	19 de enero	Santos	3	Congo	2	2	941
847	1969	21 de enero	Santos	2	Congo 'B'	0	0	941
848	1969	23 de enero	Santos	2	Congo 'A'	3	2	943
849[14]	1969	26 de enero	Santos	2	Nigerian FA	2	2	945
850	1969	1 de febrero	Santos	2	Austria	0	0	945
851	1969	4 de febrero	Santos	2	Middle W. Africa XI	1	0	945
852	1969	6 de febrero	Santos	2	Hearts of Oak (Africa)	2	1	946
853	1969	9 de febrero	Santos	1	Algeria	1	0	946
854	1969	14 de febrero	Santos	6	XV de Novembro (Piradcaba)	2	2	948
855	1969	22 de febrero	Santos	4	Portuguesa de Desportos	1	1	949
856	1969	26 de febrero	Santos	3	Ferroviária (Araraquara)	0	2	951
857	1969	2 de marzo	Santos	2	Paulista (Jundiai)	1	0	951
858	1969	5 de marzo	Santos	0	Guarani (Campinas)	1	0	951
859	1969	9 de marzo	Santos	3	São Paulo FC	0	1	952
860	1969	12 de marzo	Santos	4	São Bento (Sorocaba)	2	2	954

14. El partido que llevó al «cese del fuego» de la guerra civil en Biafra.

Pdo.	Año	Fecha	Equipo de Pelé	Goles a favor	Rival	Goles en contra	Goles marcados por Pelé	Total de goles
861	1969	15 de marzo	Santos	2	Juventus (São Paulo)	1	1	955
862	1969	19 de marzo	Santos	2	América (Rio Preto)	1	0	955
863	1969	22 de marzo	Santos	2	Palmeiras (São Paulo)	3	2	957
864	1969	26 de marzo	Santos	4	Botafogo (Ribeirão Preto)	1	1	958
865	1969	29 de marzo	Santos	3	AA Portuguesa	1	3	961
866	1969	7 de abril	Brasil	2	Perú	1	0	961
867	1969	9 de abril	Brasil	3	Perú	2	1	962
868	1969	13 de abril	Santos	0	Corinthians (São Paulo)	2	0	962
869	1969	23 de abril	Santos	3	Portuguesa de Desportos	2	0	962
870	1969	27 de abril	Santos	1	América (Rio Preto)	1	1	963
871	1969	30 de abril	Santos	1	AA Portuguesa	2	1	964
872	1969	3 de mayo	Santos	0	Palmeiras (São Paulo)	1	0	964
873	1969	1 de mayo	Santos	1	Ferroviária (Araraquara)	2	1	965
874	1969	21 de mayo	Santos	1	São Paulo FC	0	0	965
875	1969	25 de mayo	Santos	1	Corinthians (São Paulo)	1	0	965
876	1969	28 de mayo	Santos	3	Paulista (Jundiai)	2	1	966
877	1969	31 de mayo	Santos	5	Botafogo (Ribeirão Preto)	1	4	970
878	1969	8 de junio	Santos	3	Corinthians (São Paulo)	1	2	972
879	1969	12 de junio	Brasil	2	Inglaterra	1	0	972
880	1969	18 de junio	Santos	3	Palmeiras (São Paulo)	0	1	973
881	1969	21 de junio	Santos	0	São Paulo FC	0	0	973
882	1969	24 de junio	Santos	1	Internazionale (Italia)	0	0	973
883	1969	6 de julio	Brasil	4	Bahia	0	1	974
884	1969	9 de julio	Brasil	8	Sergipe	2	0	974
885	1969	13 de julio	Brasil	6	Pernambuco	1	1	975
886	1969	1 de agosto	Brasil	2	Millonarios (Colombia)	0	0	975
887	1969	6 de agosto	Brasil	2	Colombia	0	0	975
888	1969	10 de agosto	Brasil	5	Venezuela	0	2	977
889	1969	17 de agosto	Brasil	3	Paraguay	0	0	977
890	1969	21 de agosto	Brasil	6	Colombia	2	1	978
891	1969	24 de agosto	Brasil	6	Venezuela	0	2	980
892	1969	31 de agosto	Brasil	1	Paraguay	0	1	981
893	1969	3 de septiembre	Brasil	1	Minas Gerais	2	1	982
894	1969	10 de septiembre	Santos	3	Red Star (Yugoslavia)	3	1	983
895	1969	12 de septiembre	Santos	1	Dinamo (Yugoslavia)	1	0	983
896	1969	15 de septiembre	Santos	4	Radnicki (Yugoslavia)	4	1	984
897	1969	17 de septiembre	Santos	3	Atlético Madrid (España)	1	0	984
898	1969	19 de septiembre	Santos	1	Zeljesnicar (Yugoslavia)	1	1	985
899	1969	22 de septiembre	Santos	3	Stoke City (Inglaterra)	2	2	987

Pdo.	Año	Fecha	Equipo de Pelé	Goles a favor	Rival	Goles en contra	Goles marcados por Pelé	Total de goles
900	1969	24 de septiembre	Santos	7	Sampdoria / Genoa XI (Italia)	1	2	989
901	1969	28 de septiembre	Santos	1	Grêmio (Porto Alegre)	2	1	990
902	1969	12 de octubre	Santos	1	Palmeiras (São Paulo)	2	1	991
903	1969	15 de octubre	Santos	6	Portuguesa de Desportos	2	4	995
904	1969	22 de octubre	Santos	3	Coritiba	1	2	997
905	1969	26 de octubre	Santos	0	Fluminense (Río)	0	0	997
906	1969	1 de noviembre	Santos	4	Flamengo (Río)	1	1	998
907	1969	4 de noviembre	Santos	1	Corinthians (São Paulo)	4	0	998
908	1969	9 de noviembre	Santos	1	São Paulo FC	1	0	998
909	1969	12 de noviembre	Santos	4	Santa Cruz (Recife)	0	2	1000
910	1969	14 de noviembre	Santos	3	Botafogo (Paraiba)	0	1	1001
911	1969	16 de noviembre	Santos	1	Bahia	1	0	1001
912[15]	1969	19 de noviembre	Santos	2	Vasco da Gama (Río)	1	1	1002
913	1969	23 de noviembre	Santos	0	Atlético (Minas Gerais)	2	0	1002
914	1969	29 de noviembre	Santos	1	Racing (Argentina)	2	0	1002
915	1969	2 de diciembre	Santos	1	Peñarol (Uruguay)	2	1	1003
916	1969	4 de diciembre	Santos	1	Estudiantes de La Plata (Argentina)	3	0	1003
917	1969	6 de diciembre	Santos	1	Vélez Sarsfield (Argentina)	1	1	1004
918	1969	9 de diciembre	Santos	0	Racing (Argentina)	2	0	1004
919	1969	11 de diciembre	Santos	2	Peñarol (Uruguay)	0	1	1005
920	1969	14 de diciembre	São Paulo	2	Bahia	1	0	1005
921	1969	17 de diciembre	São Paulo	2	Minas Gerais	1	1	1006
922	1969	21 de diciembre	São Paulo	0	Rio	0	0	1006
923	1970	10 de enero	Santos	3	Coritiba	1	1	1007
924	1970	16 de enero	Santos	2	Boca Juniors (Argentina)	2	1	1008
925	1970	18 de enero	Santos	2	Talleres (Argentina)	0	0	1008
926	1970	21 de enero	Santos	3	Colo Colo (Chile)	4	1	1009
927	1970	24 de enero	Santos	4	Universitario (Perú)	1	2	1011
928	1970	28 de enero	Santos	2	Dinamo (Yugoslavia)	2	0	1011
929	1970	30 de enero	Santos	2	Universitario (Chile)	0	2	1013
930	1970	4 de febrero	Santos	7	América (México)	0	3	1016
931	1970	7 de febrero	Santos	3	Universidad Católica (Chile)	2	2	1018
932	1970	4 de marzo	Brasil	0	Argentina	2	0	1018
933	1970	8 de marzo	Brasil	2	Argentina	1	1	1019
934	1970	14 de marzo	Brasil	1	Bangú (Río)	1	0	1019
935	1970	22 de marzo	Brasil	5	Chile	0	2	1021

15. Celebrado en aquel momento como el gol número mil.

Pdo.	Año	Fecha	Equipo de Pelé	Goles a favor	Rival	Goles en contra	Goles marcados por Pelé	Total de goles
936	1970	26 de marzo	Brasil	2	Chile	1	0	1021
937	1970	5 de abril	Brasil	4	Amazon XI	1	1	1022
938	1970	12 de abril	Brasil	0	Paraguay	0	0	1022
939	1970	19 de abril	Brasil	3	Minas Gerais	1	0	1022
940	1970	26 de abril	Brasil	0	Bulgaria	0	0	1022
941	1970	29 de abril	Brasil	1	Austria	0	0	1022
942	1970	6 de mayo	Brasil	3	Guadalajara (México)	0	1	1023
943	1970	17 de mayo	Brasil	5	León (México)	2	2	1025
944	1970	24 de mayo	Brasil	3	Irapuato (México)	0	0	1025
945[16]	1970	3 de junio	Brasil	4	Checoslovaquia	1	1	1026
946	1970	7 de junio	Brasil	1	Inglaterra	0	0	1026
947	1970	10 de junio	Brasil	3	Rumania	2	2	1028
948	1970	14 de junio	Brasil	4	Perú	2	0	1028
949	1970	17 de junio	Brasil	3	Uruguay	1	0	1028
950[17]	1970	21 de junio	Brasil	4	Italia	1	1	1029
951	1970	5 de julio	Santos	2	Palmeiras (São Paulo)	0	0	1029
952	1970	8 de julio	Santos	0	Ferroviária (Araraquara)	1	0	1029
953	1970	12 de julio	Santos	2	São Paulo FC	3	0	1029
954	1970	15 de julio	Santos	2	São Bento (Sorocaba)	1	0	1029
955	1970	19 de julio	Santos	5	Guarani (Campinas)	2	2	1031
956	1970	22 de julio	Santos	3	Goiás	1	1	1032
957	1970	25 de julio	Santos	2	Portuguesa de Desportos	1	1	1033
958	1970	29 de julio	Santos	9	Sergipe	1	4	1037
959	1970	2 de agosto	Santos	2	Corinthians (São Paulo)	2	1	1038
960	1970	5 de agosto	Santos	5	Guarani (Campinas)	1	1	1039
961	1970	9 de agosto	Santos	2	São Paulo FC	3	0	1039
962	1970	12 de agosto	Santos	5	Ferroviária (Araraquara)	0	1	1040
963	1970	16 de agosto	Santos	1	Ponte Preta (Campinas)	0	0	1040
964	1970	19 de agosto	Santos	0	Botafogo (Ribeirão Preto)	0	0	1040
965	1970	22 de agosto	Santos	0	Portuguesa de Desportos	1	0	1040
966	1970	26 de agosto	Santos	2	São Bento (Sorocaba)	2	1	1041
967	1970	30 de agosto	Santos	1	Corinthians (São Paulo)	1	0	1041
968	1970	2 de septiembre	Santos	2	Grêmio (Porto Alegre)	0	1	1042
969	1970	6 de septiembre	Santos	1	Palmeiras (São Paulo)	1	0	1042

16. Primer partido de la Copa del Mundo de 1970, en México. Fue en este encuentro cuando Pelé intentó sorprender al portero disparando desde el centro del campo.

17. Final de la Copa del Mundo de 1970 en el estadio Azteca, ciudad de México.

Pdo.	Año	Fecha	Equipo de Pelé	Goles a favor	Rival	Goles en contra	Goles marcados por Pelé	Total de goles
970	1970	9 de septiembre	Santos	0	Cruzeiro (Minas Gerais)	0	0	1042
971	1970	12 de septiembre	Santos	5	Galicia (Venezuela)	1	1	1043
972	1970	15 de septiembre	Santos	4	All-Stars (EE.UU.)	3	0	1043
973	1970	18 de septiembre	Santos	7	Washington Darts (EE.UU.)	4	4	1047
974	1970	20 de septiembre	Santos	2	Guadalajara (México)	1	1	1048
975	1970	22 de septiembre	Santos	2	West Ham United (Inglaterra)	2	2	1050
976	1970	24 de septiembre	Santos	2	Santa Fé (Colombia)	1	0	1050
977	1970	30 de septiembre	Brasil	2	México	1	0	1050
978	1970	4 de octubre	Brasil	5	Chile	1	1	1051
979	1970	14 de octubre	Santos	1	Atlético (Minas Gerais)	1	1	1052
980	1970	17 de octubre	Santos	1	Vasco da Gama (Río)	5	0	1052
981	1970	22 de octubre	Santos	1	Ponte Preta (Campinas)	1	1	1053
982	1970	25 de octubre	Santos	5	Alagoas	0	2	1055
983	1970	28 de octubre	Santos	0	Atlético (Paraná)	1	0	1055
984	1970	1 de noviembre	Santos	0	Corinthians (São Paulo)	2	0	1055
985	1970	8 de noviembre	Santos	2	Botafogo (Río)	2	0	1055
986	1970	11 de noviembre	Santos	1	Palmeiras (São Paulo)	1	0	1055
987	1970	14 de noviembre	Santos	0	Flamengo (Río)	2	0	1055
988	1970	18 de noviembre	Santos	1	Fluminense (Río)	0	0	1055
989	1970	21 de noviembre	Santos	0	América (Guanabara)	0	0	1055
990	1970	25 de noviembre	Santos	2	Universitario (Perú)	3	0	1055
991	1970	29 de noviembre	Santos	3	São Paulo FC	2	1	1056
992	1970	2 de diciembre	Santos	5	Bahia	1	1	1057
993	1970	6 de diciembre	Santos	0	Santa Cruz (Recife)	1	0	1057
994	1970	10 de diciembre	Santos	4	Hong Kong	1	2	1059
995	1970	11 de diciembre	Santos	4	Hong Kong	0	3	1062
996	1970	13 de diciembre	Santos	5	Hong Kong	2	1	1063
997	1970	17 de diciembre	Santos	4	Hong Kong	0	2	1065
998	**1971**	13 de enero	Santos	3	Cochabamba (Bolivia)	2	1	1066
999	1971	16 de enero	Santos	4	Bolívar (Bolivia)	0	2	1068
1000	1971	19 de enero	Santos	1	Atlético Marte (El Salvador)	1	0	1068
1001	1971	23 de enero	Santos	4	Martinica	1	1	1069
1002	1971	26 de enero	Santos	2	Guadeloupe	1	1	1070
1003[18]	1971	28 de enero	Santos	4	Transvaal (Surinam)	1	1	1071
1004	1971	31 de enero	Santos	1	Jamaica	1	0	1071
1005	1971	2 de febrero	Santos	1	Chelsea (Inglaterra)	0	0	1071

18. Celebrado en aquel momento como el partido número mil.

Pdo.	Año	Fecha	Equipo de Pelé	Goles a favor	Rival	Goles en contra	Goles marcados por Pelé	Total de goles
1006	1971	5 de febrero	Santos	3	Millonarios (Colombia)	2	2	1073
1007	1971	7 de febrero	Santos	3	Atlético Nacional (Colombia)	1	1	1074
1008	1971	10 de febrero	Santos	1	Cali (Colombia)	2	1	1075
1009	1971	14 de febrero	Santos	2	Alianza (El Salvador)	1	0	1075
1010	1971	17 de febrero	Santos	2	Haití	0	0	1075
1011	1971	3 de marzo	Santos	4	Botafogo (Ribeirão Preto)	0	1	1076
1012	1971	7 de marzo	Santos	1	Ferroviária (Araraquara)	4	0	1076
1013	1971	28 de marzo	Santos	0	Palmeiras (São Paulo)		2	1078
1014	1971	31 de marzo	Santos	0	Marseilles / St Etienne XI (Francia)	0	0	1078
1015	1971	4 de abril	Santos	2	Bahia	3	1	1079
1016	1971	7 de abril	Santos	2	Galicia (Bahia)	0	1	1080
1017	1971	11 de abril	Santos	2	Corinthians (São Paulo)	4	1	1081
1018	1971	18 de abril	Santos	0	Paulista (Jundiaí)	0	0	1081
1019	1971	21 de abril	Santos	1	São Paulo FC	0	0	1081
1020	1971	25 de abril	Santos	0	Ponte Preta (Campinas)	0	0	1081
1021	1971	28 de abril	Santos	1	Juventus (São Paulo)	1	0	1081
1022	1971	2 de mayo	Santos	2	Botafogo (Ribeirão Preto)	1	1	1082
1023	1971	9 de mayo	Santos	1	Paulista (Jundiaí)	0	0	1082
1024	1971	12 de mayo	Santos	1	São Bento (Sorocaba)	0	0	1082
1025	1971	16 de mayo	Santos	0	São Paulo FC	0	0	1082
1026	1971	20 de mayo	Santos	1	Juventus (São Paulo)	1	0	1082
1027	1971	23 de mayo	Santos	4	Oriente Petrolero (Bolivia)	3	1	1083
1028	1971	26 de mayo	Santos	2	The Strongest (Bolivia)	0	1	1084
1029	1971	30 de mayo	Santos	1	Palmeiras (São Paulo)	2	0	1084
1030	1971	2 de junio	Santos	1	Guarani (Campinas)	0	0	1084
1031	1971	6 de junio	Santos	1	Ferroviária (Araraquara)	0	0	1084
1032	1971	10 de junio	Santos	1	Portuguesa de Desportos	1	1	1085
1033	1971	13 de junio	Santos	2	Ponte Preta (Campinas)	1	1	1086
1034	1971	20 de junio	Santos	3	Corinthians (São Paulo)	3	1	1087
1035	1971	23 de junio	Santos	2	Bologna (Italia)	1	1	1088
1036	1971	27 de junio	Santos	1	Bologna (Italia)	1	0	1088
1037	1971	30 de junio	Santos	1	Bologna (Italia)	0	1	1089
1038	1971	11 de julio	Brasil	1	Austria	1	1	1090
1039[19]	1971	18 de julio	Brasil	2	Yugoslavia	2	0	1090
1040	1971	24 de julio	Santos	1	Monterrey (México)	1	0	1090
1041	1971	28 de julio	Santos	2	Jalisco (México)	1	0	1090

19. Último encuentro con Brasil.

Pdo.	Año	Fecha	Equipo de Pelé	Goles a favor	Rival	Goles en contra	Goles marcados por Pelé	Total de goles
1042	1971	30 de julio	Santos	3	Hanover (Alemania Occidental)	1	0	1090
1043	1971	2 de agosto	Santos	2	Cali (Colombia)	2	1	1091
1044	1971	4 de agosto	Santos	5	All-Stars (EE.UU.)	1	2	1093
1045	1971	8 de agosto	Santos	0	Bahia	0	0	1093
1046	1971	11 de agosto	Santos	2	Recife	0	0	1093
1047	1971	14 de agosto	Santos	3	São Paulo FC	1	0	1093
1048	1971	18 de agosto	Santos	0	Botafogo (Río)	0	0	1093
1049	1971	22 de agosto	Santos	0	América (Guanabara)	0	0	1093
1050	1971	25 de agosto	Santos	3	Boca Juniors (Argentina)	0	1	1094
1051	1971	29 de agosto	Santos	0	Millonarios (Colombia)	1	0	1094
1052	1971	1 de septiembre	Santos	0	Grêmio (Porto Alegre)	1	0	1094
1053	1971	5 de septiembre	Santos	1	Atlético (Minas Gerais)	2	0	1094
1054	1971	18 de septiembre	Santos	0	Portuguesa de Desportos	0	0	1094
1055	1971	23 de septiembre	Santos	1	Atlético (Três Corações)	2	0	1094
1056	1971	26 de septiembre	Santos	1	Internacional (Porto Alegre)	1	0	1094
1057	1971	3 de octubre	Santos	1	Cruzeiro (Minas Gerais)	0	0	1094
1058	1971	7 de octubre	Santos	5	Nacional (Manaus)	1	1	1095
1059	1971	10 de octubre	Santos	0	Ceará	0	0	1095
1060	1971	16 de octubre	Santos	1	Palmeiras (São Paulo)	0	0	1095
1061	1971	24 de octubre	Santos	2	Vasco da Gama (Río)	0	0	1095
1062	1971	27 de octubre	Santos	0	Coritiba	1	0	1095
1063	1971	30 de octubre	Santos	1	Corinthians (São Paulo)	1	1	1096
1064	1971	20 de noviembre	Santos	1	Internacional (Porto Alegre)	1	0	1096
1065	1971	25 de noviembre	Santos	2	Atlético (Minas Gerais)	1	0	1096
1066	1971	28 de noviembre	Santos	0	Vasco da Gama (Río)	0	0	1096
1067	1971	1 de diciembre	Santos	0	Atlético (Minas Gerais)	2	0	1096
1068	1971	5 de diciembre	Santos	0	Internacional (Porto Alegre)	1	0	1096
1069	1971	9 de diciembre	Santos	4	Vasco da Gama (Río)	0	0	1096
1070	1971	12 de diciembre	Santos	3	América (Natal)	1	1	1097
1071	1971	15 de diciembre	Santos	2	Botafogo (Paraiba)	0	0	1097
1072	**1972**	8 de enero	Santos	2	América (Guanabara)	1	0	1097
1073	1972	12 de enero	Santos	0	Flamengo (Río)	1	0	1097
1074	1972	15 de enero	Santos	0	Palmeiras (São Paulo)	4	0	1097
1075	1972	30 de enero	Santos	3	Deportivo Español (Honduras)	1	0	1097
1076	1972	2 de febrero	Santos	1	Saprissa (Costa Rica)	1	0	1097
1077	1972	6 de febrero	Santos	2	Medellin (Colombia)	2	0	1097
1078	1972	13 de febrero	Santos	1	Comunicaciones (Guatemala)	1	1	1098
1079	1972	15 de febrero	Santos	0	Olimpia (Honduras)	0	0	1098
1080	1972	18 de febrero	Santos	5	Saprissa (Costa Rica)	3	1	1099

Pdo.	Año	Fecha	Equipo de Pelé	Goles a favor	Rival	Goles en contra	Goles marcados por Pelé	Total de goles
1081	1972	21 de febrero	Santos	1	Aston Villa (Inglaterra)	2	0	1099
1082	1972	23 de febrero	Santos	2	Sheffield Wednesday (Inglaterra)	0	0	1099
1083	1972	26 de febrero	Santos	3	Bohemians / Duncondra XI (Irlanda)	2	0	1099
1084	1972	1 de marzo	Santos	0	Anderlecht (Bélgica)	0	0	1099
1085	1972	3 de marzo	Santos	2	Roma (Italia)	0	0	1099
1086	1972	5 de marzo	Santos	3	Napoli (Italia)	2	2	1101
1087	1972	8 de marzo	Santos	1	América (Rio Preto)	0	0	1101
1088	1972	12 de marzo	Santos	1	Portuguesa de Desportos	0	0	1101
1089	1972	18 de marzo	Santos	3	Juventus (São Paulo)	2	0	1101
1090	1972	26 de marzo	Santos	1	Palmeiras (São Paulo)	2	0	1101
1091	1972	30 de marzo	Santos	2	São Bento (Sorocaba)	1	0	1101
1092	1972	16 de abril	Santos	1	São Paulo FC	3	0	1101
1093	1972	23 de abril	Santos	0	Guarani (Campinas)	1	0	1101
1094	1972	25 de abril	Santos	2	Ferroviária (Araraquara)	0	1	1102
1095	1972	29 de abril	Santos	1	Napoli (Italia)	0	0	1102
1096	1972	1 de mayo	Santos	3	Cagliari (Italia)	2	2	1104
1097	1972	3 de mayo	Santos	6	Fenerbache (Turquía)	1	1	1105
1098	1972	5 de mayo	Santos	5	Taj Sports Organization	1	3	1108
1099	1972	14 de mayo	Santos	1	Corinthians (São Paulo)	1	0	1108
1100	1972	17 de mayo	Santos	1	XV de Novembro (Piracicaba)	0	0	1108
1101	1972	21 de mayo	Santos	3	Ponte Preta (Campinas)	2	1	1109
1102	1972	26 de mayo	Santos	3	Japón	0	2	1111
1103	1972	28 de mayo	Santos	4	South China (Hong Kong)	2	0	1111
1104	1972	31 de mayo	Santos	3	Syu Fong (Hong Kong)	1	0	1111
1105	1972	2 de junio	Santos	3	Corea del Sur	2	1	1112
1106	1972	4 de junio	Santos	4	Newcastle United (Inglaterra)	2	3	1115
1107	1972	7 de junio	Santos	4	Caroline Hill (Hong Kong)	0	3	1118
1108	1972	10 de junio	Santos	6	Tailandia	1	2	1120
1109	1972	13 de junio	Santos	2	Coventry City (Inglaterra)	2	1	1121
1110	1972	17 de junio	Santos	2	Australia	2	0	1121
1111	1972	21 de junio	Santos	3	Indonesia	2	1	1122
1112	1972	25 de junio	Santos	7	Catanzaro (Italia)	1	2	1124
1113	1972	30 de junio	Santos	6	Boston Astros (EE.UU.)	1	3	1127
1114	1972	2 de julio	Santos	2	Universidad (México)	0	2	1129
1115	1972	5 de julio	Santos	4	Toronto Metros (Canadá)	2	1	1130
1116	1972	7 de julio	Santos	5	Vancouver (Canadá)	0	0	1130
1117	1972	9 de julio	Santos	5	Universidad (México)	1	2	1132
1118	1972	11 de julio	Santos	4	América (México)	2	2	1134
1119	1972	23 de julio	Santos	0	São Paulo FC	2	0	1134

Pdo.	Año	Fecha	Equipo de Pelé	Goles a favor	Rival	Goles en contra	Goles marcados por Pelé	Total de goles
1120	1972	30 de julio	Santos	1	América (Rio Preto)	0	0	1134
1121	1972	2 de agosto	Santos	4	Guarani (Campinas)	2	3	1137
1122	1972	6 de agosto	Santos	3	Ferroviária (Araraquara)	0	1	1138
1123	1972	9 de agosto	Santos	2	Juventus (São Paulo)	1	2	1140
1124	1972	13 de agosto	Santos	0	Palmeiras (São Paulo)	1	0	1140
1125	1972	15 de agosto	Santos	2	Avai EC (Parana)	1	0	1140
1126	1972	20 de agosto	Santos	3	Portuguesa de Desportos	1	1	1141
1127	1972	27 de agosto	Santos	0	XV de Novembro (Piracicaba)	1	0	1141
1128	1972	30 de agosto	Santos	0	Corinthians (São Paulo)	1	0	1141
1129	1972	5 de septiembre	Santos	1	Trinidad and Tobago	0	1	1142
1130	1972	9 de septiembre	Santos	1	Botafogo (Río)	1	0	1142
1131	1972	13 de septiembre	Santos	1	Sergipe	0	1	1143
1132	1972	17 de septiembre	Santos	0	Vitoria (Bahia)	1	0	1143
1133	1972	24 de septiembre	Santos	1	Fluminense (Río)	2	0	1143
1134	1972	25 de octubre	Santos	1	Palmeiras (São Paulo)	0	1	1144
1135	1972	29 de octubre	Santos	2	Bahia	0	0	1144
1136	1972	12 de noviembre	Santos	0	Portuguesa de Desportos	2	0	1144
1137	1972	16 de noviembre	Santos	1	Atlético (Minas Gerais)	0	0	1144
1138	1972	19 de noviembre	Santos	4	Santa Cruz (Recife)	2	1	1145
1139	1972	23 de noviembre	Santos	0	Flamengo (Río)	0	0	1145
1140	1972	26 de noviembre	Santos	4	Corinthians (São Paulo)	0	0	1145
1141	1972	29 de noviembre	Santos	2	ABC (Natal)	0	1	1146
1142	1972	3 de diciembre	Santos	1	Ceará	2	1	1147
1143	1972	9 de diciembre	Santos	2	Santa Cruz (Recife)	0	0	1147
1144	1972	14 de diciembre	Santos	0	Grêmio (Porto Alegre)	1	0	1147
1145	1972	17 de diciembre	Santos	1	Botafogo (Río)	2	0	1147
1146	**1973**	2 de febrero	Santos	2	Victoria (Australia)	0	0	1147
1147	1973	9 de febrero	Santos	3	Riyadh (Arabia Saudita)	0	2	1149
1148	1973	12 de febrero	Santos	1	Kuwait	1	1	1150
1149	1973	14 de febrero	Santos	3	National Club (Doha)	0	1	1151
1150	1973	16 de febrero	Santos	7	Bahrain	1	2	1153
1151	1973	18 de febrero	Santos	5	National Club (Egipto)	0	2	1155
1152	1973	20 de febrero	Santos	1	Hilal (Sudán)	0	0	1155
1153	1973	22 de febrero	Santos	4	All Nasser Club (Egipto)	1	1	1156
1154	1973	27 de febrero	Santos	0	Bavaria (Alemania Occidental)	3	0	1156
1155	1973	4 de marzo	Santos	2	Girondins (Francia)	2	1	1157
1156	1973	6 de marzo	Santos	1	Royal Standard (Bélgica)	0	0	1157
1157	1973	12 de marzo	Santos	1	Fulham (Inglaterra)	2	1	1158
1158	1973	14 de marzo	Santos	2	Plymouth (Inglaterra)	3	1	1159

Pdo.	Año	Fecha	Equipo de Pelé	Goles a favor	Rival	Goles en contra	Goles marcados por Pelé	Total de goles
1159	1973	25 de marzo	Santos	2	São Paulo FC	2	1	1160
1160	1973	4 de abril	Santos	6	Juventus (São Paulo)	0	2	1162
1161	1973	8 de abril	Santos	1	Portuguesa de Desportos	0	0	1162
1162	1973	18 de abril	Santos	1	América (Rio Preto)	0	0	1162
1163	1973	22 de abril	Santos	1	Guarani (Campinas)	0	0	1162
1164	1973	29 de abril	Santos	3	Corinthians (São Paulo)	0	2	1164
1165	1973	6 de mayo	Santos	1	Palmeiras (São Paulo)	1	1	1165
1166	1973	13 de mayo	Santos	2	Botafogo (Ribeirão Preto)	1	0	1165
1167	1973	20 de mayo	Santos	5	Ponte Preta (Campinas)	1	2	1167
1168	1973	25 de mayo	Santos	3	Lazio (Italia)	0	1	1168
1169	1973	28 de mayo	Santos	4	Lazio (Italia)	2	2	1170
1170	1973	30 de mayo	Santos	6	Baltimore Bays (EE.UU.)	4	3	1173
1171	1973	1 de junio	Santos	1	Guadalajara (México)	0	1	1174
1172	1973	3 de junio	Santos	2	Guadalajara (México)	1	1	1175
1173	1973	6 de junio	Santos	6	Miami Toros (EE.UU.)	1	1	1176
1174	1973	10 de junio	Santos	5	Arminia Bielefeld (Alem. Occidental)	0	1	1177
1175	1973	15 de junio	Santos	7	Baltimore Bays (EE.UU.)	1	1	1178
1176	1973	17 de junio	Santos	2	Rochester Lancers (EE.UU.)	1	1	1179
1177	1973	19 de junio	Santos	4	Baltimore Bays (EE.UU.)	0	2	1181
1178	1973	1 de julio	Santos	1	União Tijucana (Río)	0	0	1181
1179	1973	4 de julio	Santos	1	Goias	2	0	1181
1180	1973	8 de julio	Santos	2	Botafogo (Ribeirão Preto)	0	1	1182
1181	1973	15 de julio	Santos	1	São Bento (Sorocaba)	0	0	1182
1182	1973	22 de julio	Santos	1	Corinthians (São Paulo)	1	1	1183
1183	1973	26 de julio	Santos	0	Juventus (São Paulo)	0	0	1183
1184	1973	29 de julio	Santos	0	São Paulo FC	0	0	1183
1185	1973	5 de agosto	Santos	1	América (Rio Preto)	0	0	1183
1186	1973	8 de agosto	Santos	0	Portuguesa de Desportos	1	0	1183
1187	1973	12 de agosto	Santos	0	Palmeiras (São Paulo)	1	0	1183
1188	1973	15 de agosto	Santos	1	Guarani (Campinas)	0	1	1184
1189	1973	26 de agosto	Santos	0	Portuguesa de Desportos	0	0	1184
1190	1973	29 de agosto	Santos	0	Vitoria (Bahia)	2	0	1184
1191	1973	2 de septiembre	Santos	0	Palmeiras (São Paulo)	0	0	1184
1192	1973	9 de septiembre	Santos	1	Flamengo (Río)	0	0	1184
1193	1973	12 de septiembre	Santos	0	Comercial (Mato Grosso)	1	0	1184
1194	1973	16 de septiembre	Santos	2	Atlético (Paraná)	0	0	1184
1195	1973	19 de septiembre	Santos	0	Atlético (Minas Gerais)	0	0	1184
1196	1973	23 de septiembre	Santos	0	Ceará	2	0	1184
1197	1973	26 de septiembre	Santos	6	América (Natal)	1	3	1187

Pdo.	Año	Fecha	Equipo de Pelé	Goles a favor	Rival	Goles en contra	Goles marcados por Pelé	Total de goles
1198	1973	30 de septiembre	Santos	3	Nautico (Recife)	0	0	1187
1199	1973	3 de octubre	Santos	3	Sergipe	0	1	1188
1200	1973	7 de octubre	Santos	2	Santa Cruz (Recife)	3	1	1189
1201	1973	14 de octubre	Santos	1	Vasco da Gama (Río)	1	0	1189
1202	1973	17 de octubre	Santos	0	Goias	0	0	1189
1203	1973	4 de noviembre	Santos	3	Portuguesa de Desportos	2	2	1191
1204	1973	11 de noviembre	Santos	1	Atlético (Parana)	0	1	1192
1205	1973	14 de noviembre	Santos	1	Guarani (Campinas)	1	1	1193
1206	1973	18 de noviembre	Santos	2	Coritiba	1	1	1194
1207	1973	28 de noviembre	Santos	2	Internacional (Porto Alegre)	0	1	1195
1208	1973	5 de diciembre	Santos	4	Huracán (Argentina)	0	1	1196
1209	1973	9 de diciembre	Santos	1	Palmeiras (São Paulo)	1	0	1196
1210	1973	12 de diciembre	Santos	4	Grêmio (Porto Alegre)	0	2	1198
1211	1973	17 de diciembre	Santos	1	São Paulo FC	0	1	1199
1212[20]	1973	19 de diciembre	Brasil XI	2	Foreigners XI	1	1	1200
1213	1974	9 de enero	Santos	4	Palestra (São Bernardo)	0	1	1201
1214	1974	13 de enero	Santos	1	Santa Cruz (Recife)	1	0	1201
1215	1974	20 de enero	Santos	3	Botafogo (Río)	0	1	1202
1216	1974	23 de enero	Santos	5	Fortaleza (Ceará)	1	2	1204
1217	1974	27 de enero	Santos	0	Grêmio (Porto Alegre)	1	0	1204
1218	1974	29 de enero	Santos	1	São Paulo FC	2	1	1205
1219	1974	31 de enero	Santos	1	Vitoria (Bahia)	0	0	1205
1220	1974	3 de febrero	Santos	2	Guarani (Campinas)	0	1	1206
1221	1974	6 de febrero	Santos	4	Goias	4	0	1206
1222	1974	10 de febrero	Santos	0	Cruzeiro (Minas Gerais)	0	0	1206
1223	1974	22 de febrero	Santos	2	Vila Nova (Goias)	1	0	1206
1224	1974	3 de marzo	Santos	2	Uberaba	0	0	1206
1225	1974	6 de marzo	Santos	1	AA Caldense	0	0	1206
1226	1974	10 de marzo	Santos	1	Portuguesa de Desportos	2	0	1206
1227	1974	17 de marzo	Santos	2	América (Minas Gerais)	0	0	1206
1228	1974	20 de marzo	Santos	3	CEUB (Brasilia)	1	1	1207
1229	1974	24 de marzo	Santos	2	Guarani (Campinas)	2	2	1209
1230	1974	30 de marzo	Santos	1	Nautico (Recife)	1	1	1210
1231	1974	3 de abril	Santos	2	Guarani / Juazeiro XI (Ceará)	0	0	1210
1232	1974	6 de abril	Santos	1	Recife	1	1	1211
1233	1974	13 de abril	Santos	1	Cruzeiro (Minas Gerais)	0	0	1211

20. Partido despedida de Garrincha.

Pdo.	Año	Fecha	Equipo de Pelé	Goles a favor	Rival	Goles en contra	Goles marcados por Pelé	Total de goles
1234	1974	20 de abril	Santos	4	Palmeiras (São Paulo)	0	1	1212
1235	1974	24 de abril	Santos	0	AA Francana	0	0	1212
1236	1974	28 de abril	Santos	1	Nautico (Manaus)	0	1	1213
1237	1974	2 de mayo	Santos	3	Rio Negro (Manaus)	0	1	1214
1238	1974	19 de mayo	Santos	1	Corinthians (São Paulo)	1	0	1214
1239	1974	2 de junio	Santos	1	São Paulo FC	1	0	1214
1240	1974	9 de junio	Santos	1	Atlético (Minas Gerais)	2	0	1214
1241	1974	18 de julio	Santos	1	Fortaleza (Ceará)	1	0	1214
1242	1974	21 de julio	Santos	1	Vasco da Gama (Río)	2	1	1215
1243	1974	24 de julio	Santos	2	Internacional (Porto Alegre)	1	0	1215
1244	1974	28 de julio	Santos	1	Cruzeiro (Minas Gerais)	3	0	1215
1245	1974	3 de agosto	Santos	2	Noroeste (Bauru)	1	0	1215
1246	1974	11 de agosto	Santos	0	Portuguesa de Desportos	1	0	1215
1247	1974	14 de agosto	Santos	2	Botafogo (Ribeirão Preto)	1	0	1215
1248	1974	24 de agosto	Santos	1	Saad	3	0	1215
1249	1974	31 de agosto	Santos	0	Deportivo Español (España)	2	0	1215
1250	1974	1 de septiembre	Santos	1	Barcelona (España)	4	1	1216
1251	1974	3 de septiembre	Santos	3	Real Zaragoza (España)	2	2	1218
1252	1974	9 de septiembre	Santos	0	Palmeiras (São Paulo)	0	0	1218
1253	1974	15 de septiembre	Santos	1	São Paulo FC	1	0	1218
1254	1974	18 de septiembre	Santos	1	Comercial (Ribeirão Preto)	0	0	1218
1255	1974	22 de septiembre	Santos	2	Guarani (Campinas)	2	1	1219
1256	1974	29 de septiembre	Santos	0	Corinthians (São Paulo)	1	0	1219
1257[21]	1974	2 de octubre	Santos	2	Ponte Preta (Campinas)	0	0	1219
1258	**1975**	26 de marzo	All-Stars	3	Anderlecht (Bélgica)	8	0	1219
1259	1975	15 de junio	Cosmos	2	Dallas Tornados	2	1	1220
1260	1975	18 de junio	Cosmos	2	Toronto Metros (Canadá)	0	0	1220
1261	1975	27 de junio	Cosmos	3	Rochester Lancers	0	1	1221
1262	1975	29 de junio	Cosmos	9	Washington Diplomats	2	2	1223
1263	1975	3 de julio	Cosmos	1	Los Angeles Aztecs	5	0	1223
1264	1975	5 de julio	Cosmos	0	Seattle Sounders	2	0	1223
1265	1975	7 de julio	Cosmos	2	Vancouver Whitecaps (Canadá)	1	0	1223
1266	1975	9 de julio	Cosmos	3	Boston Minutemen	1	0	1223
1267	1975	16 de julio	Cosmos	1	Portland Timbers	2	1	1224
1268	1975	19 de julio	Cosmos	0	Toronto Metros (Canada)	3	0	1224
1269	1975	23 de julio	Cosmos	2	San José Earthquakes	1	1	1225

21. Último encuentro con el Santos.

Pdo.	Año	Fecha	Equipo de Pelé	Goles a favor	Rival	Goles en contra	Goles marcados por Pelé	Total de goles
1270	1975	27 de julio	Cosmos	2	Dallas Tornados	3	0	1225
1271	1975	10 de agosto	Cosmos	1	St Louis Stars	2	0	1225
1272	1975	27 de agosto	Cosmos	2	San José Earthquakes	3	1	1226
1273	1975	31 de agosto	Cosmos	1	Malmö (Suecia)	5	1	1227
1274	1975	2 de septiembre	Cosmos	3	Alliansen (Suecia)	1	2	1229
1275	1975	4 de septiembre	Cosmos	2	Stockholm All-Stars (Suecia)	3	2	1231
1276	1975	11 de septiembre	Cosmos	4	Valarengen (Norway)	2	2	1233
1277	1975	13 de septiembre	Cosmos	1	Roma (Italia)	3	0	1233
1278	1975	18 de septiembre	Cosmos	2	Victory (Haití)	1	0	1233
1279	1975	19 de septiembre	Cosmos	1	Violette (Haití)	2	0	1233
1280	1975	21 de septiembre	Cosmos	0	Santos (Jamaica)	1	0	1233
1281	1975	26 de septiembre	Cosmos	12	Puerto Rico	1	1	1234
1282	**1976**	24 de marzo	Cosmos	1	San Diego Jaws	1	0	1234
1283	1976	28 de marzo	Cosmos	1	Dallas Tornados	0	1	1235
1284	1976	31 de marzo	Cosmos	0	San Antonio Thunder	1	0	1235
1285	1976	5 de abril	Cosmos	0	Los Angeles Aztecs	0	0	1235
1286	1976	8 de abril	Cosmos	5	Honda (Japón)	0	4	1239
1287	1976	10 de abril	Cosmos	3	Seattle Sounders	1	2	1241
1288	1976	11 de abril	Cosmos	1	Los Angeles Aztecs	0	1	1242
1289	1976	18 de abril	Cosmos	1	Miami Toros	0	0	1242
1290	1976	2 de mayo	Cosmos	1	Chicago Sting	2	1	1243
1291	1976	5 de mayo	Cosmos	3	Hartford Bicentennials	1	1	1244
1292	1976	8 de mayo	Cosmos	1	Philadelphia Atoms	2	1	1245
1293	1976	15 de mayo	Cosmos	3	Hartford Bicentennials	0	0	1245
1294	1976	17 de mayo	Cosmos	6	Los Angeles Aztecs	0	2	1247
1295	1976	19 de mayo	Cosmos	2	Boston Minutemen	1	0	1247
1296	1976	23 de mayo	USA All-Stars	0	Italia	4	0	1247
1297	1976	31 de mayo	USA All-Stars	1	Inglaterra	3	0	1247
1298	1976	3 de junio	Cosmos	2	Violette (Haití)	1	1	1248
1299	1976	6 de junio	Cosmos	1	Tampa Bay Rowdies	5	0	1248
1300	1976	9 de junio	Cosmos	2	Minnesota Kicks	1	0	1248
1301	1976	12 de junio	Cosmos	3	Portland Timbers	0	0	1248
1302	1976	16 de junio	Cosmos	2	Boston Minutemen	3	1	1249
1303	1976	18 de junio	Cosmos	3	Toronto Metros (Canadá)	0	0	1249
1304	1976	23 de junio	Cosmos	1	Chicago Sting	4	0	1249
1305	1976	27 de junio	Cosmos	2	Washington Diplomats	3	1	1250
1306	1976	30 de junio	Cosmos	2	Rochester Lancers	0	0	1250
1307	1976	2 de julio	Cosmos	3	St Louis Stars	4	0	1250
1308	1976	10 de julio	Cosmos	2	Philadelphia Atoms	1	1	1251

Pdo.	Año	Fecha	Equipo de Pelé	Goles a favor	Rival	Goles en contra	Goles marcados por Pelé	Total de goles
1309	1976	14 de julio	Cosmos	5	Tampa Bay Rowdies	4	2	1253
1310	1976	18 de julio	Cosmos	5	Washington Diplomats	0	1	1254
1311	1976	28 de julio	Cosmos	4	Dallas Tornados	0	0	1254
1312	1976	7 de agosto	Cosmos	1	San José Earthquakes	2	0	1254
1313	1976	10 de agosto	Cosmos	8	Miami Toros	2	2	1256
1314	1976	17 de agosto	Cosmos	2	Washington Diplomats	0	1	1257
1315	1976	20 de agosto	Cosmos	1	Tampa Bay Rowdies	3	1	1258
1316	1976	1 de septiembre	Cosmos	2	Dallas Tornados	2	0	1258
1317	1976	5 de septiembre	Cosmos	2	Dallas Tornados	1	0	1258
1318	1976	6 de septiembre	Cosmos	3	Dallas Tornados	2	1	1259
1319	1976	8 de septiembre	Cosmos	1	Canadá	1	0	1259
1320	1976	10 de septiembre	Cosmos	1	Canadá	3	0	1259
1321	1976	14 de septiembre	Cosmos	1	Paris St Germain (Francia)	3	0	1259
1322	1976	16 de septiembre	Cosmos	1	Royal Antwerp (Bélgica)	3	1	1260
1323	1976	23 de septiembre	Cosmos	0	West Japan All-Stars (Japón)	0	0	1260
1324	1976	25 de septiembre	Cosmos	2	Japón	2	0	1260
1325	1976	6 de octubre	Brasil XI	0	Flamengo (Río)	2	0	1260
1326	**1977**	2 de abril	Cosmos	9	Victory (Haití)	0	2	1262
1327	1977	3 de abril	Cosmos	2	Tampa Bay Rowdies	1	0	1262
1328	1977	9 de abril	Cosmos	0	Las Vegas Quicksilvers	1	0	1262
1329	1977	13 de abril	Cosmos	2	Team Hawaii	1	0	1262
1330	1977	17 de abril	Cosmos	2	Rochester Lancers	0	1	1263
1331	1977	24 de abril	Cosmos	1	Dallas Tornados	2	0	1263
1332	1977	1 de mayo	Cosmos	2	St Louis Stars	3	0	1263
1333	1977	8 de mayo	Cosmos	3	Connecticut Bicentennial	2	0	1263
1334	1977	11 de mayo	Cosmos	2	Chicago Sting	1	0	1263
1335	1977	15 de mayo	Cosmos	3	Fort Lauderdale Strickers	0	3	1266
1336	1977	22 de mayo	Cosmos	1	Chicago Sting	2	0	1266
1337	1977	29 de mayo	Cosmos	2	Tampa Bay Rowdies	4	0	1266
1338	1977	1 de junio	Cosmos	2	Lazio (Italia)	3	0	1266
1339	1977	5 de junio	Cosmos	6	Toronto Metros (Canadá)	0	0	1266
1340	1977	8 de junio	Cosmos	3	Fort Lauderdale Strickers	0	1	1267
1341	1977	12 de junio	Cosmos	2	Minnesota Kicks	1	0	1267
1342	1977	16 de junio	Cosmos	2	Toronto Metros	1	0	1267
1343	1977	19 de junio	Cosmos	3	Tampa Bay Rowdies	0	3	1270
1344	1977	23 de junio	Cosmos	0	St Louis Stars	2	0	1270
1345	1977	26 de junio	Cosmos	5	Los Angeles Aztecs	2	3	1273
1346	1977	30 de junio	Cosmos	3	Vancouver Whitecaps (Canadá)	5	0	1273
1347	1977	2 de julio	Cosmos	1	Los Angeles Aztecs	4	0	1273

Pdo.	Año	Fecha	Equipo de Pelé	Goles a favor	Rival	Goles en contra	Goles marcados por Pelé	Total de goles
1348	1977	10 de julio	Cosmos	0	Seattle Sounders	1	0	1273
1349	1977	15 de julio	Cosmos	0	Rochester Lancers	1	0	1273
1350	1977	17 de julio	Cosmos	2	Portland Timbers	0	0	1273
1351	1977	27 de julio	Cosmos	8	Washington Diplomats	2	0	1273
1352	1977	31 de julio	Cosmos	3	Connecticut Bicentennials	1	1	1274
1353	1977	6 de agosto	Cosmos	1	Washington Diplomats	2	1	1275
1354	1977	8 de agosto	Cosmos	3	Tampa Bay Rowdies	0	2	1277
1355	1977	14 de agosto	Cosmos	8	Fort Lauderdale Strickers	3	0	1277
1356	1977	17 de agosto	Cosmos	3	Fort Lauderdale Strickers	2	1	1278
1357	1977	21 de agosto	Cosmos	2	Rochester Lancers	1	0	1278
1358	1977	24 de agosto	Cosmos	4	Rochester Lancers	1	1	1279
1359	1977	28 de agosto	Cosmos	2	Seattle Sounders	1	0	1279
1360	1977	1 de septiembre	Cosmos	5	Caribe	2	1	1280
1361	1977	4 de septiembre	Cosmos	1	Portuguesa (Venezuela)	1	0	1280
1362	1977	10 de septiembre	Cosmos	4	Furukawa (Japón)	2	1	1281
1363	1977	14 de septiembre	Cosmos	3	Japón	1	0	1281
1364	1977	17 de septiembre	Cosmos	1	China	1	0	1281
1365	1977	20 de septiembre	Cosmos	1	China	2	1	1282
1366	1977	24 de septiembre	Cosmos	2	Mohum Bagan (India)	2	0	1282
1367[22]	1977	1 de octubre	Cosmos	2	Santos	1	1	1283

22. Último partido con el Cosmos; el último también como futbolista profesional.

ÍNDICE ONOMÁSTICO

⊜ Planeta

España
Av. Diagonal, 662-664
08034 Barcelona (España)
Tel. (34) 93 492 80 36
Fax (34) 93 496 70 58
Mail: info@planetaint.com
www.planeta.es

P.º Recoletos, 4, 3.ª planta
28001 Madrid (España)
Tel. (34) 91 423 03 00
Fax (34) 91 423 03 25
Mail: info@planetaint.com
w   planeta.es

Ar   ina
Av.   dependencia, 1668
C1 00 ABQ Buenos Aires
(Argentina)
Tel. (5411) 4382 40 43/45
Fax (5411) 4383 37 93
Mail: info@eplaneta.com.ar
www.editorialplaneta.com.ar

Brasil
Av. Francisco Matarazzo,
1500, 3.º andar, Conj. 32
Edificio New York
05001-100 São Paulo (Brasil)
Tel. (5511) 3087 88 88
Fax (5511) 3898 20 39
Mail: psoto@editoraplaneta.com.br

Chile
Av. 11 de Septiembre, 2353, piso 16
Torre San Ramón, Providencia
Santiago (Chile)
Tel. Gerencia (562) 431 05 20
Fax (562) 431 05 14
Mail: info@planeta.cl
www.editorialplaneta.cl

Colombia
Calle 73, 7-60, pisos 7 al 11
Bogotá, D.C. (Colombia)
Tel. (571) 607 99 97
Fax (571) 607 99 76
Mail: info@planeta.com.co
www.editorialplaneta.com.co

Ecuador
Whymper, N27-166, y A. Orellana,
Quito (Ecuador)
Tel. (5932) 290 89 99
Fax (5932) 250 72 34
Mail: planeta@access.net.ec
www.editorialplaneta.com.ec

Estados Unidos y Centroamérica
2057 NW 87th Avenue
33172 Miami, Florida (USA)
Tel. (1305) 470 0016
Fax (1305) 470 62 67
Mail: infosales@planetapublishing.com
www.planeta.es

México
Av. Insurgentes Sur, 1898, piso 11
Torre Siglum, Colonia Florida, CP-01030
Delegación Álvaro Obregón
México, D.F. (México)
Tel. (52) 55 53 22 36 10
Fax (52) 55 53 22 36 36
Mail: info@planeta.com.mx
www.editorialplaneta.com.mx
www.planeta.com.mx

Perú
Av. Santa Cruz, 244
San Isidro, Lima (Perú)
Tel. (511) 440 98 98
Fax (511) 422 46 50
Mail: rrosales@eplaneta.com.pe

Portugal
Publicações Dom Quixote
Rua Ivone Silva, 6, 2.º
1050-124 Lisboa (Portugal)
Tel. (351) 21 120 90 00
Fax (351) 21 120 90 39
Mail: editorial@dquixote.pt
www.dquixote.pt

Uruguay
Cuareim, 1647
11100 Montevideo (Uruguay)
Tel. (5982) 901 40 26
Fax (5982) 902 25 50
Mail: info@planeta.com.uy
www.editorialplaneta.com.uy

Venezuela
Calle Madrid, entre New York y Trinidad
Quinta Toscanella
Las Mercedes, Caracas (Venezuela)
Tel. (58212) 991 33 38
Fax (58212) 991 37 92
Mail: info@planeta.com.ve
www.editorialplaneta.com.ve

Grupo ⊜ Planeta   Planeta es un sello editorial del Grupo Planeta www.planeta.es